edition suhrkamp 2051

W0194243

Keinem, der je über Probleme der Religion nachgedacht hat, wird es schwerfallen, Gründe für ihren Niedergang in der Neuzeit zu finden. Ein einziges Stichwort genügt offenbar: »Säkularisierung«. Unter Berufung auf das damit bezeichnete Phänomen – die Verweltlichung aller Dinge zwischen Himmel und Erde – wurde das Absterben der etablierten Kirchen ebenso erklärt wie überhaupt das Verschwinden religiöser Prägungen und Gefühle.

Dem setzte Robert Musil eine scharfsichtige Formel entgegen. Er sagte von seinem Helden Ulrich: »Ohne Zweifel war er ein gläubiger Mensch, der bloß nichts glaubte...« Auch im Zentrum des vorliegenden Journals steht die paradox anmutende Frage, was es unter der Voraussetzung des Unglaubens bedeutet, zu den Tatsachen des Lebens eine religiöse Haltung einzunehmen.

Das Journal gibt keine durchgehend systematische Antwort. Es knüpft Gedanken an aktuelle Materien – Ereignisse, Sachlagen, Konstellationen –, die nur noch von hier, »von dieser Welt«, zu sein scheinen und die gerade *deshalb* den religiösen Instinkt anstacheln. Eben in den »Fakten« und »Tendenzen« liegt der Hauptgrund dafür, daß unser Verlangen nach Transzendenz wieder ausdrücklich und tief wird.

Peter Strasser, Jahrgang 1950, unterrichtet Philosophie und Rechtsphilosophie an der Karl-Franzens-Universität in Graz. In der edition suhrkamp sind von ihm bisher erschienen: *Die verspielte Aufklärung* (es 1342) und *Philosophie der Wirklichkeitssuche* (es 1518).

Peter Strasser
Journal
der letzten Dinge

Suhrkamp

edition suhrkamp 2051
Erste Auflage 1998
© Suhrkamp Verlag Frankfurt am Main 1998
Erstausgabe
Satz: Jung Satzcentrum, Lahnau
Druck: Nomos Verlagsgesellschaft, Baden-Baden
Umschlag gestaltet nach einem Konzept
von Willy Fleckhaus: Rolf Staudt
Printed in Germany

2 3 4 5 6 7 – 04 03 02 01 00 99

Inhalt

Der Ferialpraktikant des Glaubens

Die dünne Luft der Erhebung

Bemerkungen zur Theodizee

Vorwort

Keinem, der je über Probleme der Religion nachgedacht hat, wird es schwerfallen, Gründe für ihren Niedergang in der Neuzeit zu finden. Ein einziges Stichwort genügt offenbar: »Säkularisierung«. Unter Berufung auf das damit bezeichnete Phänomen – die Verweltlichung aller Dinge zwischen Himmel und Erde – wurde das Absterben der etablierten Kirchen ebenso erklärt wie überhaupt das Verschwinden religiöser Prägungen und Gefühle.

Dem setzte Robert Musil eine scharfsichtige Formel entgegen. Er sagte von seinem Helden Ulrich: »Ohne Zweifel war er ein gläubiger Mensch, der bloß nichts glaubte...« Auch im Zentrum des vorliegenden Journals steht die paradox anmutende Frage, was es unter der Voraussetzung des Unglaubens bedeutet, zu den Tatsachen des Lebens eine religiöse Haltung einzunehmen.

Das Journal gibt keine durchgehend systematische Antwort. Oft knüpft es Gedanken an aktuelle Ereignisse, Sachlagen, Konstellationen, die buchstäblich nur noch von hier, »von dieser Welt«, zu sein scheinen, die aber gerade *deshalb* den religiösen Instinkt anstacheln. In den »Fakten« und »Tendenzen«, die gleichsam mit einer Vollendung der Immanenz *drohen*, liegt der Hauptgrund dafür, daß unser Verlangen nach Transzendenz wieder ausdrücklich und tief wird. Aus einem erstarrten Hintergrund hervorbrechend, neigt es mehr zum freien, spekulativen Flug als zur dogmatischen Selbsteinkapselung.

I

Der Realismus des Sehnsüchtigen

Der Fremdeste unter den Fremden

1. – Die Menschen haben ein großes Ziel, die Vorstellung einer ihr Leben tragenden Aufgabe. Sie nennen die Erreichung des Ziels, die Bewältigung der Aufgabe, den »Sinn ihres Lebens«. Aber die Sinnfrage läßt sich auf jeder Stufe von neuem stellen. Ist es nicht letzten Endes sinnlos, sein Leben der Erreichung dieses Ziels oder der Bewältigung jener Aufgabe zu widmen? Wer antwortet: »Für mich nicht«, der hat die Frage mißverstanden.

Die Frage unterstellt einen Sinn des Lebens, der universal ist. Es darf sich dabei nicht bloß um den Sinn *meines* Lebens handeln, im Gegensatz zum Sinn *deines* Lebens. Ich lebe für mein eigenes Wohlergehen, während du für das Wohlergehen anderer lebst. Mein Lebenssinn – der Sinn des Egoisten – steht deinem Lebenssinn – dem Sinn des Menschenfreundes – entgegen: Von *dem* Sinn des Lebens kann zwischen uns keine Rede sein. Selbst wenn wir dasselbe Ziel verfolgten, würden wir es aufgrund unserer »Ansichten« tun, nicht aber deshalb, weil nur eine einzige Form menschlichen Daseins als überhaupt sinnvoll zugelassen wäre. Die Frage nach dem Sinn des Lebens fragt nach einem Sinn, der auf eine solche Weise grundlegend ist, daß auf ihn selbst die Sinnfrage nicht mehr angewendet werden kann. Sie fragt nach notwendigem Sinn.

Notwendiger Sinn tritt in religiösen Kulturen auf. Dort stellt ein heiliger Text die Bedeutung des menschlichen Lebens außer Frage. Für die Mitglieder einer religiösen Kultur ergibt es keinen Sinn zu fragen, worin der Sinn der heiligen Texte gründe. Die Frage würde sich gegen den Fragenden richten. Man würde ihn für bösartig oder für verrückt halten.

2. – Wir leben in einer Kultur, die schon lange nicht mehr religiös ist. Nichts, was Bedeutung und Wert hat, scheint uns objektiv zwingend. Wer die Frage nach dem *Sinn des Sinns des Lebens* heute nicht versteht – wer nicht verstanden hat, daß unsere Kultur allein möglichen, kontingenten Sinn zu akzeptieren vermag –, dem mangelt es an Gegenwärtigkeit.

Der Unverständige mag für uns ein Ägypter aus pharaonischer Zeit, ein altjüdischer Pharisäer, ein mittelalterlicher Christ sein, gleichviel: ein Gewesener jedenfalls, den eine Laune des Schicksals in unser Jahrhundert verschlug. Wir werden von ihm keine angemessene Reaktion auf unsere Lebensproblematik erwarten. Er ist uns der Fremdeste unter den Fremden.

Ich bin, der Ich bin

3. – Angenommen, Gott käme heute hervor aus seiner Verborgenheit; er gäbe sich uns zu erkennen und begänne, Wunder zu wirken. Warum sollten wir deswegen aufhören, *nicht* an ihn zu glauben? Und wenn er vor uns stünde und die Johanneische Apokalypse, Punkt für Punkt, losbrechen ließe: Wäre das Grund genug für uns, an ihn zu glauben? Wir müssen aufrichtigerweise antworten: Nein. Denn nichts, was hierorts noch geschehen kann, wäre jemals Grund genug.

Selbst Gott könnte uns nicht beibringen, was es heißt, an ihn zu glauben. Käme Gott und brächte es uns bei, trotz allem, dann zerbräche unsere Kultur schlagartig in tausend Stücke. Und keiner wüßte hinterher zu sagen, was im Augenblick der Implosion Gottes in unsere Glaubenslosigkeit geschah.

4. – Selbst Gott könnte uns nicht beibringen, was es heißt, an ihn zu glauben. Und obwohl dies das Wesen unserer Glaubenslosigkeit ausmacht, entspringt hier doch – und gerade hier – eine religiöse Außeralltäglichkeit: Weil die Dinge, abgesehen von ihrer alltäglichen Bedeutung, keinen tieferen

Sinn haben, treten sie uns in den Augenblicken zwecklosen Staunens als die Dinge entgegen, die existieren *können* – als die Dinge, die *da* sind.

Daß die Dinge, um zu existieren, keines göttlichen Grundes bedürfen, versetzt sie für unser Empfinden selbst in den Stand des Göttlichen. Derart wird das religiöse Phänomen, statt transzendent zu sein, zu einem Phänomen der Immanenz: des »Innerweltlichen«, welches umgekehrt freilich aufhört, bloß noch »von dieser Welt« zu sein.

5. – Unsere Kultur hat, ohne es zu wollen, entdeckt, daß zwischen dem Geheimnis und dem Göttlichen kein wesentlicher Zusammenhang besteht. Ein Geheimnis zu lüften bedeutet: einen Mechanismus, eine bislang unbekannte Regel, eine verborgene Aktion ans Licht der Erkenntnis zu heben. Daran ist nichts Göttliches.

Auch im Medium des *unerforschlichen* Geheimnisses kann Gott dem denkenden Menschen nicht wirksam begegnen. Im Wunder werden die Naturgesetze grundlos durchbrochen. Als Wunderwirker bewegte sich Gott außerhalb seiner selbst: Er handelte aus dem Nichts heraus. Aber noch eher wäre das Nichts Gott, als daß das Nichts die unbegriffene Quelle der Kraft wäre, die Gott *ist*.

6. – Der Sinn, insofern er des Geheimnisses bedarf, um erscheinen zu können – der Sinn des Lebens –, führt eher weg vom Göttlichen. Er führt hin zur Kunst.

Die Idee der Menschheit, deren Verwirklichung jedes Leben mit Sinn begaben würde: das ist die Idee der Versöhnung hierorts, auf Erden. Die Dinge schlagen die Augen auf, und dem Menschen wird ein neuer Blick geschenkt. Aus diesem Blick erwachsen die makellosen, die erhabenen Kunstwerke. Dieser Blick läßt die Dinge so erscheinen, *als ob* auf der Welt noch nichts geschehen wäre, was sich nicht wiedergutmachen ließe. Die ästhetische Idee der Menschheit ist die Idee der Weltsanierung, vorgetragen im Modus des »Als ob« – auf der Ebene des schönen Scheins der Kunst.

Die Religion hingegen duldet kein »Als ob«. *Ich bin, der Ich bin.* Es ist, wie es ist (und so, wie es ist, ist es gut).

Die zweitgrößte Einsamkeit

7. – Wir sind weder hier, um eine Strafe abzubüßen, noch, um erlöst zu werden. Wir sind da: kontextlos. Zum ersten Mal in der Geschichte können wir uns für das Schicksal entscheiden. Wir können die Tragödie wählen. Das macht natürlich das Schicksal wertlos und die Tragödie zur Posse.

Daher werden wir uns für das leichte Leben entscheiden. Jeder Tag möge uns erleichtern. *Vernünftigerweise* ist dies die Wahl, die bleibt. (»Das spricht gegen die heutige Vernunft« – so oder ähnlich möchte man, gedankenlos, fortfahren. Man lästert heute über die Vernunft, wie man früher über das Wetter schimpfte.)

8. – Alle Tage können Erleichterungen bringen, das Wohlbefinden kann steigen wie die Flut, die kein Ende nehmen will; und dennoch ist die pure Mechanik des Glücks nicht weniger sinnlos als jedwede Mechanik an sich, ohne den Grund ihrer Funktionen. Aber man will doch das Glück, weil man glücklich sein will? Nein, man will das Glück der Ratte, die unaufhörlich den Hebel drückt, der die Glückssonde in ihrem Hirn aktiviert, *nicht.*

Das Glück, das nur sich selbst zum Ziel hat, macht den Glücklichen auf eine grausame Weise einsam. Und macht ihn grausam gegen seinen hilflosen Widersacher: den Unglücklichen.

9. – Wer sich nicht einsam fühlt, dessen Welt ist nicht sinnlos.

Vielleicht hat man die Einsamkeit gewählt und verweilt nun in ihr: Man fühlt sich umhegt vom Schweigen. Hingegen kann alles sinnvoll sein – gleichsam vollgestopft mit Sinn –, und trotzdem ist man vollständig einsam.

Und ist es nicht der Fall, daß die Dinge, deren höchster Sinn darin besteht, an keinen Sinn gebunden zu sein, immer seltener werden? Die Dinge, die uns ganz und gar zwecklos unter die Augen kommen, so, als stammten sie aus einer anderen Welt; die Dinge, die wir sehen, als sähen wir zum ersten Mal – unschuldig...

Die heiligen Dinge verschwinden aus der Welt, und die Menschen fühlen, wie sie einsam werden. Geht immer mehr Sinn mit immer mehr Einsamkeit einher?

10. – Was ist die größte Einsamkeit? Hierbleiben zu müssen. Derjenige, dessen Not es ist, dazusein wie einer, der niemals entkommen kann: Er ist der Einsamste.

Sich nicht umdrehen und weggehen können, daraus erwächst die Sinnlosigkeit, der schlechte Tod – der Tod im Leben. Wahrhaft lebendig im Leben ist nur der, der frei ist, sich umzudrehen und wegzugehen. Und nur der, der danach strebt, strebt nach dem Leben.

Das Leben erreichen heißt die zweitgrößte Einsamkeit gewinnen.

11. – Die größte Einsamkeit ist die des Spiegels, der sich bis ins Unendliche selbst spiegelt.

Die Schlange, die die Todesgier dazu treibt, sich in den Schwanz zu beißen und, rundgeschlossen, durch die Zeit zu rollen: Sie kann sich nicht selbst verschlingen. Ihre Existenz steht dem heißersehnten Ziel – dem Ziel, endlich zu sterben – unüberwindbar im Weg. Nur von außen, durch das Zuschnappen eines Feindes, kann sie aus ihrer Notlage befreit werden; oder durch den Blitzstrahl der Erkenntnis: »Warum kriechst du nicht im Staub und wirst sterblich?«

12. – Um den Tod zu bejahen, muß man das Leben *sub specie aeternitatis* betrachten – so, als ob es ewig währte. Unter dem Gesichtspunkt der Ewigkeit schrumpfen die größten irdischen Dinge zu nichts. Sie müssen ewig fortdauern, und deshalb sind sie wertlos. Die Dinge verfallen der absoluten Wertlosigkeit, das Leben der absoluten Sinnlosigkeit. Das Leben unter dieser Voraussetzung ist die Hölle.

Die Hölle ist das Leben, das niemals stirbt. Weder das Paradies kann ewig währen noch der Himmel, wenn die, die bei Gott wohnen, dort mit dem Bewußtsein einer nach vorne offenen Zeit verweilen müssen. Nur die Hölle währt ewig. Und sie kennt nur eine Qual, über die hinaus es keine größere geben kann: Nichts vergeht, nichts stirbt.

Wie harmlos sind die barocken Höllen des Christentums, verglichen mit dem Parmenideischen Schrecken! Das Sein ist wandellos, in sich unbewegt; jeder Wandel, alles Entstehen gleichermaßen wie alles Vergehen, ist bloß falscher Schein. Man stirbt, aber ein jedes ist, wie es seit jeher – beginnlos – war: weder tot noch lebendig. Das ist das grausamste Erwachen.

Im Umkreis des Lebens, das niemals stirbt, werden die Dinge radikal entwertet, und diejenigen, die uns im sterblichen Leben am meisten bedeuten, zuerst. Gegen ihre Vernichtung würden wir wohl ankämpfen. Wir würden uns heftig dagegen wehren, daß unsere Liebe, wem immer sie gehört, im Lauf der Zeiten, vor dem Horizont der Äonen unseres noch ungelebten Lebens, dahinschwände. Aber schließlich fielen wir voreinander doch in die tiefste Gleichgültigkeit. Ja, uns sehend würden wir einander nicht mehr sehen.

Schließlich hätten wir alles, was wir sehen, schon über die Grenze des Überdrusses hinaus gesehen. Wir würden dann die Dinge sehen, als ob sie gar nicht wären. Und wären sie dann überhaupt noch? Das eben ist die Hölle: nicht die unendliche Steigerung des Schmerzes oder dessen zeitlose Erstreckung, sondern das Leben, dem die Dinge ausnahmslos gleichviel bedeuten, nämlich nichts; das Leben ohne die Hoffnung, durch den Tod aus der umfassenden Bedeutungslosigkeit, die den Haß so sinnlos macht wie die Liebe – und endlich beide zerstört –, erlöst zu werden.

13. – Den Tod bejahen und ihn zugleich fliehen: ist das nicht ein Widerspruch? Jeder Mensch, außer dem depressiven, wird von der Kette des Lebens eisern festgehalten. Jeder kennt, nach vertanen oder durch große Beschwernis verödeten Jahren, die Gier, noch einmal zu leben.

Kette und Gier: Wir, die wir leben, kennen die Instrumente des Lebens. Wir haben Grund genug, sie zu rühmen und der Knechtschaft, die sie uns auferlegen, dankbar zu sein. Wie könnten wir ohne sie die Leiden und Beglückungen erfahren, die uns zur Liebe befähigen? Wie könnten wir ohne sie fühlen, was Freundschaft ist, oder Mitleiden, oder Haß? Aber wir werden sterben.

Wir wehren uns gegen den Tod. Doch wer ihn verflucht, dem entgeht bei aller Tiefe des Gelebten etwas Wesentliches. Noch in der größten Liebe, deren er fähig ist, lehnt der Todfeind des Todes am anderen ab, was an ihm sterblich ist. Und ist nicht alles am anderen sterblich, alles? Und wird so nicht jede Liebe zu einer bösen Vexiergestalt entwirklicht, zu einem Umkehrbild, dessen zweites Gesicht der Haß ist: die kategorische Ablehnung des anderen, den man liebt – denn ist nicht auch er einer der Sterblichen?

14. – Ein Einwand von Elias Canetti gegen die moderne Evolutionstheorie lautet: »Damit etwas Neues entsteht, muß unendlich viel Leben zugrunde gehen, eine monströse Vorstellung, die im Grunde dem Bereiche der Macht entstammt.«

Und wie dagegen die Popularisatoren unserer Wissenschaft – und die Lehrer unserer Jugend mit ihnen – nicht müde werden, das Wunder des Lebens im Tone hoher Bewunderung zu zitieren! Und selbst der gräßliche Tod der zahllosen Opfer des unaufhörlichen Gemetzels, das bei lebendigem Leibe Zerrissen- und Verschlungenwerden wird geschildert, als ob die Gefressenen mit einzustimmen hätten in den Chorus der Bewunderung. Wie menschlich wirkt da Canettis Nichtanerkennung des Todes.

Und dennoch haftet ihr, die bloß auf dem Papier stattfindet, etwas Outriertes an. Eine Eitelkeit will hier nicht lockerlassen. Als Nichtanerkenner des Todes ist Canetti berühmt geworden, er hat seine Trademark. Nun will er jedermann bis zum letzten Federstrich zeigen, wie ernst er es meint mit dem ewigen Leben, »wohl wissend, daß er dem Tod noch nicht entschlüpfen wird, aber andere, einmal andere«.

Niemand wird jemals dem Tod entschlüpfen. Warum weiß *er* das nicht, der Illusionsloseste? Aber er weiß es ja, und deshalb schreibt er immerfort das Gegenteil. Wäre er sich auch nur einen Augenblick lang unsicher, er würde erschrocken innehalten. Er würde auf die Möglichkeit eines ewigen Lebens starren: Hier lauerte die denkbar größte Gefahr für ihn, für alle.

15. – Die Unabdingbarkeit des Todes bietet einen machtvollen, einen unbezwingbaren Trost. Wie akut und umfassend die Einsamkeit eines Lebens auch sein mag, sie wird nicht ewig dauern.

Indem die Menschen ausnahmslos ihrem Tod entgegenreisen, kommt jeder dem Ziel näher, das sich in niemandes Biographie vollständig verwirklichen läßt: dem Ziel, von der Einsamkeit des Lebens befreit zu werden.

Die Hölle oder das Schweigen

16. – Wieder einmal sind im Fernsehen rund um den Erdball die verhungernden Kinder Somalias zu sehen. Dazu spricht eine weltberühmte Schauspielerin, die sich an Ort und Stelle drei Tage lang von der Unmasse des Elends überzeugte. Während sie spricht, weint sie. Es sind keine Schauspielerinnentränen, die sie vergießt, es sind wahrhaftige Tränen in Erinnerung an die mit eigenen Augen gesehene, mit den eigenen Händen befühlte unaussprechliche Not.

Nicht die Inszenierung an sich, die weltweites Aufsehen erregt und nutzlos ist, stößt den Zuschauer ab. Keine wie immer geartete Maßnahme, die politisch durchführbar wäre, kann die Hungersbrunst in Somalia löschen. Was den Zuschauer abstößt, das sind die Tränen. Menschen, die weinen, weil sie durch fremdes Leid gerührt wurden, sind im Begriffe, über das Böse und die Schuld, aus denen das Leid erwuchs, den Mantel der Menschlichkeit zu breiten. Das Mitleiden scheint das Böse aufzulösen und die Schuld zu verringern, auch wenn es am Ausmaß des Leidens gar nichts ändert. Dem Zuschauer kommt vor, es sei unrecht, über die verhungernden Kinder Somalias öffentlich zu weinen.

Folgendes möchte er der weltberühmten Schauspielerin zurufen: »Verfluche die Welt, in der Somalias Hunger möglich ist, oder schau hin und sage: *Es ist, wie es ist, und es ist gut.* Aber kannst du *das* sagen, ist soviel härtester Glaube in dir? Nein. Und bist du nicht auch – gerade du – zu schwach für den Fluch? Was wäre er auch anderes als die Exaltation einer Illusionistin, die gelernt hat, wie man die Welt nach den Regeln der Kunst verflucht. Also wende dich ab und behalte deine Tränen für dich. Du wirst nicht ewig so verharren müssen, auch du bist sterblich.«

17. – Gäbe es keinen Tod, man müßte alles verfluchen, das Leben, die Welt; verfluchen, daß etwas ist und nicht vielmehr nichts. Setzt man hingegen die Endlichkeit der Dinge voraus, dann mag selbst die Existenz der Hölle auf Erden besser erscheinen als ihre Nichtexistenz. Wir bemerken, daß alles, was ist, noch jenseits seiner moralischen Wertigkeit einen absoluten Wert hat, und zwar deshalb, weil es ist, aber eines Tages nicht mehr sein wird. Demgegenüber verkörpert das Ewige, und sei es das Ewig-Gute, einen absoluten Unwert einzig dadurch, daß es niemals aufhören wird zu sein.

18. – Man kann welteinverständig leben unter der Bedingung, daß das Gebiet des Moralischen eine endliche Erstreckung hat. Das Moralische umfaßt dann das menschliche Leben, jenseits dessen es nichts bedeutet. (Entweder gilt die Moral über alle Grenzen hinaus, und noch Gottes Wille ist ihr unterworfen, oder sie rührt gar nicht an das Wesen der Dinge, an ihr Sein.)

Doch wie weit muß Gott dem Menschen und seinen »Angelegenheiten«, zum Beispiel dem Hunger der Kinder Somalias, entrückt sein, damit er nicht mit Schuld befleckt wird! – *Genesis* 3, 8-9: »Da vernahmen sie den Schritt Jahwes Gottes, der sich beim Tagwind im Garten erging, und der Mensch und sein Weib verbargen sich vor Jahwe Gott unter den Bäumen des Gartens. Jahwe Gott aber rief dem Menschen zu und sprach zu ihm: ›Wo bist du?‹« Unvorstellbar, daß wir so jemals wieder gerufen werden. Derjenige, welcher so riefe, wäre eben dadurch, daß er sich uns bis auf Rufweite annäherte – und uns befähigte, seinen Ruf zu verstehen –, nicht Gott, sondern der Teufel. Das Böse und die Schuld der Welt schallten uns aus dem Ruf entgegen. Die erste Ursache des Weltverbrechens hätte sich der Stimme des Menschen bemächtigt und wäre daher die Stimme eines moralisch touchierbaren Wesens.

Gott ist heute außerstande, die Sprache des Menschen zu sprechen. Das Schweigen Gottes ist die Bedingung seiner Existenz.

19. – Angesichts der verhungernden Kinder Somalias scheint es dem religiösen Menschen ebenso absurd, sich metaphysisch unwissend zu stellen, wie es ihm ungeheuerlich scheint, Gott über die ganze Natur zu verteilen. Der religiöse Mensch ist Anti-Theist, er leugnet die Existenz eines persönlichen Gottes.

Damit Gott nicht befleckt wird, muß er sich hinter die Grenze des Lebens zurückziehen, muß er für uns die Gestalt – oder Gestaltlosigkeit – des Schweigens annehmen.

Was immer Gott berührt, er wird es in den Zustand des Schweigens versetzen. Das Ding tritt dann aus sich heraus. Es wird ekstatisch. Als endliche Gestalt zeigt es seinen Grund, sein schweigendes An-Sich: Es zeigt seine Geheimnislosigkeit, die tiefer ist als die Beredtheit des Geheimnisses und unberührt vom Bösen.

20. – Der schweigende Gott oder der Teufel, der spricht: das ist unsere Alternative. Aber die Kinder Somalias: Sie haben *keine* Alternative. Wie sollte es uns angesichts der unschuldigen, sterbenden Kinder Somalias gestattet sein, nach Geborgenheit zu streben?

Es ist uns nicht gestattet, nach Geborgenheit zu streben. Doch es gibt den Augenblick der Gnade – den nicht erstrebten, nicht erstrebbaren Augenblick der Unverletzbarkeit: *Es ist, wie es ist, und es ist gut* –, den flüchtigen Augenblick der Unschuld, der nur so lange dauern kann, solange die Erfahrung nicht ihr Veto einlegt: »Die Unschuld im Leben gibt es nur als Dummheit, als Fühllosigkeit, als moralischen Schwachsinn!«

Zuviel Reinheit

21. – Philipp Lord Chandos, der Unglückliche in Hugo von Hofmannsthals *Ein Brief*, ist krank vor Ekel. Ihn ekelt vor aller Konvention: Sie erscheint ihm als kulturelle Fäulnis, als widerwärtige, abgestorbene Geschichte. Um sein Leiden zu lindern, versucht Chandos, die Dinge konventionslos zu er-

fassen. Er sucht, um sie zu retten, für die Dinge einen Ort außerhalb der Alltäglichkeit. So trifft er sie, nach einer tiefen Krise, am Ort der Kontextlosigkeit wieder. Auf einem Feld steht eine Gießkanne. Sie hat keinen Namen. Rein öffnet sie ihr durch und durch sinnliches Wesen dem entzückt Staunenden. Chandos sieht die Gießkanne, und er sieht alles. Er lebt für Augenblicke sprachlos im göttlichen Herz der Dinge. Doch schwindet die Ekstase rasch, und zurück bleibt ein Zustand größter Ödnis. Niederschmetternd ist nun der Anblick der Gießkanne. Wieder eingetreten in die Alltäglichkeit, verschwindet ihr herrliches Wesen hinter banaler Funktionalität. Ihr Sein erlischt, die Welt schließt sich. Chandos bleibt am hellen Tage zurück ohne Licht. Die Anschauung der Dinge ist ihm verwehrt, er ist der blicklose Mensch.

Eine religiöse Erfahrung, die, angeleitet durch das Mißtrauen gegen die Geschichte und ihren Niederschlag in den Konventionen, nach den Dingen außerhalb jedes Kontexts sucht, findet nur Schimären. Nach dem Abklingen des ekstatischen Inneseins – eines Zustands, in dem die Gießkanne zum alles offenbarenden Weltding wird – bleibt nichts, woran sich anknüpfen ließe. Wenn Gott etwas *ist*, dann ist er *geformte* Ekstase.

Eine religiöse Erfahrung, die nicht schon vor lauter Reinheit des heiligen Stoffes irr geworden ist, entzündet sich dauerhaft erst an der *Kommunikation* zwischen dem Ort der Geschichte – dem Mythos – und dem der Kontextlosigkeit – der Mystik. Beides sind Orte der Transzendenz: Sie öffnen die Welt, in der wir leben wie in einer Nußschale. Doch beide Orte werden zu Kerkern der Immanenz (auch die ekstatische Gießkanne des Lord Chandos ist einer), falls sie einander nicht zum Sprechen bringen oder zum Schweigen, falls sie einander nicht entgrenzen und kultivieren.

22. – Ein Gott, der nicht auch Hitler wäre, wäre ein indiskutabel beschränkter Gott. Ihm entginge etwas, nämlich das, was jedem an Hitler entgeht, der nicht Hitler *ist*. Gott ist auch alles Böse. Das kann ein großer Trost sein. Es bedeutet: Sanierung des Bösen.

Gott muß aber auch sterben. Er muß den Tod eines jeden Menschen sterben. Er muß *jeden* Tod sterben.

Taube und Spinne

23. – Was würde geschehen, wenn die Naturwissenschaften eines Tages ans Ende kämen? Wenn sie die Weltformel gefunden hätten und das System der Physik definitiv geschlossen wäre? So daß es nur noch darum gehen könnte, die Lehrsätze anzuwenden, jedoch kein Interesse mehr bestünde an theoretischen Fragen über die Welt, über ihren Aufbau, ihren Anfang und ihr Ende? Dann begänne der Himmel zu modern. Auch der Grundstoff, ob dichte Materie oder strahlende Energie, bedarf der Unruhe des Geistes, um nicht zu verrotten – um zu leben und nicht zu sterben.

24. – Alles lebt. – Der Vitalismus ist weniger eine Erkenntnis als vielmehr die eigentliche Utopie des Geistes. An allem, was nicht zum Leben erweckt werden kann, verödet der Geist im Augenblick der Berührung.

25. – Gott ist in allem, das ist wahr. Aber vom Standpunkt des egalitären Denkens aus ist es ein Verbrechen, unsichtbar zu sein. Deshalb stirbt Gott, und nicht weil die Gottlosen dekretieren, er sei tot. Gott stirbt, um *noch* unsichtbarer zu werden. Wie könnte er sonst in allem sein?

Das rechte Mittel gegen den egalitären Ungeist ist nicht die politische und metaphysische Reaktion, nicht der Versuch, abgestorbene Hierarchien wiederzubeleben, sondern die zauberische Fähigkeit, sich unsichtbar zu machen.

An einem bestimmten Punkt der Entwicklung geht es nicht darum, besser und mehr zu sehen als die anderen – von oben herabzusehen –, sondern darum, überhaupt nicht mehr gesehen zu werden. Der unsichtbarste Gott ist der mächtigste.

26. – Wenn Gott nicht in allem wäre, dann wäre er nicht vollkommen. Er wäre beschränkt. Der menschliche Glaube kannte die längste Zeit nur beschränkte Götter. Aber diese meinen wir nicht, wenn wir von »Gott« reden. Gottes Unbeschränktheit: das ist der wichtigste Zug seiner Unsichtbarkeit.

27. – Die Insekten sehen nicht, daß wir sie sehen; sie wissen nichts von uns. So, wie wir die Insekten sehen, sieht Gott uns *nicht*.

Der Preis dafür, daß wir die Insekten sehen, sie aber nicht sehen können, daß wir sie sehen, ist ein Abgrund an Fremdheit. Im Schein der Lampe hocken ich und die Fliege nebeneinander. Sie ist phototrop, ein dem Licht zugeneigtes Wesen. Es ist mir unmöglich, in ihren Fliegenalltag, ihre Fliegensehnsucht einzudringen. Niemals werde ich die Welt mit ihren Augen sehen.

Das hohe Ziel des Mystikers ist es, die Phototropie des Menschen, sein metaphysisches Verlangen nach Licht, vollständig auszuleben. Der Mystiker will Insekt werden; er will an Gott verbrennen. Doch er möchte noch mehr. Indem er Insekt werden will, verzehrt er sich danach, mit Gott eins zu werden – Gott zu werden.

»Ich will zugleich Insekt werden und Gott: Ich will den Abgrund an Fremdheit überwinden.« Darin gründet die mystische Überhebung.

28. – Gott ist in allem, aber es ist uns unmöglich, alle Dinge so zu betrachten, als ob Gott in ihnen wäre. Wer auf einen Mörder zeigt und sagt: »Auch in diesem da ist Gott«, der hat recht. Und dennoch lästert er Gott. Der Mensch kann im Mörder Gott nicht erkennen. Den Mörder kann man nur so betrachten, als ob sich Gott aus ihm zurückgezogen hätte.

29. – Hinter der Taube bei *Matthäus* 3,16 verbirgt sich nichts: »...und er sah den Geist Gottes herabschweben wie eine Taube und auf ihn kommen.« Gott ist die Taube. Wo das Mysterium radikal wird, kann man nicht mehr angeben, worin es seinen Grund hat; dort entsteht ein vollkommen in sich ruhendes Bild.

Wo Gott am tiefsten geschaut wird, dort ist er reines Bild. Zu sagen, ein solches Bild berge ein Geheimnis, ist dasselbe, wie zu sagen, es berge keines. Das Bild steht offen, und indem man es erblickt, ist man ganz und gar in es eingetreten.

30. – Auch beim Anblick des Häßlichen und des Bösen kommt es auf die Tiefe und Reinheit des Schauens an. Des öfteren schon hast du zugesehen, wie eine Spinne ihr Opfer lähmte; wie sie es einspann und aussaugte. Immer stelltest du dich auf die Seite des Opfers. Dieses mußte Schmerzen erdulden, wurde erstickt und entleibt. Dein Blick (deine Seele) konnte die Tatsache nicht fassen – in keinem einzigen Fall –, daß die Spinne und ihr Opfer stets *ein* Bild waren. (Sie waren ein Bild Gottes.)

Dein Schauen ist zu flach, zu unrein und zu vigilant. Deine Schwäche und die Schwäche deiner Zuversicht führen zur moralischen Ausflucht.

31. – Von Gott sagt die jüdische Mystik: »Wer ihn ansieht, wird sogleich zerrissen; wer seine Schönheit erblickt, wird sogleich ausgeschüttet wie ein Krug.« Demnach hätte das Häßliche die Funktion, den Einbruch der Schönheit Gottes in den menschlichen Blick – die menschliche Seele – abzumildern. Im Text wird auch von verdrehten und sprühenden Augäpfeln gesprochen. Es handelt sich um die Augäpfel eines unvollkommenen Menschen, der seinen Blick auf das Tetragramm YHWH, mit dem das Gewand Gottes zur Gänze bedeckt ist, zu heften wagte.

Was hat die göttliche Schönheit mit der Schönheit unserer Kunstwerke zu tun? Gott ist Feuer, ein Feuersturm. Das ist das Bild, das die jüdische Mystik verwendet. Das Feuer hat keine Form, es vernichtet jede Gestalt. Welcher Weg führt also vom Kunstwerk zu Gott? Vielleicht steigert die höchste Formgebung das Verlangen, sich der Form auf eine Weise zu entwinden, die erlöst – und nicht bloß verzehrt.

Aber von welcher Kunst wird hier gesprochen? Nicht von der heutigen. Ein Künstler, der nicht fürchtet, ausgegossen zu werden wie ein Krug, vom Feuer verzehrt zu werden, ist zu höchster Formgebung nicht fähig. Er ist bestenfalls ein im Menschlichen sich erschöpfender Künstler, »interessant«.

32. – Er wird ausgegossen wie ein Krug. Er wird ganz zu Blut. Alles wird zu Blut. Das ist der Schrecken des Ungestalten, der *unbeseelten* Vernichtung von Form. Erst durch Christus wird das Blut erlöst. »Dies ist mein Blut.« Das bedeutet: beseelte Aufhebung der Form, Erlösung von ihr.

Die vollendete Form ist nicht das Letzte, Höchste. Daß sie es sei, ist der Grundirrtum unserer Ästhetik.

33. – Die Kette ist nicht gerissen. Ich stamme vom Ursprung ab. Und was ging verloren auf dem Weg zu mir, was kam hinzu? Nichts. Alles ist da, alles ist bei mir.

Am Ende ihres Weges – falls es ein Ende geben wird, nicht bloß ein Ermüden oder einen Abbruch – wird die Naturwissenschaft auf das wahre Atom stoßen: auf das Ganze, von dem nichts abgespalten werden kann, ohne daß alles verschwindet.

An welchem Punkt des Fortschritts der Wissenschaft werde *ich* (der Blick, die Seele) auftauchen? Dieser Punkt liegt jenseits der uns bekannten Welt. Und es kann sich um keinen Punkt innerhalb einer *Linie* des Fortschritts handeln. Bevor ich innerhalb der Wissenschaft auftauchen kann, muß diese beginnen, Sprünge zu machen, weg von sich selbst.

34. – Von der absoluten Zeit, der Zeit Gottes, haben wir nur endliche und paradoxe Bilder. Der Zeitpfeil, der in die Zukunft weist, krümmt sich in die Vergangenheit zurück. Man stellt sich Gott als einen Kreis vor, dessen Radius unendlich groß ist.

Vor mir liegt ein Ammonit, das versteinerte Gehäuse eines Vorfahren der Tintenfische. Sein Alter beträgt circa 175 Millionen Jahre. Eines Tages werde ich auch durch ihn hindurchgehen. Er ist bei mir, freilich in einer sehr fernliegenden Kammer meines Lebens.

Lebenskammer: *hekhalot*, Palast Gottes.

Yored Merkava

35. – »Woher weißt du das?« – Umdrehen und weggehen. – An der Oberfläche tummeln sich die Argumente, sie kreisen umeinander, die einen verdrängen die anderen, und alles soll nach vernünftigen Regeln, die für alle verbindlich sind, vonstatten gehen. Zum Schluß aber, bei dem Versuch, die

Argumente und endlich die Regeln, nach denen sie gebildet wurden, zu rechtfertigen, stößt jeder in eine Tiefe hinab, die weit unterhalb des Universe of Discourse liegt.

Jeder entspringt einer prädiskursiven Quelle. Keiner ist jemals ganz Öffentlichkeit, sonst existierte er gar nicht. Alle Diskurse nähren sich von den Begriffen, die aus dem Quellgrund stammen. Aber die Begriffe des Quellgrundes selbst sind nicht diskursiv. Es handelt sich um die Namen Gottes. Auf ihnen beruht die Welt, auf ihnen ruht sie auf.

»Alles besteht aus Namen«, heißt es in *Hekhalot Rabbati*.

36. – Die Zeit des *yored merkava*, desjenigen, der zum Thronwagen Gottes »hinabsteigt«, ist nicht vorbei. Heute ist es die Naturwissenschaft, die sich rüstet. Sie sucht nach den Namen Gottes.

Die Weltformel würde alle Namen in einer Reihe verknüpfen. Niemand im Universe of Discourse würde sie verstehen.

37. – Die christliche Moral verschleiert oft bloß unsere religiöse Schwäche. Wenn wir in ihrem Namen »Gerechtigkeit« walten und Strafe erdulden lassen: erst dann handeln wir wirklich böse. Da herrscht eine tiefe Verirrung im Christentum. Die Welt ist schlecht, der Mensch ist schlecht – so tönt es durch die Jahrhunderte des Glaubens. Den Grausamkeiten einer Moral, die sich auf eine solche Grundlage stützt, ist die Grausamkeit der Raubtiere vorzuziehen.

In diesem Punkt hatte Nietzsche recht. Aber seine Moral des Willens zur Macht hat mit jener Moral, die aus religiöser *Stärke* erwächst, nichts gemein. Die Moral des Willens zur Macht hat nur folgendes Bild von Gott: Er ist der letzte Überlebende, und seine Schöpfung hängt ihm in Fetzen zum blutigen Maul heraus.

38. – Religionen werden dadurch wahr, daß sie zu Mythen werden und als solche – als *absolute* Bilder – die Kultur, oder auch nur einzelne Menschen, beseelen.

Zwei Aspekte sind hier gleichermaßen wichtig:

Solange eine Religion glaubt, die Wahrheit über Gott und die Welt direkt ausdrücken zu können, verharrt sie im Zustand der Blendung. Auch Skorpionhaftes ist ihr beigemengt.

Zweitens aber wird die Seele eines Menschen oder einer Kultur von einem absoluten Bild *grundiert*, das heißt einem Bild, das kein ebenbürtiges neben sich duldet. (Und »absolut« ist ein Bild auch in dem Sinne, daß wir es »Bild« nennen und doch wissen, daß es nichts abbildet – Gott.)

39. – Die Naturwissenschaft wird erst wahr werden, wenn sie zum Mythos geworden ist. Nur im Maße ihrer Mythisierung wird sie unsere Kultur wiederbeleben.

Der Urknall als rein physikalische Größe ist irreal. »Aber es gab ihn doch!« Ja, aber was ist es gewesen, das es gab? Was geschah hinter dem Schleier der mathematischen Formeln? Wenn sich hier nichts weiter tun läßt, als den Schleier immer und immer wieder auszubreiten, dann wird man ihn schließlich ganz fallen lassen – es war nichts.

40. – Der Mensch kann Gott und die Heiligen sehen wie in einem Traum. Für das nüchterne Bewußtsein handelt es sich um mißgebildete Gestalten, häßlich, grausam, irrational. Gewisse Fragen der Identität, der Logik und der Moral stellen sich nicht. Tlaloc, der aztekische Gott des Regens, braucht als Nahrung Kindertränen; er kann sonst nicht weinen. Das Opfer muß ertränkt werden. Die vom Mythos belebte Kultur erwacht zum Traum. Die Frage nach der Grausamkeit Gottes liegt außerhalb. Sie reicht nicht an den Traum heran. Sie wird nicht gestellt und nicht beantwortet. Es findet keine Verdammung statt.

Ist Gott schuldig? Der Mythos schweigt. Er will nichts

vertuschen. Das absolute Bild ist kein moralisches; es ist ein religiöses Bild, das nichts abbildet, was Gegenstand einer moralischen Attacke werden könnte.

41. – Es gibt Göttliches außerhalb des Mythos; das religiöse Empfinden reicht über ihn hinaus. Dort gibt es keinen persönlichen Gott, sondern die Gießkanne des Lord Chandos und den Stupor, das höchste Staunen vor der puren Existenz der Dinge.

Es ist keine Frage: das allein reicht nicht. Der Mythos ist unentbehrlich. Doch wir haben unsere Mythen weggegeben. Jetzt sind wir gezwungen, Mythen zu stehlen, sogar unsere eigenen. Wir müssen beherzt sein. Die großen Kulturen der Menschheit bestehen zum überwiegenden Teil aus Gestohlenem, das Zeit hatte, sich auf fremdem Boden zu entfalten. Der Mythos hat keine Heimat, wir Christen kommen von weit her.

42. – Er fürchtet nicht die Hölle noch den Tod. Was er aber fürchtet wie die Hölle, ist, daß sich die Welt eines Tages endgültig um ihn schließt. Es ist eine metaphysische Phobie, die ihn zeitweilig in Panik versetzt: Innerweltlichkeits-Angst. Wenn die Dinge eines Tages nur noch sie selbst wären, unergriffen und nicht aus sich herausgerückt, wohin könnte er dann noch fliehen?

In den Tod? Er glaubt, den Stachel des Todes zu kennen. Was aber, wenn der Tod ganz von dieser Welt wäre? – Darin liegt die bösartigste Drohung, die sich gegen das menschliche Leben richtet.

Die Rückkehr der Götter

43. – Tautologien der Anschauung, gottlose Bilder: »Das Gras zittert, wie das Gras zittert«; »Der Tisch ist der Tisch«;

»A = A«. In Wirklichkeit findet hier überhaupt keine Anschauung statt. Die Wahrnehmung einer Identität, gleich, um welche es sich handelt, zerstört den Blick. Als ob man, um die Dinge endlich zu sehen, wie sie an sich sind, die Oszillation der Augen, ihr rastloses Abtasten des Blickfeldes, zum Stillstand brächte und die Folge nun aber wäre, daß man mangels »Verzitterung« der Welt gar nichts mehr sähe.

44. – Ein Schlüssel zum Verständnis der alten Religionen lautet: Welche Fragen kamen ihnen *nicht* in den Sinn?

Uns sind alle möglichen Fragen in den Sinn gekommen. Und nun stellt sich uns das Problem, welche davon wir wieder vergessen dürfen. Die Antwort ist: Keine, es sei denn, sie würde uns *entzogen*.

Zwischen uns und den alten Religionen steht ein Berg von Fragen, und wir haben keinen Glauben, der ihn versetzen könnte.

45. – Wenn, wie eine Spekulation sagt, das ganze Leben ein Traum ist, dann muß man, so lautet das Gegenargument, innerhalb des allumfassenden Großtraums »Leben« erst recht zwei Arten von Eindrücken unterscheiden: solche, die wir träumen, und solche, die wir haben, weil wir wach sind. Also ändert sich dadurch, daß das ganze Leben ein Traum ist, gar nichts. – Die gleiche Konstellation liegt vor, wenn wir ausdrücken wollen, daß alles im Leben bloß ein Gleichnis sei.

Das Gegenargument hat recht. Aus der Perspektive des Alltags und der gewöhnlichen Sprache ändert sich nichts, wenn das ganze Leben ein Traum, ein Gleichnis oder vielleicht der Tod ist. Aber daß derlei Spekulationen müßig seien, weil in ihnen vertraute Begriffe auf eine sinnlose Weise verwendet würden, ist nur bedingt richtig. Vorausgesetzt wird ja nicht die Betrachtung des Lebens vom menschlichen, sondern von einem höheren Standpunkt aus. Von diesem aus mag das menschliche Leben bloß ein Traum, ein Gleichnis, ein Trugbild oder der Tod sein.

Der höhere Standpunkt ist der Standpunkt Gottes. Wie könnten wir über ihn eine Aussage treffen? Jeder metaphysische Begriff geht mit der Frage schwanger, ob nicht alle Dinge der Welt unter ihn gefaßt werden könnten. So hebt sich der metaphysische vom empirischen Begriff ab. »Das Leben ist ein Traum« heißt: Könnten wir unser Leben vom Standpunkt Gottes aus betrachten, würden wir erkennen, was Wachsein *wirklich* bedeutet.

Nein, über den Standpunkt Gottes können wir keine Aussage treffen. Daraus folgt aber nicht, daß wir gar nicht verstünden, was einer meint, wenn er sagt: »Unser Leben ist der Tod.« Auch wenn wir keine Aussage über den Standpunkt Gottes treffen können, sind wir doch am Horizont unseres Verstehens über das Leben und die Welt hinaus.

46. – Auch Götter sind Gleichnisse. Was soll es dann aber heißen, wenn gesagt wird: »Gott zieht sich zurück«? Verblassen die Gleichnisse? Wohl eher wird auf den Andrang einer neuen Art von Gleichnissen hingewiesen: Rückzugsgleichnisse.

Unser heutiger Himmel ist ein sehr tiefer. Er ist durchdrungen vom Schweigen Gottes. Dagegen wirken die alten Himmel mit ihrem Personal oberflächlich. Aber waren die alten Himmel nicht ungleich lebendiger? Nein. Denn erstens trug ihre Vitalität, zumindest in den hochkultivierten Spielarten der Vielgötterei, Züge des Theaterhaften, einer gespielten Lebendigkeit – so etwa im griechisch-römischen Polytheismus. Zweitens aber: Die moderne Kosmologie ist zwar noch immer naive Religion, verpuppter Mythos, und sie ist von allerlei Infantilismen bedroht – trotzdem glaubt man zu fühlen, daß unter ihrer Vorherrschaft der Himmel wieder unruhig zu werden beginnt.

Auch Sonnen sind nur Gleichnisse.

Squarks, Gluinos, Superstrings sind mathematisch distinkte Gleichnisse. In ihnen kehren die Götter zurück. Freilich ist ihre Sprache nicht mehr die des Viehs. Und der Mensch ist nicht mehr ihr Ebenbild. Während sie näher rücken, verändert er sein Wesen. Er hört auf, Vieh zu sein, Mensch zu sein, »persona«, Maske. Er tritt hervor, er verliert sich.

47. – Kürzlich ging ein Foto um den Globus, das laut Agenturmeldung die Aufnahme einer »unvorstellbar riesigen Materieanhäufung am Rande unseres Universums« zeigte. Das war aber nur ein Bild für etwas, wofür wir keine Augen haben.

Warum hat dieses Bild die Menschheit nicht erschüttert? Keiner ließ alles liegen und stehen, keiner fiel auf die Knie. Am Balkan und sonstwo schlachteten sich die Völker weiterhin ab, als ob nichts geschehen wäre. Dabei konnte man es in der Zeitung *sehen*: eine unvorstellbar riesige Materieanhäufung; und das Bild brachte *Kunde* vom Rand des Universums.

Das Bild hatte freilich den Nachteil, daß es uns zeigte, wie weit wir hinter den biblischen Horizont zurückgefallen sind. Unsere Kosmologen bringen es einigermaßen glaubhaft nicht weiter als bis zum Rand des Universums.

48. – Der theoretische Kern der heutigen Naturwissenschaft, die Teilchenphysik, steht unter zunehmendem Druck, sich dramatisch bildhaft aufzuführen. Der Nobelpreisträger ist zum Unterhaltungstyp, zum »Infotainer«, geworden. Zwischen seiner privaten Philosophie und seinen epochalen Entdeckungen will – und kann – das wißbegierige Publikum nicht unterscheiden. So gesellt sich zu Einsteins $E = mc^2$, zur Heisenbergschen Unschärferelation oder zum Planckschen Wirkungsquantum die ganz anders geartete Formel Steven Weinbergs, die da lautet: »Je begreiflicher uns das Universum

wird, um so sinnloser erscheint es auch«; und daß der Mensch dennoch weitermacht mit seinen Teleskopen, Raumsonden und Teilchenbeschleunigern (deren neuester acht Komma zwei Milliarden Dollar kosten soll), verleiht ihm laut Weinberg immerhin »einen Hauch von tragischer Würde«. Denn der Mensch wird nicht finden, wonach er sucht. Er wird, aller Wahrscheinlichkeit nach, nicht einmal die Weltformel finden.

Um die Weltformel zu finden, müßte man nach heutiger Lehre mehr über die sagenhaften Superstrings wissen, die sich in den Zusatzdimensionen des Raumes knäulen. Die Superstring-Welten werden von Squarks und Gluinos bevölkert, vorausgesetzt, es herrschen Energien, die denen beim Big Bang nahekommen. Deshalb braucht die Physik den supraleitenden Teilchenbeschleuniger SCC, der in der texanischen Wüste gebaut werden soll. Doch auch er wird die Protonen bloß mit einer Energie gegeneinanderschleudern, die tausendmilliardenfach geringer ist als jene, bei der die Große Vereinigung erwartet wird. Nur die Große Vereinigung könnte einen Anhaltspunkt liefern für die Konstruktion der Formel, aus der sich die Welt, von ihrem Aufblitzen bis zu ihrer endgültigen Erstarrung, ableiten läßt.

Die Sprache der Wissenschaftspopularisatoren hat mittlerweile den Höchstleistungsphysiker als Fantasyhelden kreiert. Dieser katapultiert sich unter Zuhilfenahme von Gerätschaften, die immer byzantinischer anmuten, in die innersten Geheimnisse des Universums: 87 Kilometer Länge soll SCC haben, und die Protonenbahnen sollen von 8800 Magneten ausgerichtet werden.

49. – Erstaunlich, wie leichthin die neuen Helden der Physik den kosmologischen Infantilismus der Massenmedien übernehmen. Die Entfremdung zwischen dem undurchschaubaren mathematischen Formelwerk und seiner handfesten Bildwerdung im Science-Plotting von Film und Fern-

sehen hat vor den Spezialisten nicht haltgemacht. Die Suche nach der Weltformel verleiht dem Schrecken, der sich angesichts der immerhin möglichen Banalität des Ganzen einstellt, einen religiösen Touch.

Selbst die Spezialisten werden immer legasthenischer. Immer weniger sind sie in der Lage, die Zeichen zu lesen. Hätte man die Weltformel gefunden, man hätte keine Ahnung, was sie bedeutet. Jesaja tritt vor das Angesicht Gottes, und die Flügel der Seraphim decken es ab.

Soll das heißen, daß die Religion Naturwissenschaft, die Naturwissenschaft Religion wird? Nein. Im Vergleich mit den großen biblischen Gestalten wirken die wissenschaftlichen Phantasien rund um das mathematische Formelwerk und den technischen Titanismus, wirkt die ganze Begrifflichkeit des Größten und Kleinsten, Fernsten und Nächsten, vom Big Bang über die Black Holes bis zu den Quarks und Squarks, vollkommen kindisch.

Und der kosmologische Infantilismus ist nur ein Vorgeplänkel. Der Zusammenhang zwischen Anschauung und Theorie wird reißen. Das wird die Technik für die Menschheit auf ein neues Niveau heben. Man wird plötzlich wieder erkennen, daß sie aus einem unverstandenen Grund emporgeschossen ist. Dieser Moment, in dem die Naturwissenschaft begreifen wird, daß sie blind ist, wird der Augenblick sein, in dem sie wahr zu werden beginnt. Sie wird Lippen bekommen, um zu sprechen, und ein Seraph wird herabschweben mit einer Glühkohle vom Altar Gottes.

Metaphysischer Zellenknall, religiöser Mob

50. – »Woher weißt du das?« – Wir schreiben ja nicht, weil wir wissen, sondern weil wir unserem Gefühl, daß wir hier nicht zu Hause sind, einen menschlichen Ausdruck verleihen wollen.

Darin besteht unsere Humanität: Fühlend, daß wir hier fremd sind, nicht in sprachlose, barbarische Raserei zu verfallen.

51. – Das schlimmste an den Attacken der religiösen Massen ist nicht ihre Bestialität. Es ist, jedenfalls für den Beobachter, der Umstand, daß die Attacke ganz und gar im Schimärischen verharrt. Sie schlägt tot, und dabei ist der Weg, den sie sich freikämpfen will, gar nicht vorhanden. Um zu sehen, daß kein Weg vorhanden ist, muß man alles niedermachen; und dann steht man sich selbst im Weg. Es gibt, von innen her gesehen, keine Möglichkeit, den schimärischen Raum zu durchbrechen, obwohl es für den Amokläufer von Schritt zu Schritt so scheinen mag. Denn dieser Raum ist Teil des Metaphysischen.

Der metaphysische Zellenknall findet in einer Zelle ohne Wände statt. Die Weltzelle hat keine Wände, sie umschließt das Universum, das Ganze: Sie ist grenzenlos. Es ist unmöglich, sie zu zertrümmern.

52. – Man darf den Aktionen des religiösen Mobs keine metaphysische Tiefe beimessen. In der Stadt Sivas haben islamische Fundamentalisten ein Blutbad angerichtet. 36 Menschen sind verbrannt. Unter dem Toben der Menge wurde ein Hotel angezündet. Darin sollte, nach dem Willen der Brandstifter, auch der Regimekritiker Aziz Nesin sterben, der Salman Rushdies *Satanische Verse* ins Türkische übersetzen ließ. Man schrie: »Teufel! Teufel!« Doch der Mob wollte bloß einen Menschen brennen sehen. Und nicht nur einen, sondern viele: alle Gegner der Scharia, alle Säkularisten und Verächter des Gottesstaates.

Es ist immer brennendes *Menschenfleisch*, das man sehen will. Vor dem Teufel nähme man sofort Reißaus.

53. – Manchmal ist ein Licht in der Welt, ein Mut, eine Hoffnung. Die Dinge des Alltags erscheinen dann frisch und erneuert, und noch die urältesten Dinge, die längst versteinerten, zerfallenen, nie ans Tageslicht getretenen, werden zu Quellen der Kraft.

Doch Licht, Mut und Hoffnung scheinen sich doch im Leeren zu entfalten; ihnen fehlt, logistisch gesprochen, das Operationsgebiet. Das aber macht sie für uns erst religiös. Denn sie gehören nicht in diese Welt; und daß es eine andere gäbe, davon wissen wir nichts.

Deshalb wäre es nicht redlich, wenn wir damit auftrumpfen wollten, gläubig zu sein. Licht, Mut und Hoffnung sind Platzhalter der Transzendenz unter einem vollständig aufgeklarten Himmel. Der Himmel ist ebenso tief wie leer. Licht, Mut und Hoffnung entfalten sich im Kontextlosen. So kann sich unser religiöses Empfinden, über alle Gleichnisse und Götter hinweg, letzten Endes auf nichts berufen. Es kann sich auf nichts stützen. Es schwebt oder stürzt. Es ist ebenso irreal wie aufsässig: als ob ein Schatten sich umsähe, aber keiner da wäre, um ihn zu werfen.

Im übrigen werden auch die Bilder der Abwesenheit fahl. Das verleiht dem religiösen Empfinden dann doch eine Richtung, und es entsteht eine Art theologischer Instinkt: Meide das Fahle!

Wir werden im Himmel sein

54. – Wesen, die einander ihr ganzes Leben lang Geschichten erzählen: das ist das Bild einer Idiotengemeinschaft.

Jeder Mythos drängt zum Licht. Er will Begriff werden, oder er weicht der Anschauung ohne Begriff, dem Stupor.

Geschichten existieren nur im Übergang. Und der Übergang, der kein Ende hat, ist die Ewigkeit des Idioten. Der Idiot merkt nicht, daß die Zeit vergeht. Er stirbt nicht. Er hat keinen Himmel.

55. – Religion im Ursprung ist Erzählung, die sich mit dem Ritual, der Beschwörung, dem Opfer verbindet. Das religiöse Bild – das Gleichnis – ist schon eine abgeleitete Form. Die Beziehung des Menschen zu den jenseitigen Mächten wird »eingesonnen«, die Götter werden von einer Bernsteinaura umgeben: Noch sind sie da, sie leuchten und dunkeln, aber sie sind bei aller Sichtbarkeit auch fern geworden, abgeschlossen in ihrer Welt wie das Insekt im Harz.

Was am Gleichnis wahr ist, scheint schließlich durch das Gleichnishafte an ihm – das Metaphorische, das Erzählerische – verschleiert zu werden. Daher der Drang nach einem reinen Begriff des Göttlichen. Er ist es, der zuletzt den gottleeren Raum erzeugt.

56. – »Wir werden im Himmel sein.« – Man möchte diesen Satz, der doch ein Gleichnis gibt für die Aufhebung aller Fremdheit zwischen den Menschen und allem aus der Fremdheit erwachsenden Schmerz der Einsamkeit, so lesen, als ob er aus reinstem begrifflichen Stoff, aus *Bildlosigkeit,* gewirkt wäre.

Apokatastasis

57. – Erst im gottleeren Raum entfaltet sich das Wesen des Rituals. Sein alter Sinn, worin immer er bestanden haben mag, weist nunmehr ins Leere. Mit dem Band des Rituals wurden Himmel und Erde zusammengehalten; jetzt flattert das Band. Was hat das zu bedeuten? Im Ritual berühren sich die Enden der Welt. Der Ort, an dem die Berührung stattfindet, ist der Ort, der niemals verlassen wurde. Eines Tages

aber wird auch er verlassen worden sein. Dann erst wird es keiner Rituale mehr bedürfen. Der Ort wird überall sein.

Bis dahin jedoch, argumentiert der jüdische Kosmopolit aus Prag, dessen Familie von den Nazis ermordet wurde, sei die Pflege des Rituals um so bedeutsamer; die scheinbare Sinnlosigkeit der Pflege wäre demnach der Schlüssel zum heutigen Glaubensstand – sie wäre das wichtigste. Die religiöse Haltung dieses Kosmopoliten ist eschatologischer Ritualismus.

58. – Wir sollten, wie angeblich die alten Griechen, Heiligtümer für den »unbekannten Gott« betreiben, und wir sollten diesem Gott einen Teil der Hekatomben von Tieren opfern, die wir täglich in den Schlachthäusern töten. Es ist eine große Sünde, daß wir alles selbst verschlingen.

Aber wir glauben doch gar nicht an einen unbekannten Gott? Das macht nichts. Entscheidend sind das Heiligtum und das Opfer. Der unbekannte Gott wird sich einstellen oder auch nicht. Wir haben keinen Gott, dem wir *näher* wären. Das unterscheidet uns himmelhoch von den alten Griechen.

59. – Als wir den Vogel meiner Tochter, den sie seit Jahren gepflegt hatte, fanden, war er schon starr. Die Physiognomie des Lebens hatte sich ins Organische zurückgezogen. Das Wesen, das wir kannten, war aus dem Leib des Tieres verschwunden. Ich steckte die kleine Leiche in einen Papiersack, darüber stülpte ich einen Nylonsack, bemüht, die Manipulation so pietätvoll wie möglich durchzuführen. Es war eine Art ungelenker Einsargung, die ich da vornahm. Der Packen landete schließlich in der Mülltonne. Ich hatte das Gefühl, etwas Unrechtes zu tun. Ich tat es aber, während ich still mit meiner Tochter haderte, daß sie nicht mehr Kinds genug war, ihren Vogel *anständig* zu begraben.

60. – Der Sinn noch des letzten Rituals, von dem schon keiner mehr weiß, was es bedeutet, wird sein: *Apokatastasis*, die Wiederbringung aller Dinge. Das ist der eine Standpunkt. Er setzt voraus, daß selbst der Mensch, dem die Erinnerung an Einzelheiten abhanden kam, danach verlangt, es möge nichts umsonst gewesen sein.

»Was immer auch war, es soll nicht umsonst gewesen sein!« Und dies wiederum gebietet, daß alles so wird, wie es war. Denn am Anfang war alles gut; und nun, am Ende, soll alles, was bisher geschah, in den Anfang zurückversetzt werden. Das Ritual beschwört das Ende, auch wenn es nicht weiß, was es tut; es zitiert das Ende gerade dann, wenn es auf nichts mehr verweist.

Der andere Standpunkt bewegt sich innerhalb des Horizonts der Sprachstörungen, genauer: der Aphasie-Alpträume. Das religiöse Ritual, das sich selbst nicht mehr versteht, bringt demnach den Gläubigen in eine verrückte Lage. Er muß, um sich mitzuteilen, eine Sprache sprechen, deren Elemente für ihn keine Bedeutung haben. Der Gläubige hat dann folgende Möglichkeiten, sein Problem zu lösen:

Erstens, er kann verstummen.

Es gibt keinen Ausdruck von Sinn mehr, nicht einmal von unentschlüsselbarem. Das Ritual erstirbt, und die Welt, die an ihm hängt, bricht zusammen.

Zweitens, er kann versuchen, den Sinn dessen, was er sagt, doch noch zu begreifen.

Er hat Erfolg und entdeckt die Banalität des Gesagten. Er wollte etwas Absolutes zum Ausdruck bringen, aber es war nur eine läppische Geschichte. In diesem Augenblick verliert das Ritual seine Kraft; es enthüllt sich als primitiv.

Drittens, er kann weitersprechen, ohne zu fragen, ohne sich umzublicken.

Er versteht nicht, was er sagt, und je weniger er versteht, um so stärker wird der Zwang, es immer wieder zu sagen. Er muß es nur oft genug wiederholen, dann wird er schließlich schon verstehen.

Auf diesem Weg wird das Ritual ritualisiert. Von seiner immerwährenden, genauestmöglichen Ausführung hängt es ab, ob die Welt bestehen bleibt oder zusammenbricht. Das ist magischer Positivismus. Nichts muß wiedergebracht werden; alles ist da, solange das Ritual währt. Die Apokatastasis findet laufend statt, indessen mangelt ihr die Kraft der Erlösung.

61. – Es gibt zwei religiöse Grundstörungen, die uns heute die Religion ersetzen müssen: das ritualisierte Ritual und die reglose mystische Schau des Lord Chandos. In beiden Fällen handelt es sich um Formen eines religiösen Ausdrucksverlustes, und stets dominiert das Fehlen eines glaubwürdigen Kontexts.

Ausdrucksverlust und Kontextlosigkeit: darin verharrt das religiöse Empfinden heute. Geschichtlich belehrt und sprachbegabt ist der Unglaube. Er kann sich sehen lassen.

62. – Der tote Vogel läßt einen lebenden Teil zurück, sein Weibchen, mit dem er immer zusammen war. Dem Weibchen fehlt nun ein Teil; es hat keinen Begriff davon. Es hockt da mit einer großen Wunde. Aber man weiß nicht, wo sie anfängt und wo sie aufhört. Alles in der Welt trägt den Schmerz in sich. Nichts mehr kann trösten, aus allem spricht der Verlust. Das ist die Trostlosigkeit des lebenden Teils: Keiner kann etwas tun, denn an allem, was da ist, hat sich nichts verändert.

In diesem Sinne ist auch Gott niemals gestorben. Und in diesem Sinne ist unsere Trostlosigkeit nicht von hier.

63. – Wenn wir ein Ding so sehen, wie es wirklich ist, dann *sehen* wir seine Transzendenz. Wir sehen dann an ihm das, was sich an ihm der Welt entzieht.

Das heißt aber nicht, daß es neben – hinter oder über – unserer Welt noch eine andere gäbe. Das Sichentziehende hat keinen Weltort; es hat überhaupt keinen Ort.

64. – Ein Ding ohne Transzendenz könnte nicht existieren. Das merken wir zuerst an uns selbst. Damit wir als Personen in der Welt sein können, benötigen wir doch eine radikale ontologische Nicht-Involviertheit: Was immer unser Leben mit all seinen empirischen Eigenschaften und Möglichkeiten sein mag, stets sind wir auch noch etwas darüber hinaus. Etwas an uns hat keinen Ort in der Welt.

65. – Der Streit um die Willensfreiheit ist sinnlos. Denn der »freie Wille« ist bloß ein Name für das Sichentziehende an uns. Er ist keine empirische Größe, über deren Vorhandensein sich streiten ließe.

Selbst wenn alles lückenlos von Naturgesetzen beherrscht wäre, könnte das an der Existenz des freien Willens nichts ändern.

Der freie Wille bewirkt also gar nichts in der Welt? Er *kann* gar nichts bewirken? – So ist es. Er ist kein Teil der Mechanik.

66. – Frei sind wir nur dort, wo wir kein Teil der Mechanik sind. Dort aber stehen wir als Bewirkende nicht zur Diskussion.

Plötzlich steht ein Engel an der Schwelle, und erst in seinem Glanz erkennen wir, daß unser Heim existiert und daß wir selbst mehr sind als bloß von hier.

67. – Auch die Steine am Wegrand sind mehr als bloß von hier. Auch ihnen eignet die Freiheit, hier zu liegen, nur können sie dies nicht erkennen. – Wesen, die nicht erkennen können, daß sie frei sind, können nicht danach streben, ihre Freiheit zu realisieren. Sie werden niemals entdecken, daß ihre Freiheit in der Welt nichts bewirken kann.

Dazu sind unter allen Wesen der Welt vielleicht nur wir imstande. Während wir tun, was wir wollen, fällt uns auf, daß wir deshalb noch überhaupt nicht frei sind. Wir sind, indem wir tun, was wir wollen, noch immer ein Teil der Mechanik; jedoch ein *wissender* Teil. Wir haben begonnen, Freiheit als etwas zu denken, was erst jenseits der Mechanik – und, natürlich, ihres Komplements: des Zufalls – beginnt.

68. – Die Drohung der Maschinenwelt ist die der totalen Immanenz. Alles ist von hier, und weil sich nichts mehr entzieht, hat alles aufgehört zu sein.

Die Drohung der Maschinenwelt ist die einer Unwirklichkeit, die durch zuviel Positivität hervorgerufen wird. Und der Positivismus ist die Lehre davon, daß diese Unwirklichkeit schon das Ganze dessen ist, was überhaupt sein kann.

Die Drohung ist aber machtlos. Das übersieht die intellektuelle Maschinenstürmerei.

69. – Freilich läßt sich in einer Welt, in der das Technische dominiert, sehr schwer erkennen, was sich an den Dingen, die sinnlich und pragmatisch da sind, prinzipiell entzieht. In der technischen Welt werden wir der Dinge, wie Heidegger sagte, als »Zuhandenes« gewahr.

Auch das offensichtlich Nutzlose darf schließlich nur noch als *scheinbar* Nutzloses existieren. Im Weltbild des Evolutionisten gibt es zwar keine objektiven Naturzwecke, aber alles »Natürliche« hat eine Funktion. Hätte es keine, es wäre nicht da.

Die große metaphysische Gleichung lautet demgegenüber:

Transzendenz ist Funktionslosigkeit; Funktionslosigkeit ist Freiheit; Freiheit ist Transzendenz.

(»Transzendenz«, »Freiheit«, »Funktionslosigkeit«: das sind Bezeichnungen für das Sichentziehende.)

70. – Das Sichentziehende nannte Theodor W. Adorno »das Hinzutretende«.

Der Philosoph sollte sich stets fragen, ob er nicht der Versuchung erlegen ist, über die letzten Dinge zu schreiben. Beim Versuch, über die letzten Dinge zu schreiben, bricht die Semantik zusammen. Das eine Ding bedeutet dann soviel wie das andere, und nichts mehr bedeutet irgend etwas. Erlaubt ist bloß, über die vorletzten Dinge zu schreiben. Man schreibt dann über fast nichts. Man schreibt über die Flügel der Seraphim, die Gottes Antlitz bedecken.

Von Ewigkeit her

71. – Was kann es denn heißen, daß du nicht von hier bist, wenn du an keine religiöse Jenseitserzählung glaubst? Unter anderem dies: daß ich bedingt bin, und zwar auf eine Weise, die sich meinem Erkennen entzieht. Das kann ich begreifen. Es tröstet mich aber nicht.

72. – »Die Welt ist nicht alles.« Sagt man, dieser Satz sei sinnlos, so löst man doch nicht das Problem, das er aufwirft. Es handelt sich um das Problem der Bedingtheit der Welt. Man kann sagen, ein solches Problem existiere nicht, weil der Ausdruck »Bedingtheit« hier in einem obskuren Sinn gebraucht wird, nämlich weder logisch noch empirisch. Und dabei merkt man gar nicht, wie man dem metaphysischen Affen Zucker gibt.

Daß es kein sinnvolles Problem der Bedingtheit der Welt gibt – heißt das nicht eben, daß ich in bezug auf die *Weise* der

Bedingtheit vollständig blind bin? Heißt das nicht, *daß* die Welt bedingt ist, ich es aber nicht fassen kann?

73. – Angenommen, es gäbe keinen Sehenden. Könnte dann der Blinde erkennen, daß er blind ist? Nehmen wir an, der Blinde würde träumen, und in seinen Träumen sähe er... Das alles trifft das Wesen der Erkenntnis metaphysischer Blindheit nicht.

Wenn wir den Gedanken der Gesamtheit des empirisch Existierenden fassen – und wie sollten wir ihn vermeiden? –, dann sind wir gezwungen, auch die Idee einer »nicht-empirischen Ursache« zu akzeptieren. Doch diese Idee repräsentiert nichts weiter als das Urteil, wir seien metaphysisch Bedingte und als solche für die metaphysische Bedingung blind.

Aber könnte die Welt als die Gesamtheit des Seienden nicht *unbedingt* existieren? Diese Frage läßt sich nicht verstehen. An welchem Gegenstand wäre denn die Idee einer unbedingten Existenz demonstrierbar?

Aber können wir uns nicht vorstellen, daß die Welt von Ewigkeit her existiert? Nein, sofern »von Ewigkeit her existieren« meint, es sei sinnlos zu fragen: Woher kommt es, daß die Welt von Ewigkeit her existiert?

74. – Ich stelle mir einen Unsterblichen vor, der jetzt zu zählen beginnt: »Eins, zwei, drei...« und so fort. Wenn er nicht aufhört zu zählen, dann wird er bis in alle Ewigkeit weiterzählen. Die Folge der Zahlen ist unendlich.

Angenommen, man zeigt mir einen, der Zahlen zählt, mit der Bemerkung: »Dieser da zählt schon seit Ewigkeit her.« Bei welcher Zahl könnte er denn gerade angelangt sein? Es gibt für diese Situation keine mögliche Zahl, und das heißt, es gibt diese Situation nicht.

Angenommen jedoch, man sagte mir, der Zählende würde für das Aussprechen einer Zahl eine unendlich lange Spanne an Zeit benötigen: dann wäre diese Information eben keine *Erläuterung* des Ausdrucks »von Ewigkeit her existieren«.

Einer beginnt *jetzt* zu zählen. An keinem Punkt in der Zukunft wird man ernsthaft sagen: »Er zählt schon seit einer Ewigkeit.« Das könnte man erst *jenseits* eines jeden Zeitpunktes in der Zukunft sagen. Aber das hieße dann gar nichts. Jeder empirische Punkt in der Zukunft ist ja bloß endlich weit von jedem empirischen Jetzt entfernt, wie weit dieses auch bereits zurückliegen mag.

Wir haben keinen Begriff von der Ewigkeit. Indessen meinen wir hartnäckig, einen zu haben. Woher rührt der Irrtum? Daher, daß wir meinen, einen *allgemeinen* Begriff zeitlicher Endlichkeit zu haben. Das ist freilich eine Illusion. Ein allgemeiner Begriff der Endlichkeit würde den Bereich des Nicht-Endlichen festlegen und damit auch den Bereich des zeitlich Unendlichen, der Ewigkeit.

Unser Verständnis dessen, was endlich ist, macht vor den letzten Dingen halt.

Gewalten der Immanenz

75. – Peter Douglas Ward schreibt in seinem schönen Buch *Der lange Atem des Nautilus*: »Diese Idylle währte einige zehn Millionen Jahre.« Gemeint ist die silurische Epoche vor mehr als 400 Millionen Jahren, in dem Gebiet, das heute Michigan heißt. Dort breitete sich zeitweise ein Flachmeer aus, das sogenannte Japetus-Meer. An seinen Rändern gediehen üppig die Korallenriffe, während sein Inneres viele Arten von Brachiopoden und andere paläozoische Lebewesen beherbergte.

Mit fortschreitender Evolution nimmt die Sorge um das Leben zu, die Aggressivität schwillt an. Es kommt die Zeit der Eurypteriden, der Skorpione, der Fleischvertilgungskolosse und des Menschen. Dementsprechend schwindet die

Transzendenz. Es schwindet die Freiheit, der Mechanismus wird omnipotent.

Und dann ist da doch nichts weiter als ein blindes, selbstvergessenes Spiel. Und nichts ist schließlich verschwunden. Wir waren nur, behext von Darwins Struggle for Life, eine Zeitlang unfähig, die Gegenwart des Abwesenden zu bemerken.

76. – Totale Aggressivität und reine Immanenz fallen zusammen.

Die reine Immanenz verschlingt sich selbst.

Das ist die Herstellung der Ewigkeit: Transzendenzlosigkeit und Irrealität – das Nichts.

77. – Gewalten der Immanenz:

a) Der Mechanismus, wie er sich an den Dingen zeigt – auch an den Menschen –, von denen wir fürchten, sie könnten immer so weitermachen wie bisher. Etwa der Arbeiter am Fließband, der Stunde um Stunde die immergleichen zwei, drei Bewegungen in derselben Reihenfolge und mit derselben Geschwindigkeit ausführt – er gibt ein Gleichnis für den Menschen ohne Transzendenz. Angesichts seiner erwarten wir den Umschlag ins Chaos. Denn dieses ist ein Gleichnis der sich selbst verschlingenden Immanenz. Dort ist alles absolut präsent; es gibt nichts, was sich entziehen könnte.

b) Das viele, das zuviel ist. Heuschreckenschwärme. Eine besonders abstoßende Spekulation geht davon aus, daß der Raum lückenlos mit Engeln besetzt ist; derart verschwindet mit der Leere die Transzendenz.

Die Natur, vorzüglich die des Darwinisten, schüttet sich gerne aus. Man kann das als Dank des Seienden werten; als Überschwang aus Daseinsjubel. Aber zuviel ist zuviel. Verklumpung und Ersticken drohen. Deshalb blicken wir mit Genugtuung auf die Katastrophen, durch die wieder Leere hergestellt wird. Auch wenn wir beklagen, was alles an Lebensformen in den erdgeschichtlichen Perioden des Massenaussterbens unwiederbringlich zugrunde ging, sind wir doch erleichtert, daß die Ausbreitung vermehrungswütiger Spezies gestoppt wurde. Um so mehr Sympathien bringen wir den Überlebenden entgegen. In der nach-katastrophischen Leere leben sie einsam, als ob Gott selbst sie da hineingesetzt hätte.

78. – Orte der Immanenzverdichtung: Schlachthäuser, Massengräber. Und am meisten graut uns vor den Göttern, die als Nahrung Massen von Leichen benötigen. Ihre Schwäche stachelt den kosmophobischen Schrecken an: Selbst *sie* sind ganz von hier?

79. – »Die Frechheit der Sonne, zu scheinen! Eben noch bedeckten Wolken die Schande des Himmels…« – Seine Gemütsverfassung ist derart, daß er da, wo andere ästhetisch oder moralisch reagieren, häufig nur noch religiös zu empfinden vermag. Aber von hier aus, abgetrennt von jeder rituellen Basis, führt kein Weg zu sinnvollem Handeln. Man kann unter säkularen Bedingungen mit dem Himmel ebensowenig hadern wie mit der Sonne. Man kann das Firmament nicht anbeten, man kann es nicht verfluchen. – Er wird bei vollem Verstand wahnsinnig: er schreit, er tobt. Niemand erkennt das liturgische Wesen seiner Raserei.

Alt geworden, haßt er den blanken Himmel immer noch. Er weigert sich, in der Sonne zu sitzen. Also trägt man ihn in den Schatten. Warum er jedoch, im Schatten sitzend, den Himmel anzischt, weiß keiner. Es scheint auch belanglos.

Statt zu verfluchen, zischt er. Statt zu beten, zischt er. Die anderen sprechen in wohlgeformten Sätzen. Sie haben keine Ahnung vom wahren Drama. – Zischend stirbt er, man hört kaum hin.

80. – Die großen, ungekünstelten Werke des Frühimpressionismus sind nicht oberflächlich. Oder doch: Sie sind, nach

all der christlichen Tradition und nach dem Zwielicht der Romantik, darauf versessen zu zeigen, daß das Absolute nirgendwo anders als an der Oberfläche der Dinge existiert. Dort ist das ganze Geheimnis, und sonst ist da nichts.

So viel Wahrheit wie in den *Blumen und Früchten* des Henri Fantin-Latour aus dem Jahre 1865 (Musée du Jeu de Paume, Paris) findet man in der ganzen nachantiken Kunst Europas kaum. Man muß weit zurückblicken, um ähnliches zu sehen, beispielsweise auf das Stilleben mit Früchten im Hause der Julia Felix, Pompeji, entstanden 69-70 n. Chr. (heute Museo Nazionale, Neapel). Die zum Verzehr bestimmten Früchte sind in den Stand der Unschuld versetzt; jenseits aller Funktion und Pragmatik sind sie da. Und je oberflächlicher sie da sind, um so realer sind sie. Erst wenn die Oberfläche errungen ist, hat sich die Realität voll entfaltet, sind Wahrheit und Unschuld eins geworden. Das ist das ontologische Paradox.

81. – Gott hat aufgehört, sich zu verbergen. Er hat die mythischen Hinterwelten verlassen und ist reine Oberfläche geworden. Hier lebt er in den Qualitäten und Formen als das Sichentziehende.

Mit Rührung betreten wir die Kirchen. Wir brauchen sie heute mehr denn je, denn wir dürfen nicht an der Kontextlosigkeit unseres religiösen Empfindens irre werden. Aber wir wissen auch, daß wir in den Kirchen nicht aufgehoben sind. Der Ort des Geheimnisses steht leer. Gott wohnt nicht mehr hier.

Unsere Liturgien sind höchst unscheinbar. Sie erfordern eine große Reinheit der Anschauung. Wie diese möglich ist, erfahren wir aus bestimmten Werken der Kunst. Doch ist die Kunst keine Religion, niemals. Der Künstler operiert im Imaginären, und sein Modus vivendi ist ein ständiges »Als ob«. Die Religion dagegen hat es mit der Wirklichkeit zu tun. Der künstlerische Blick *verklärt* das Gewöhnliche, das religiöse Empfinden aber führt zu einer Sicht der Dinge, der zufolge das Gewöhnliche verklärt *ist*.

82. – Wir verlassen die Kirchen, wir verlassen die Tempel der Kunst. Es gibt keine Kunst mehr, bloß Zitatengerümpel mit Absolutheitsanspruch oder Anachronismen einer naiven ästhetischen Religiosität. Wir treten ins Freie. Eben weilten wir noch im Schatten, jetzt aber stehen wir unter dem blauen Himmel. Die Schlachthöfe. Die Massengräber. Der 22. Juli 1993: Sarajevo ist dabei, ein Schlachthof und ein Massengrab zu werden. In die Tempel der Kunst kehren wir nicht mehr zurück. Jedes »Als ob« widert uns an. Die Altäre können wir nicht entbehren. Die Toten des schrecklichen Krieges sollen nicht umsonst gewesen sein. Es ist besser, Gott akzeptiert sie als Nahrung; besser, als daß ihr Tod nichts weiter als eine Folge des Mechanismus war. Gott ist kein Teil des Mechanismus. Er braucht keine Nahrung. Das Opfer, das er annimmt, braucht er nicht und nimmt es trotzdem. (Daß ein Opfer sinnlos ist, heißt: Es ist bloß Teil des Mechanismus. Daß es *als Teil* des Mechanismus sinnvoll ist, heißt: Es ist sinnlos.)

83. – Wir treten ins Freie, die Altäre im Rücken. So können wir, vielleicht, die Dinge sehen, wie sie sind.

Aber nicht mit den Augen der Kunst. Zwar gibt es keinen würdigeren Ort als die Kunst, um uns ein Gleichnis des Sichentziehenden zu geben. Doch die Kunst ist auch noch dort, wo sie verklärt, ein Aufstand gegen die Welt. Die Kunst setzt ihre Gestaltungen als Urbilder, als Archetypen, und diese sind nicht – wie Platos Ideen – real, sondern imaginär.

Es ist das Imaginäre der Kunst, die sich mit einer religiösen Aura umgibt, wodurch die Welt abgekanzelt, an den Pranger gestellt wird. In den Köpfen der Kunstsinnigen findet schon lange eine ästhetisch induzierte Weltverdüsterung statt. Der religiöse Instinkt hingegen verneint die Welt *nicht*.

Das christliche Empfinden ist – das erkannte Nietzsche –

ein Sonderfall (und der Buddhismus ein anderer). Jenseits der rasenden Weltflucht, die den endzeitlich erhitzten Sekten der ersten Jahrhunderte eignet, und auch jenseits der priesterlichen Indienstnahme des Weltekels benötigt das christliche Ressentiment gegen alles Starke eine kunstreligiöse Flankierung. Wie anders wäre die ständige Abwertung des Lebenswillens in späterer Zeit zu begründen als durch die *Schönheit* des Schwachen – des Gekreuzigten, der Märtyrer, der Jesusmutter, der Lilien auf dem Felde. Demgegenüber will der religiöse Instinkt, auch der im Christentum eingeschlossene, einer Sicht der Welt zum Durchbruch verhelfen, wonach diese der *reale* Ort der Transzendenz ist.

Aber das bedeutet keineswegs, daß jeder Weltschreckensort als ein Ort der Transzendenz vergegenwärtigt werden kann. Nicht die Schlachthäuser, nicht die Massengräber: diese sind Gleichnisse der Hölle, das heißt der total gewordenen Immanenz.

84. – Nicht die Kunst ist die größte Feindin der Religion, sondern die konsequente Psychologisierung aller menschlichen Verhältnisse. Und selbst noch das gesichtslose Insekt, der urzeitliche Stein werden schließlich vom Gequassel der »Beziehungskisten«-Menschen vereinnahmt. Die Psycho-Spiritualisierung der Welt: das ist die modernste, unangreifbarste Form der Herstellung totaler Immanenz.

85. – Kein großes *Nicht von hier* läßt sich unserer Gesellschaft als Fanal voranstellen. Unsere Gesellschaft erlaubt keinen derartigen Ausblick. Sie ist vom Mechanismus, von Technik und Chaos, durchdrungen. Ihre Tendenz, über alle nationalen Absonderungen und konfessionellen Feindseligkeiten hinweg zur »Weltgesellschaft« zu werden, verstärkt den Druck der Immanenz. Man spürt die Gefahr, die in der Aufforderung an die rückständigen Länder liegt, sich doch endlich der westlichen Staats- und Wirtschaftsform zu befleißigen. Denn man weiß unterdessen aufgrund zahlreicher Beispiele, daß mit dem Rückstand an Wohlleben und Sicherheit, dem Mangel an »Zivilisation«, zugleich auch das Bewußtsein dafür schwindet, daß der westliche Weg des sozialen Existierens nicht der einzig mögliche ist. Mit dem Dahinschwinden der religiös und hieratisch, rituell und metaphysisch geprägten Völker und Staaten wird alles immer diesseitiger. Und je mehr sich die Menschen unter dem Vorzeichen des demokratischen Säkularismus annähern, um so trostloser treten sie voreinander hin: *Auch du bist nur einer von hier.* Kein Zweifel, daß die beschworene Weltgesellschaft zum Symbol dieser trostlosen, die Apathie und den Haß gegeneinander noch einmal – und dieses Mal auf höchstem Niveau – antreibenden Losung wird.

86. – Mao Tse-tungs Kulturrevolution zertrümmerte den Jahrtausende alten Geist Chinas, gab aber Chinas Millionen zu essen. Dagegen kann man, wenn man moralisch empfindet, nicht aufbegehren. Und so ist überhaupt die utilitaristische Moral die einzige, die sich mit praktischer Vernunft bekräftigen läßt. Dabei arbeitet sie machtvoll der Immanentisierung der Welt zu.

87. – Auf dem Forum von Timgat in Nordafrika gibt es die folgende, aus der mittleren Kaiserzeit stammende Inschrift:

> venari lavari
> ludere ridere
> occ est vivere

»Jagen und baden, spielen und lachen: das ist das Leben« – ein Bekenntnis zur Immanenz. Warum wird es ausgesprochen? Vielleicht, weil ihm eine lange Zeit der Entbehrungen voranging, die nun zu Ende ist. Vielleicht aber auch, weil hier die Erinnerung an etwas fortlebt, von dem man sich emanzipieren möchte und ohne das doch alle Zerstreuung ins Bewußtlose zurücksänke. Schön und leicht, luzide ist die Welt, die ganz von hier ist, stets nur im Übergang; dann aber opak im Glück: ein Grab der Seele.

88. – Japaner als Touristen im eigenen Land: Sie betrachten die Denkmäler ihrer Kultur und wissen nicht, was sie sehen. Mit dauerndem massenhaften Wohlstand kann auch die Bildung der Massen kommen; doch man kennt die Limitierung: Diese Art von Bildung wird keine einzige vitale Differenz schaffen, sie wird nichts mehr *fernrücken* können.

Und was sehen denn *wir*, wenn wir die religiösen Ikonen unserer Kultur betrachten? Auch wenn wir Ikonen-Experten sind und nicht bloß touristische Voyeure, muß die Antwort lauten: unseresgleichen, immer nur unseresgleichen.

Sie erkannten einander

89. – Manchmal, im Nachsinnen über die paar Menschen, die man liebt, scheint einem die Fremdheit, die zwischen uns herrscht, zu groß und zu schwer, als daß man sie ertragen wollte. Wenn wir uns nicht eines Tages außerhalb der Zeit und jenseits der Sterne näher sein werden als hier – wie könnte man hier weiterleben?

»Aber du weißt doch nichts, du bist doch blind.« Es gibt Träume, in denen man alles durch seine Blindheit hindurch sieht. Es gibt vegetabilische Gewißheiten: Man weiß nur, man kommt nach oben und ans Licht, und eines Tages wird man sich ohne Fremdheit in den Armen liegen. Ist es nicht so, daß am Ende der Zeit auch die Steine dazu begabt werden, die Augen aufzuschlagen?

90. – Wir werden einander erkennen, so wie in der Bibel der Mann die Frau *erkennt*, doch ohne die Wut der Zeugung und

die Not des Gebärens. Das Ineinanderversinken wird aber sinnlich sein müssen, oder es wird gar nicht sein.

Es gibt keine Überwindung jener Fremdheit, die aus dem metaphysischen Riß erwächst – *Nicht von hier* –, ohne den Schein und die Lust des Körpers.

Dennoch ist das christliche Bild von der Wiedererwekkung der Toten zu körperlicher Unversehrtheit heute zwiespältig. Es hat für eine Erde Gültigkeit, auf der wenige Menschen gelebt haben. Das Bild gibt uns die Erinnerung frei auf eine wundersam leere Welt. Dort existierten, seit Adam und Evas Zeit, noch keine Menschenmassen, für die man sich bloß ein einziges Schicksal wünschen kann: Sie mögen nach ihrem Tod für immer zu Staub zerfallen!

91. – Daß man heute gar nicht mehr wollen kann, am Ende der Zeiten mögen alle, die jemals gelebt haben, körperlich auferstehen, ist bereits das Ende einer Form von Menschheit. Ob es das Ende *der* Menschheit ist, der Menschheit als eines mit sich selbst solidarischen Subjekt-Objekts? Heute neigt man dazu – übrigens leichtfertig –, diese Frage zu bejahen. Aber man selbst ist, was weltgeschichtliche Panoramen betrifft, die ins Kosmosophische gleiten, blind; und die Menschheit hat keine Augen.

92. – Als er N. wiedersah, liebte er sie so sehr, daß ihm das Bedürfnis, sie sich buchstäblich einzuverleiben, fast den Atem nahm. Dabei war seine Lage körperlich diffus: Er wollte N. weder verschlingen, noch wollte er sie sexuell in Besitz nehmen; aber er wollte doch mehr als sie nur anschauen. Sein Blick war haptisch geworden. Es war eine große Freude, dazustehen und N. mit den Augen zu umarmen. – N. ging, wie immer, ihrer Wege. Er blieb getröstet zurück. Er zweifelte nicht daran, daß eine Einswerdung möglich ist, von der man sich kein Bild machen darf.

Es gibt eine sinnliche Liebe – und eine rein geistige gibt es nicht –, von der die sexuelle kaum einen Abglanz bietet. Von jener Liebe darf man sich hierorts kein Bild machen.

93. – Der Sexualismus unserer Zeit stilisiert das niederste Ideal körperlicher Zuwendung zum höchsten. Die Sexualisierten, mögen sie auch gelernt haben, sich beim Koitus gehenzulassen, bleiben doch voreinander kalt und hart. Böse starrt man schließlich auf die Fremdheit des anderen. Man muß sich weit von ihm abwenden, damit er einem wenigstens gleichgültig ist.

Etwas am anderen, ein Schemen, macht den Sex nicht mit. Der Schemen verharrt gleich einem weißen stillen Auge. Er ist unangreifbar, keiner Penetration zugänglich.

Der Priester als Wächter über den Sexus kann eine glaubwürdige Autorität sein. Aber der Pfarrer unterm Joch des Zölibats, der von der Gottgefälligkeit der körperlichen Liebe zu schalmeien beginnt, ist stets eine lächerliche Figur. Er weiß, wonach ihn gelüstet, aber er weiß nicht, wovon er redet. Er weiß nichts von der Fremdheit der Geschlechter, die erst durch den Sex in die Welt kommt; er weiß nichts von der Wut zwischen den Liebenden, die ihre Körper gegeneinandertreiben.

Er ist sein einziger

94. – Wir wissen, daß jede perspektivische Erfahrung unvollständig und verzerrend ist. Und alle möglichen Erfahrungsperspektiven zusammengenommen, ergäben noch immer kein vollständiges, unverzerrtes Bild der Welt. Daraus scheint zu folgen, daß es ein solches überhaupt nicht geben kann, denn jedes Bild schließt notwendig eine Perspektive ein.

Auch wenn Gott alle möglichen Perspektiven der Erfahrung gleichzeitig einzunehmen imstande ist, ist ihm doch kein vollständiges, unverzerrtes Bild der Welt gegeben. Natürlich weiß das die Philosophie. Sie läßt daher das Auge Gottes ein rein geistiges sein. Die richtige Ansicht der Welt wäre demnach vollkommen unsinnlich, durch und durch »begrifflich«, ideell.

Aber diese Beschränkung Gottes, diese Ohnmacht seines Auges, will man letztlich nicht akzeptieren. Man will, daß Gott die Wahrheit sieht, so wie es im Schöpfungsbericht des Buches *Genesis* heißt: »Und Gott sah, daß es gut war.« Kein Flecken Blindheit darf Gottes Auge verunstalten. (Doch wir haben nicht die geringste Ahnung, wie das möglich sein sollte.)

95. – Die Perspektive, so könnte man behaupten – und so hat man behauptet –, gehört, ontologisch gesehen, zu den Dingen dazu. Demnach gibt es nicht das Ding an sich, sondern nur das Ding *in* seiner jeweiligen Perspektive. Das heißt dann aber, daß es nicht richtig ist zu sagen, die Stellung des Subjekts den Dingen gegenüber verändere sich ständig. Eher wäre es richtig zu sagen, das Subjekt, das die Dinge nicht anders als perspektivisch erfahren könne, sei weit davon entfernt, die Dinge unvollständig und verzerrt zu erfahren; vielmehr nehme es sie stets vollkommen offen und, in einem ontologischen Sinne, direkt wahr.

Freilich ist das keine Auffassung, die für den Alltag taugt. Verschiedene Personen müssen sich aus verschiedenen Perspektiven darauf einigen können, daß sie ein und dasselbe Ding wahrnehmen. Jede Lehre der direkten Dingwahrnehmung zerbricht die Basis dafür, daß die Menschen sich verständigen, ja überhaupt dessen versichern können, in ein und derselben Welt zu leben.

Anders verhält es sich bei dem Mystiker im Augenblick der Ekstase. Der Entrückte ist absolut einsam, doch er weiß nichts davon. Und der Stoff der Dinge, die ihm vollkommen offenstehen, ist purste, lauterste Immanenz. Nichts entzieht sich, alles ist hier. Es gibt keine Transzendenz, aber es gibt auch keinen *Kerker* der Immanenz mehr. Die Immanenz ist dem Entrückten reine Transparenz – und ebendadurch Transzendenz.

Dennoch können wir uns des Eindrucks nicht erwehren, daß dem Mystiker in Aktion etwas Grundlegendes entgeht. Er ist bloß der Eine, und eine ontologische Solidarität mit dem Anderen gibt es nicht. Er kann sich nicht zu uns auf unsere alltägliche Stufe herunterbewegen. Seine Höhe ist ein Mangel, der die ganze Welt umfaßt.

96. – Der Versuch des Menschen, sich der göttlichen Anschauung der Dinge zu befleißigen, ist der Weg in die absolute, unauflösbare Einsamkeit. Es gibt keine Mystik, die aus der Verlassenheit des Mystikers herausführt.

Vielleicht fühlen wir deshalb oft Sorge um Gott – und indirekt um uns selbst –: Wie läßt sich so viel Einsamkeit ertragen, ohne verrückt zu werden oder ganz zu verschwinden?

Dummheit und Immanenz

97. – Der Dumme ist nicht einsam. Er ist ganz Welt. Es gibt einen Zusammenhang zwischen Dummheit und Immanenz.

98. – Menschen, die sich erklären lassen, sind dumm. Deshalb verachten wir die Zustände, die der Erklärbarkeit des Menschen Vorschub leisten.

Das ist eine der tiefreichendsten Schwierigkeiten im Umgang mit der modernen Demokratie: Je weniger dumm in diesem Sinne einer ist, um so mehr verachtet er den durchschnittlichen Menschentypus, den sie hervorbringt. Der Progressist und der Reaktionär scheinen unter solchen Umständen schon deshalb recht zu haben, weil sie immerhin »dagegen« sind. Derart kann sich selbst noch die lauernde

Bestialität als eine militante Form der Geistigkeit tarnen, die die Nuß der Dummheit knackt.

Marquis de Sade faszinierte das gebildete Publikum, und Adolf Hitler faszinierte, trotz ausgeprägter Kleinbürgerphysiognomie, ebenfalls. Es gibt an der Bestialität – wie am radikal Bösen überhaupt – etwas, das unerklärlich scheint. Auf diese Weise entsteht leicht der Eindruck von hoher Intelligenz, ja Geistigkeit.

Das Böseste und die reinste Utopie scheinen demselben Quellgrund zu entspringen: *Nicht von hier.*

Das absolute Gleichnis

99. – Wenn man Jesus von Nazareth als Christus, als Messias – als Gott – denkt, dann ist die Frage »Und wie war er als Mensch?« blockiert. Das Göttliche schließt das Psychologische aus und letzten Endes alle humanwissenschaftlichen Perspektiven.

Wenn Jesus Gott ist, dann hat er, in der Geschichte auftauchend, keine Geschichte. Dann ist er der Ewige Mensch.

100. – Die Schwierigkeit, Jesus ein klares Gefühl beizulegen, hat ihren Grund nicht in einer Schwäche des Betrachters. Worte wie »Zorn«, »Liebe«, »Angst« verwenden wir stets in einem endlichen, psychologischen Sinn; und nur so können wir sie buchstäblich verstehen. Wenn aber Jesus Gott ist, dann sieht der Betrachter einen Menschen, der wie Gott fühlt. Die Gefühle Gottes jedoch entziehen sich aller Psychologie; sie sind – so könnte man sagen – unendlich. Wir reichen nicht an sie heran.

Wenn wir also beispielsweise sagen, daß Jesus Zorn empfindet, dann meinen wir das nicht buchstäblich. Kein menschlicher Zorn steht zur Debatte. Wir sprechen gleichnishaft. Das aber entrückt uns auch dem Menschen, der solche – alles Menschliche zum Gleichnis werden lassende – Gefühle hat. Wer immer der historische Jesus gewesen sein mag, es ist etwas an ihm, was kein noch so scharfer historischer Blick zu erfassen vermag: Jedes Detail, das über den Bericht der kanonisierten Evangelien hinaus zutage tritt, verfällt im Augenblick seines Sichtbarwerdens der Alchimie des Glaubens – es wird der Historie entrückt und gewinnt streng allgemeine Züge. Das neue Detail mag durch und durch gefühlig sein und insofern menschennah; als Statthalter des Göttlichen bleibt es trotzdem unfaßbar.

Auf diese Weise wird im Glaubenskontext alles Neue zum Ausgangspunkt nicht einer humanwissenschaftlichen Deutung, sondern einer unabschließbaren Reihe theologischer Kommentare. Wenn Jesus eine Frau, zum Beispiel Maria Magdalena, körperlich geliebt haben sollte, käme das einer Revolution der Liebe gleich. Alle, die *wahrhaft* an Jesus glauben, würden fortan anders lieben, da ihnen Gott selbst den Geschlechtsakt neu geschenkt hätte. Man würde einander lieben in dem Bewußtsein, Zeugnis zu geben. Man würde einander im Fleisch erkennen.

101. – Frauen, die wissen, daß die Männer für ihr Geschlecht einen heiligen Schrein suchen...: Wie sähe eine Kultur aus, die sich darüber *nicht* mokierte? »Ein Schwanz ist ein Schwanz«, so lautet die heutige Auffassungsweise.

»Ein Tisch ist ein Tisch«, das ist eine Tautologie der Anschauung. Sie hat nichts zu bedeuten. Und deshalb ist gerade sie es, die der geheimnislos göttlichen Art, die Dinge zu betrachten, am nächsten kommt. Jedem absoluten Gleichnis liegt eine Tautologie der Anschauung zugrunde; sie ist sein Nährboden.

Der Sexismus unserer Kultur – unsere stupide und brutale Obszönität – wurzelt in unserem Unvermögen, die Gleichnishaftigkeit des Fleisches zu erfahren. Aber nur so: Über die Offenbarung der reinen, leeren Transzendenz des Sexes

könnten wir auch der Geheimnislosigkeit des Fleisches innewerden, ohne einander brutal zu verdinglichen. »Ein
Schwanz ist ein Schwanz«: damit beginnt unsere Kultur
heute, statt, es anders sagend, dabei zu enden.

102. – Ein absolutes Gleichnis hat keinen Möglichkeitsraum.
Es entfaltet sich nur in Relation zu sich selbst. Es bedeutet die
ganze Welt, und so ist es schließlich nichts weiter, als es ist.

103. – »Gesetzt den Fall, Maria Magdalena wäre Jesu Braut
gewesen...« Was an derlei Überlegungen unangenehm berührt, ist ihr hypothetischer Charakter. Gott hat keinen
Möglichkeitsraum. Er ist, der er ist. Was er tut, das kann
nicht anders getan werden.

Deshalb auch sind die heiligen Schriften vollständig. Sie
schließen jede Spekulation der Art »Was wäre, wenn...« aus.

Daß ein Text heilig ist, bedeutet: Es ist unmöglich, daß die
Geschehnisse, von denen berichtet wird, sich anders abge-
spielt haben. – »Und falls nun historische Beweise des Ge-
genteils auftauchen?« – Dann handelt es sich nicht um Beweise, oder der heilige Text verdirbt.

Jesus tat genau das, was in den Evangelien steht. Und mehr
tat er nicht. Das ist es, was aus der Heiligkeit des Textes folgt.

104. – Gott schuf die Welt in sechs Tagen; am siebenten
ruhte er. Dagegen ist alle Wissenschaft, wie überhaupt jedes
Weltwissen, machtlos. Es stimmt den Gläubigen heiter, das
zu begreifen. – »Aber *was* begreifst du, wenn du *das* begreifst?« – Es waren nicht sechs Tage im endlichen, empirischen Verstande, und es war auch nicht bloß irgend etwas
Unbestimmtes. Der heilige Text legt die Bedeutung der
Worte »sechs«, »Tage«, »Ruhe« fest. Ob wir die Bedeutung
oder auch nur einen Schatten von ihr kennen, wissen wir
nicht, können wir nicht wissen. Doch sie steht für alle Zeit
fest. Ihr Grund liegt außerhalb der Zeit.

105. – Hätte Jesus, als Gott, auch anders handeln können? Ja, aber dadurch hätte er seine Gottheit zerstört.

Jesus, als Gott, ist fleischgewordene Transzendenz. Der Stoff der Kontingenz, die Materie, ist zum Träger der Absolutheit Gottes geworden. Das, was präsent ist, *ist* hier das Sichentziehende. Deshalb steht Jesus außerhalb der Kontingenz: außerhalb der Geschichte, der Psychologie usw. Sein Leben ist notwendig nur das eine, das geschrieben steht, und dabei ist er ganz und gar unsichtbar. (Was freilich nicht heißt, daß er von *irgendeinem* Standpunkt aus sichtbar wäre. Die Evangelien zeigen den ganzen Christus, nicht bloß ein Segment oder eine Ansicht.)

106. – Der gläubige Mensch ist immer in Gefahr, seinen Anti-Theismus zu verleugnen. Er will Gott in den Weltlauf hineinziehen. Das ist ein absurdes Unterfangen, solange der Weltlauf etwas bleibt, wogegen sich unser moralisches Urteil richten kann.

Andererseits ist Gott die Welt. Diese muß also so sein, wie sie ist. Und doch hätte auch alles anders kommen können; Gottes Wille ist frei.

107. – Der Standpunkt des freien Willens ist unverzichtbar. Aber von einer höheren Warte aus ist es ein Standpunkt der Blindheit und Schwäche. Wer auch anders hätte handeln können, der ist nicht vollkommen.

Die Autonomie des Weisen besteht darin, jeweils so gehandelt zu haben, daß er nicht hätte anders handeln können.

108. – Selbstvervollkommnung: Handle stets so, daß du dein bisheriges Leben in immer weiterem Umfang als eines betrachten kannst, das *notwendig* und *deshalb* gut verlief.

Ob du auch anders hättest handeln können – und sollen –, hängt in allen Fällen autonomen Handelns davon ab, wie du dich, in Ansehung des Geschehenen, *post festum* verhältst. Wenn es in deinem Leben Dinge gibt, denen von keiner zukünftigen Warte aus Notwendigkeit innewohnt, dann hast du keine Zukunft mehr. (N. N. machte Schluß, weil er alles, was er tat, auch hätte bleibenlassen können. Er machte Schluß, nachdem er dies erkannt hatte.)

Das heißt: Es gibt eine Notwendigkeit, die nicht zwingt, sondern befreit.

Grausamkeit, Mechanismus

109. – Nachricht aus Manassas, Amerika: Ein Mann zwingt seine Frau immer wieder brutal zum Beischlaf. Daraufhin schneidet die Frau ihm das Glied ab. Es wird dem Mann wieder angenäht, aber er wird impotent bleiben. Nun werden sich beide, der Mann und die Frau, unter Androhung hoher Haftstrafen vor Gericht verantworten müssen.

Die Frau wird schließlich unter großer Anteilnahme der Öffentlichkeit freigesprochen. Sie war, so die Annahme der Geschworenen und des Gerichts, infolge der fortwährenden Quälereien des Mannes zur Zeit der Tat nicht zurechnungsfähig.

Ein gutes Gleichnis erfrischt den Verstand, sagte Goethe. Das gilt auch für die vorliegende Begebenheit. Ein Element scheint die Brutalität des anderen zu steigern. Der chirurgische und der rechtsstaatliche Eingriff machen da keine Ausnahme, im Gegenteil. Sie erst heben die kleine Geschichte auf das Niveau, auf dem sie zum Symbol wird. Ein Ruck – *that's the way it is!* –, und plötzlich begreift man: Von der Austreibung aus dem Paradies wurde nichts zurückgenommen. Adam tut Eva die schlimme alte Gewalt immer wieder an, und Eva zerstört Adams Männlichkeit; er wird keine Nachkommen mehr zeugen.

Der Haß der Geschlechter aufeinander ist älter als das Geschlecht. Dem Haß liegt ein Riß zugrunde, der durch die Welt geht. Seine Folgen, die sich kaleidoskopartig über die ganze Menschheitsgeschichte erstrecken, werden von der Wissenschaft und vom Recht administriert. Geheilt kann er nicht werden. Dazu müßte zuviel verschwinden.

Was sich in Manassas ereignet, hat zeitlosen Charakter. Die Akteure wissen nichts davon. Ahnten sie etwas, sie würden innehalten und lauschen. Aus dem Lärm ihrer Leidenschaft stiegen die Fragen auf: Ist die Mißgestalt unseres Lebens nicht ein Gleichnis? Und steht dieses Gleichnis nicht für ein Erstes und Letztes unter den Geschlechtern, die aus dem Paradies vertrieben sind? Und sollten wir uns nicht, statt nach Gerechtigkeit zu rufen, dem Allgemeinen, von dem unsere Mißgestalt zehrt und für das sie steht, als würdig erweisen?

Aber wie? Der Mann reißt sich das angenähte Glied wieder ab, und die Frau lebt geduldig mit ihm bis ans Ende ihrer Tage. Die Gerichte jedoch werden das ebensowenig dulden, wie es die Medizin dulden kann. Bestrafen oder für geisteskrank erklären: das ist die Alternative.

Man erwarte keine sichtbaren Zeichen. Das *Consummatum est* steht uns nicht zu.

110. – Immer wieder tauchen aus der Masse des Schlechten grauenhafte Singularitäten auf, Abschlachtungen, Völkermorde, Folterexzesse, die den Lauf der Geschichte sprengen. Das Grauen weist ins Mythische. Etwas setzt sich im Menschen durch, das jeder Erklärung, ob verhaltens- oder humanwissenschaftlich, spottet. Es ist, als ob das Böse im Menschen Substanz angenommen hätte.

Im Gebiet des Unsäglichen – das gleichwohl nach Ausdruck verlangt – wird man mit Gewaltüberschüssen konfrontiert, die das aus Interessen, Kalkülen, Institutionen und Überlieferungen gewobene Netz der Geschichte zerreißen.

Kein menschliches Motiv, keine endliche Verhärtung, keine nachfühlbare Perversion reichen aus, um das Unsägliche zu erklären. Es entzieht sich dem Fassungsvermögen. So entsteht ein Schein von Transzendenz.

Zwischen der Ausführung der Tat und allem, was ihr vorangeht, besteht eine Kluft. Die Tat ist so gräßlich, daß kein Anlaß, kein verstehbarer Grund, mehr zu ihr hinführt. Aber heißt das nicht, daß man bei der Betrachtung der Tat von aller Hermeneutik – der Entschlüsselung der subjektiven Dimension des Täters – absehen muß? Genau das heißt es. Aus menschlichen Konfrontationen werden angesichts der Unverstehbarkeit des Bösen, das sich in ihnen verkörpert, Insektenkriege und schließlich Mechanismen.

Je mehr sich die Gesellschaft dem absolut Bösen annähert, um so stärker wird der Eindruck, man habe es bei ihr mit einem Rieseninsekt oder einem Megamechanismus zu tun, als dessen Teile die Individuen und die aus ihnen gebildeten Aggregate und Massen funktionieren.

Das Insektoide, das Mechanische: Wird es zu einem Charakteristikum des Sozialen, dann verwandelt sich dessen Substanz von Grund auf. Sie zersetzt sich. Etwas ergreift Besitz von der Gesellschaft, was ihr nicht angehört. Dasselbe geschieht mit dem Individuum.

Wer absolut Böses tut, kann den Menschen erscheinen, als sei er der Bote des Messias. Er steht außerhalb der Geschichte. Man starrt ihn an, ist gebannt.

Das Insekt, die Maschine – sind sie vielleicht die apokalyptischen Mächte, die der Erlösung vorausgehen? So die Frage der Gebannten.

III. – Falsche Transzendenz: das ist die Verdunkelung, die Zerschrotung der Geschichte durch den Mechanismus. Das Insekt hat den giftigen Stachel hoch erhoben; in seinen fühllosen Augen spiegelt sich tausendfach das Opfer, das sich tausendfach bezwungen und erhoben glaubt, von diesen Augen hin zu jenem Stachel.

112. – Die Insekten lassen wie kein Tier sonst die Faszination bildhaft werden, die vom Mechanismus für uns ausgeht; ebenso freilich den Alptraum des Mechanismus. Vielleicht ist ihre Welt – die Kunstwerke, die sie sind und die sie schaffen, ihre Behausungen, ihre Brutstätten, ihre Netze – deshalb so faszinierend, weil wir sie nicht verstehen können. Dahinter lauert aber auch eine grausige Drohung: die Drohung, eingesponnen zu werden in einen Kokon, gelähmt und ausgesaugt zu werden, zersägt von kleinen Präzisionsmaschinen, die ihre Opfer nicht und die sich selbst nicht kennen. Man muß sich das Böse ohne Schuld vorstellen, dann ist man am Ort des Insekts.

Der Mechanismus ist das unaufschließbare Fremde, das sich organisiert, sich rüstet. Seine Konstruktionen sind lichtlos, asteroid. Sie stammen von kalten Sternen.

Doch gibt es auch Bienen und Hummeln; es gibt die Zartheit der Libellen, den Flug der Schmetterlinge, das Schaukeln der Weberknechte. Sie alle erinnern uns daran, daß die Tiere dem Paradies näherstehen als die Menschen.

113. – Einer möchte *sehen* lernen, daß die Tiere dem Paradies näherstehen als die Menschen, als er selbst. Er geht also in die höchste Schule der Anschauung. Dort, in den Wäldern, den Savannen, den Wüsten, verbringt er begeistert seine Tage. Er kommt der Wahrheit immer näher. Schließlich fürchtet er nichts mehr. Andere sprangen schreiend ins Feuer der Inquisition. Er legt sich still auf einem Termitenhügel zur letzten Ruhe.

114. – Wenn das religiöse Empfinden vor der Grausamkeit nicht kapituliert, dann macht es zu allem bereit, was dazu führt, sie einzudämmen. Leiden, das durch Grausamkeit verursacht wird, ist unerträglich. Wenn die Götter grausam sind, wenn sie Lust daran haben, die Menschen leiden zu machen und leiden zu sehen, dann müssen sie weg. Es ist das religiöse Empfinden, das zum religiösen Anti-Theismus bereit macht.

Götter, die den Affekten der Erde nahestehen, *können* grausam sein. Sie gehören deshalb noch nicht zum Mechanismus.

Selbst wenn der Mechanismus Gefühle hätte und eines darunter wäre, das der Grausamkeit gliche, so handelte es sich dabei doch um eine kalte, durch und durch maschinelle Grausamkeit. Die Lust am Leid anderer wäre dann eine Lust ohne moralische Qualität – als ob sie von einer Maschine synthetisch erzeugt worden wäre (und sie wäre es ja auch).

Wissen und Selbstvergessenheit

115. – Die Kultur der Azteken, so wie sie von den Konquistadoren vorgefunden wurde, war hochzivilisiert. Trotzdem war sie von Pessimismus durchdrungen. Der Azteke fürchtete immerfort, daß das Gleichgewicht der Welt aus den Fugen geraten könnte. Die Götter, allen voran Uitzilopochtli und Tlaloc, hielten den Naturkreislauf in Gang. Aber die Götter waren schwach. Zu ihrer Stärkung standen Heerscharen von Priestern Tag und Nacht bereit. Die Rituale mußten peinlich genau eingehalten werden. Das beschwerlichste waren die Menschenopfer. Erwachsene und Kinder wurden hingeschlachtet. In den kritischen Zeiten konnten dem Himmel gar nicht genug zuckende Herzen entgegengehoben werden.

Wie immer der eigenartige Widerspruch, der die ganze aztekische Welt durchzieht – die schaurige Diskrepanz zwischen Zivilisiertheit und blutigem Götterdienst –, zu analysieren ist, ein wesentlicher Punkt läßt sich so ausdrücken: *Dem Azteken sind seine Götter zu nahe.* Die Götter sind fast so nahe wie die Raubtiere, die in den Käfigen gehalten werden. Täglich brauchen sie ihr Fleisch, dafür helfen sie auch bei banalen täglichen Verrichtungen. Die Götter sorgen sich um den Hausbau, um die Geburten, sie nehmen auf das Wetter Einfluß und lassen die Ernte gedeihen. Überall sind sie als Helfer dabei, aber sie sitzen als maßlose Esser in den Tempeln zu Tisch. Gekochtes verabscheuen sie, alles muß frisch und blutig sein, elementar, denn die Elemente gilt es im Lot und in Schach zu halten.

Damit eine Kultur in Frieden leben kann, müssen sich ihre Götter weit in den Himmel zurückziehen. Es kann freilich vorkommen, daß man zum Schluß nur noch ihre Abwesenheit wahrnimmt. Das mag dann schlimmer sein, als ab und zu ein Opfer bringen zu müssen. Denn das Opfer belebt das ganze Kollektiv, indem es als einzelnes zu Gott in eine intime Nähe tritt.

116. – Für den wehrhaften Azteken ist, wie Jacques Soustelle schreibt, »der Tod in der Schlacht oder, noch besser, der Tod auf dem Opferstein die Verheißung ewiger Glückseligkeit: denn der auf der Wallstatt gefallene oder geopferte Krieger hat die Gewißheit, ein ›Gefährte des Adlers‹, ein *quauhteca* zu werden, also einer, der die Sonne von Osten zum Zenit in einem strahlenden Gefolge von Licht und Freude begleitet, um hernach in der Verwandlung eines Kolibri auf ewig unter Blumen zu leben«.

Das hinreißende an einem solchen Glauben ist der völlige Verzicht darauf, einst – nach dem Leben – die Geheimnisse entschleiert zu bekommen. Man stirbt ehrenhaft nicht, um zu *wissen*, sondern um einer glücklichen Selbstvergessenheit teilhaftig zu werden.

Selig, wer als Kolibri überdauern darf. Der Gedanke an die leibliche Auferstehung am Ende der Zeiten bereitet keine rechte Freude. Zwar wären wir dann gereinigte Wesen und lebten im Paradies. Aber darum geht es nicht. Wir wollen

Gott sein oder Tier, wissend oder selbstvergessen. Mensch-sein – das ist ein Zwischenzustand, der für immer zu Staub werden sollte.

117. – Und vielleicht sind die Tiere dem Paradiese näher als selbst Gott? Wenn Gott wissend ist, dann ist er auch einsam. Der Kolibri hingegen ist nicht einsam: Er ist selbstvergessen. Doch die Tiere wissen nicht, auch dem Kolibri der Azteken fehlt das Wissen; und das ist, vom Standpunkt des Wissenden aus betrachtet, ein schlimmer Makel – fast so schlimm wie der Tod. Was also ist über dem Paradies? Wie können Wissen und Selbstvergessenheit in eins fallen?

118. – Wissen und Selbstvergessenheit fallen in eins: das ist die Definition des Augenblicks der Philosophie. Man schlägt bei offenen Augen die Augen auf; man staunt, weil keine Frage mehr bleibt.

Vielleicht verhält es sich so: Der richtige Glaube ist entwe-der ganz kindlich oder ganz philosophisch. Entweder wir freuen uns, weil wir schon bald Kolibris zwischen bunten Blumen und bei unserem Vater im Himmel sein werden, oder wir freuen uns, weil keine Frage mehr bleibt, weil, im tiefsten Kern der Welt und unseres Seins, nichts mehr zu tun bleibt – weil alles so, wie es ist, gut ist. Doch weder die eine noch die andere Art des Glaubens sind uns gewöhnlich erreichbar. Wir verharren irgendwo in der Mitte, dort, wo aus den Mär-chen die Geschichte geworden ist. Und gerade hier finden sich die gewaltigsten Bilder des Glaubens.

Schlachthöfe ohne Opferstätten

119. – Die Nußschale der Geschichte ist voller Halluzina-tionen, in denen aufgeht, was woanders gepflanzt wurde. Der Same der Geschichte wehte aus dem Außerzeitlichen ein, er kommt von den Märchen und vom Schweigen, von der Selbstvergessenheit und vom göttlichen Wissen.

Das Ziel des menschlichen Lebens ist es, zu sterben; nicht, die Geschichte auf eine höhere Stufe zu heben, sondern in ihr zu warten, bis sie vorbeigerauscht ist. Auch die donnerndsten Stimmen der Propheten erinnern nach Jahrtausenden an das Rumpeln der Fernlaster auf den großen Ausfahrtsstraßen. Überall geht es irgendwohin, alle Wege führen nach Rom. – Das Ohr im Wind ist nicht dasjenige des Sturmläufers. Empfindliche, zarte Nichtanteilnahme: Mehr läßt sich kaum erreichen.

120. – Am grausigsten in den Gesellschaften, die sich selbst entgottet haben, sind die Schlachthöfe.

Gibt es einen Gott der Schlachthöfe, so wird er auf rohes Fleisch und warmes Blut nicht verzichten. Er wird die Gabe der Zivilisation – das Gekochte – nicht akzeptieren. Das Patronat der Gewalt, die wir den Tieren antun, wird kein Gott übernehmen, der mit uns zusammen am Tisch sitzt und mit dem Besteck hantiert. Der Gott der Schlachthöfe ist kein Hausgott.

Die Gewalt, die wir den Tieren antun, ist furchtbar. Die Schlächter stehen bis zu den Waden im Blut. Noch immer sterben viel zuwenig Tiere. Wir brauchen mehr, mehr! Rund um den Erdball schwellen die Hungerbäuche, die Menschheit ist eins – es gibt *eine* Zivilisation oder gar keine. Aber auf welchem Fundament ruht sie auf ... Davon wollen wir nichts wissen. Die Männer, die im Blut stehen, sind namenlos.

Ein Gott, der das Schlachthaus der Menschheit patronisierte, wäre uns unerträglich. Er zwänge uns zu sehen, was wir nicht sehen können, ohne zu kapitulieren.

121. – Ein Mann präsentiert seinen After, und Kot tritt aus. Der Mann verschlingt den Kot. Zwei Männer befriedigen sich selbst. Ein Mann uriniert in den Mund einer Frau, eine

Frau in den eines Mannes. Eine nackte, auf dem Rücken liegende Frau hält ihre Beine gespreizt. Zwischen den Beinen stehen nackte Männer, eine flügelschlagende Gans mit dem Kopf nach unten schwenkend. Der Gans wird der Kopf abgeschnitten. Das Blut, das der Gans aus dem Hals spritzt, fließt auf die Frau. Die Frau reibt sich mit dem Blut ein. Mit dem Halsstumpf der Gans stimulieren die Männer die Vagina der Frau. Die Frau bekommt einen Orgasmus. – Das könnten Szenen eines großen religiösen Rituals sein. Sie könnten in der Nähe unserer Schlachthöfe spielen, und jeder könnte fühlen, daß ihre Wahrheit unantastbar und definitiv ist. Die Menge der Zuschauer könnte weinen, schreien, sich in Krämpfen winden, um schließlich gereinigt an ihr Tagewerk zurückzukehren. Tatsächlich aber stammen die Szenen aus einem Videofilm, der Anfang der siebziger Jahre von Mitgliedern des sogenannten Wiener Aktionismus hergestellt und zuletzt im Rahmen einer Grazer Kunstausstellung gezeigt wurde. Die Inhalte des Films fanden einige, einschlägig bekannte Ausstellungsbesucher derart anstößig, daß es zu einer parlamentarischen Anfrage an den zuständigen Bundesminister kam: »Finden Sie persönlich Gefallen an Darstellungen wie den oben geschilderten? Wenn ja, warum?« Selbstverständlich waren die Fragen scheinheilig. Doch über die böse Absicht hinaus, den Minister einer Sexualperversion zu verdächtigen, muß den Fragestellern eingeräumt werden, daß das künstlerische Handeln und seine Erzeugnisse in der Sphäre des *Gefallens* – des ästhetischen und *nicht* des religiösen Ergriffenseins – angesiedelt sind.

Alle Versuche, den religiösen Ernst in der Kunst nachzubilden, ja, an dessen Stelle das Spiel der Kunst zu setzen, sind zum Scheitern verurteilt. Es gibt keine denkbare ästhetische Rechtfertigung dafür, einer Gans den Hals abzuschneiden. Eine Rechtfertigung dafür ist überhaupt nur denkbar unter der Bedingung menschlicher Lebensnot – oder unter dem Patronat eines Gottes, der dem blutigen Fundament irdischer Daseinsfristung nahe genug ist, um ein solches Opfer fordern zu dürfen.

Aber wir wollen keinen solchen Gott mehr. Wir haben die Götter aus der Geschichte entfernt. An die Stelle des religiösen Ernstes haben wir das ästhetische Spiel gesetzt. Das ist der Prozeß der Zivilisation. Eine seiner Grundregeln mißachtet, wer mit der Kunst Religion machen will.

122. – Gott ist alles. Er ist auch Hitler, auch Auschwitz, auch der Kot aus dem After des Gänsehalsabschneiders; *und* er ist nirgendwo. So ist auch das Böse vollkommen real und zugleich doch, als ob es niemals gewesen wäre.

Aber es *ist* doch? – Ja, aber *so*, als ob es niemals gewesen wäre.

Die »Privationstheorie« des Bösen, wonach dieses kein eigenes Wesen habe, sondern, wie Plotin sagt, bloß ein Mangel an Gutem sei, wird auch angesichts von Auschwitz nicht hinfällig. Nirgendwo mehr als dort zeigt sich die Anwesenheit Gottes in der schwarzen Form seiner Abwesenheit; nirgendwo mehr als dort ist, in diesem Sinne, das Böse real. Aber gleichzeitig wird, in diesem Sinne, seine Wesenlosigkeit nahezu absolut: Über die Opfer, die in den Gaskammern zu *Märtyrern* werden, verliert es fast gänzlich seine Macht. »Als ob es dort, bei denen, niemals gewesen wäre«, sagen wir, im Bösen verharrend, und deuten blind auf die Katastrophe. Jedoch nicht ganz blind: Denn wir erkennen, daß die Verdichtung des Bösen mit seiner Auflösung einhergeht. Dagegen können wir *nichts* tun, und das ist ein Zeichen dafür, daß wir nicht verdammt sind.

Ewigkeit und Langeweile

123. – Es gibt eine Gattung des Geistes, der es eigentümlich ist, sich *sub specie aeternitatis* etablieren zu wollen. Hierher gehören die Systematiker unter den Denkern. Sie müssen weit ausholen, um alle bisherigen Metaphysiken, die die Wahrheit noch nicht erfaßt hatten, in die einzig richtige Ordnung zu bringen. Die Begriffe der alten wie der neueren Denker waren mangelhaft, ihr Verhältnis zueinander unstimmig. So müssen die Thesen der Vorgänger durch die wahren ersetzt werden.

Am Schluß steht dann das System des ultimativen Denkers N. N. Dieses unterscheidet sich von allen anderen Systemen und hat doch das eine mit ihnen gemeinsam: Niemand außer N. N. s engsten Schülern, deren Anhänglichkeit rituelle Züge aufweist, adoptiert sein System, geschweige denn, daß es der künftigen Menschheit den Kopf zurechtrücken wird. Warum nur? Weil das N. N. sche System, wie jedes philosophische System, eine *verkappte* Individualität ist – eine Individualität, die sich unsterblich machen will, indem sie vor die Welt als das Allgemeine und zeitlos Gültige hintritt. Es ist ein eitler und außerdem lächerlicher Schritt, der da getan wird. Welche Anmaßung von N. N., den anderen, die notwendigerweise – und notdürftig genug – ihre eigene Perspektive einnehmen müssen, seine höchst persönliche aufoktroyieren zu wollen.

Trotzdem wird man den großen Denksystemen, auch wenn man ihren angeblich absoluten Wahrheiten fremd gegenübersteht, die Achtung nicht gänzlich versagen. Noch die wahnhaftesten unter ihnen wollen sich nicht mit dem abfinden, was Pascal als die Seinslage des Menschen bestimmt: Unbeständigkeit, Langeweile, Unruhe...

124. – Andererseits *ist* das System die Langeweile. N. N. hat sich hinter der Langeweile seines Lebens verschanzt. Konträr dazu gibt es eine anti-systematische Geistigkeit. Sie bewegt, indem sie nichts weiter sein will als die ephemere, sterbliche Äußerung eines Individuums. Sie bewegt dadurch, daß sie nichts bewegen will. Sie strebt nach der menschenmöglichen Ruhe und Beständigkeit – »Sammlung« –, indem sie der Zerstreuung Tribut zollt. Ihr Ergebnis sind die Journale der vorletzten Dinge.

125. – Für Pascal ist Zerstreuung die einzige Möglichkeit des Menschen, der Erkenntnis seiner Nichtigkeit zu entfliehen. Dabei handelt es sich um keine Erkenntnis theoretischer und also angreifbarer Art. Der Mensch, der sich nicht zerstreut, verfällt der Langeweile. Und in der Langeweile, die nach Pascal dem Grund der Seele entsteigt, wird der Mensch seiner Nichtigkeit gewahr.

Wie ist das zu verstehen? Was bedeutet die Langeweile dem, der unter ihr leidet? Gibt sie ihm – wie Pascal meint – zu erkennen, daß er verlassen, abhängig, ungenügend, ohnmächtig, leer ist? Erfährt der Mensch erst im Feuer, im Tod der Langeweile, wer er ist – ein nichtiges Wesen?

Tatsächlich, die Langeweile kann ein großes und wahres Bild des menschlichen Lebens geben. Aber gleichsam nur im Negativ. Durch die Langeweile erfährt der Mensch, daß er, will er am Leben nicht zugrunde gehen, weiter muß. Keiner hält es lange bei sich selbst aus. Erst im Weiterziehen, im Weggehen und Abschiednehmen, *wird* man. So eben ist unsere Teilhabe am Göttlichen beschaffen, während wir leben.

126. – Eine kluge theologische Frage ist die, ob Gott in sich bewegt oder unbewegt sei. Man merkt sofort, daß jede der beiden Möglichkeiten einen Verlust in sich schließt, denn jeder mangelt es wesenhaft an der jeweils anderen.

Sich zu sammeln: das ist die vollkommene, die göttliche Art, sich zu zerstreuen.

127. – Pascal argumentiert folgendermaßen: Die Zerstreuungen hindern uns daran, der Langeweile zu verfallen; das aber ist schlecht, denn nur vom Standpunkt der Langeweile aus erkennen wir unsere Nichtigkeit sowie die Nichtigkeit dessen, womit wir uns zerstreuen; und erst wenn wir die umfassende Nichtigkeit unseres Lebens erkannt haben, werden wir nach einem *guten* Mittel gegen die Langeweile suchen. (Das Pascalsche Mittel ist die christliche Religion.)

Man kann sich freilich auch mit seiner eigenen Nichtigkeit zerstreuen. Dazu gehören, mitunter, die selbstgewählten Torturen der religiösen Askese. Von Pascal wird berichtet, er habe sich, obschon von Natur aus kränklich, einen eisernen, mit Stacheln bewehrten Gürtel umgelegt, auf den er einschlug, um seine Schmerzen zu mehren.

Die Kasteiung ist eine Form der Zerstreuung, und manchmal eine der eitelsten. Bisweilen erinnert sie an den Zellenknall, von dem manche Gefangenen heimgesucht werden: Weil man die Wände der Zelle, in die man eingesperrt ist, nicht zerschlagen kann, beginnt man sich selbst kaputtzumachen; man will sich aus sich selbst herausschlagen.

Nichts zählt

128. – Zwanzigtausend Tote hat nach bisherigen Schätzungen das Erdbeben, das Indien gestern erschütterte, gefordert.

Internationale Hilfsmaßnahmen werden organisiert, aber keine Stadt der Welt, die heil davonkam, ist bereit, in ihren Zerstreuungen innezuhalten. »Und welchen Sinn hätte eine Gedenkstunde, hätten geschlossene Kinos und dergleichen Beschränkungen des Lustbarkeitsbetriebes mehr?« fragt der Realist. Trauer ist unmöglich, man kennt die Toten nicht. Auch können wir in dem, was geschah, kein Zeichen erblikken.

»Zwanzigtausend Tote, was soll man machen?« – Besser ein kleines, anscheinend sinnloses Ritual ausführen, eine Geste setzen, als eine dumme schlaue Frage stellen; besser glaubenslos eine Kerze anzünden als so eine Frage!

129. – Dreißigtausend Tote. Auf den Einwand, ihm mangle es nicht an Intelligenz, wohl aber an Betroffenheit, antwortet er prompt: Es gibt schon genug Betroffenheits-Profis. Damit will er auch sagen, daß echte Betroffenheit heute zu einer Angelegenheit der Intimsphäre geworden ist. Doch dann kommen ihm Zweifel. Lebt er nicht schon allzu sehr von Abgrenzungen? Ist es nicht ein besonders abgeschmackter Trick der Sonntagsredner, die Sonntagsredner zu geißeln? Und sind die Abgebrühtesten nicht jene, die betroffen machen wollen wegen des allgemeinen Betroffenheitsgetues?

Wer in ein fremdes Land kommt, tut gut daran, sich den Sitten anzupassen. Handelt es sich dabei bloß um leeren Formalismus, auch gut. Denn nur unter der Hülle der Konventionen überdauert das Individuum. Und in gewisser Weise lebt, wer immer mit anderen zusammentrifft, auf fremdem Gebiet. Das heißt nicht, daß das eigene Gebiet eine autonome Insel wäre. Aus jedem öffentlichen Kontext herausgebrochen, verschwindet das eigene. Es kann, wenn es sich bloß an sich selbst mißt, weder Substanz behalten noch Form gewinnen.

Das öffentliche Wehklagen mag konventionell sein. Man ringt weithin sichtbar die Hände und spürt dabei – vielleicht – nichts. Aber ohne Zurschaustellung wüßte man auch nicht, wie man zu Hause, bei verschlossenen Türen und ganz für sich, die Hände ringen sollte; das Herz wüßte nicht, wie sich anstellen, um zu wehklagen.

130. – Über dreißigtausend Tote. Das war vorgestern. Die Welt rundum hat das Ereignis bereits vergessen. Das liegt weder an seiner Unfaßbarkeit – der großen Zahl der Opfer – noch an der Gleichgültigkeit der Menschen heute. Wahr ist, daß sich das indische Beben »menschlich« nicht fassen läßt. Die Katastrophe hat kein Gesicht, auf das mit intimer Anteilnahme reagiert werden könnte. Dafür hat sie, gerade wegen ihres riesigen Ausmaßes, einen metaphysischen Aspekt: Sie ist erhaben. Denn sie liefert uns ein Bild für etwas, worüber hinaus – mit Kant gesprochen – sich schlechthin nichts Größeres denken läßt. Sie ist ein Bild für die Menschheitskatastrophe, für die Auslöschung der Spezies durch blanke Naturgewalt. Das indische Beben erinnert den Menschen daran, daß jederzeit *alles* zur Disposition steht. Und ebendieser Aspekt des Erhabenen ist es, der die Welt heute bloß abstößt. Er ist uns im Grunde so äußerlich wie der Komet, der ja auch kommen kann. So wird das Opfer sinnlos.

Daß jeder Toter schon einer zuviel war, ist Gerede. In Wahrheit scheinen die über dreißigtausend noch immer zuwenig. Wofür ihr Tod zu stehen vermöchte, bleibt unverstanden: *Nichts zählt.*

Mangel an Fremdheit

131. – Dem biblischen Gott kann man nicht nacheifern. Er ist ein zu großer Gott, zu hoch über uns. Er ist unserem menschlichen Wesen ganz fremd, ein unansprechbar Fremder, umgeben von brennenden Engeln, die sein Angesicht bedecken.

Die Wahrzeichen jener Makellosigkeit, die die unsere sein sollte, müssen wir aus uns selbst schöpfen und in den Himmel heben. So entsteht der Humanismus. Er ist eine unumgängliche, aber sinistre Formation. Noch in den größten Tugenden des humanistischen Weltbildes bespiegeln das Unvollkommene, das Böse und Makeldurchwirkte – der Mensch – sich selbst.

Und er, der Mensch, tut dies als eitel aufgeklärter. Er ist sein eigenes Richtmaß. Wo in aller Welt und darüber hinaus fände sich denn ein anderes, zugleich triftigeres *und* anwendbares Maß?

Gott? Von Gott weiß man nichts.

Unsere gegenwärtige Not ist es, daß wir immer nur uns selbst nacheifern können.

Wir können uns nicht verströmen. Wir gehen an unseren eigenen Abwässern, unter denen sich die besten Absichten, die hehrsten Ideale, die schönsten Tugenden befinden, zugrunde.

132. – »Nichts zählt«, sagt hoch aufgereckt der Lebendige. Der Humanist aber ruft: »Der Mensch! Der Mensch! Der Mensch!«

Der Humanist ist jener, der nach der Wüste ruft. Sein Argument lautet: Wo sonst gäbe es eine Oase? eine Fata Morgana?

133. – Aus dem Logbuch des Herrn Teste: »Es ist unmöglich, die ›Wahrheit‹ von sich selber zu empfangen. Wenn man sie Gestalt annehmen fühlt (das ist mein Eindruck), formt man gleichzeitig ein *anderes ungewohntes Selbst ...*«

Dieses andere Selbst wäre eine taugliche Gegeninstanz zu uns selbst, vorausgesetzt, wir hätten noch genügend Fremdheit in uns, um eine Wahrheit zu empfangen, die sich zu unseren Ansichten – den Urteilen unseres gewohnten Selbst – *gleichgültig* verhielte. Eine solche Wahrheit wäre nicht diskursiv, über sie ließe sich nicht reden. Ich könnte sie mir nicht aneignen; statt dessen würde sie mich verwandeln. Sie ließe unsere Alltagsgewohnheiten, wie sie sind: Das andere, ungewohnte Selbst rivalisiert ebensowenig mit dem Gemeinverstand, wie Gott es tut. Dieses andere Selbst ist ja das Göttliche – in uns.

134. – Wer nach dem Menschen ruft statt nach Gott, ist sich zu nah. Nur von sich und seinesgleichen ist der Rufer des Menschen ergriffen. Nichts anderes kann ihn packen. Eine Wandlung scheint unmöglich.

Uns mangelt es an Fremdheit.

Und so eignet auch der Klage über das mangelnde Verständnis für den Mitmenschen, besonders den Fremden und Andersartigen, ein Moment der Unbedachtheit. Daß der Zigeuner, der vor dem Supermarkt am Boden sitzt und bettelt, von den Vorbeigehenden immer wieder herabgewürdigt wird, ist eine Folge davon, daß wir alle bloß Menschen sind. Als ob es *darauf* ankäme! Wäre der Bettelnde den Passanten, die jetzt an ihm Anstoß nehmen, ganz fremd, er wäre ihnen eher tabu. Worauf es ankommt, ist, im anderen die *prinzipielle* Fremdheit zu achten. Darin gründet seine Unantastbarkeit. Er ist uns nicht bloß empirisch fremd, sondern im Wesen. Auch er hat teil an einer Andersheit, die nicht von dieser Welt ist. Hier sitzt er und bettelt, aber das ist der geringste Grund, ihn nicht zu achten.

135. – Freilich, wie sollte man nach Gott rufen können außer im Überschwang, jenseits der vielen Fragen nach Gott und der Welt? Darauf läßt sich erwidern: Und was soll es dann heißen, nach dem Menschen zu rufen?

Nur wenn es eine Wahrheit gibt, die nicht vom Menschen stammt, ihn aber ergreifen und als Fremden vor sich hinführen kann, haben wir irgendeine Bedeutung, irgendein Gewicht, irgendeine Würde. Die Teilhabe ist es – und nicht der Besitz –, die uns einen Wert verleiht, der menschlich unantastbar ist.

(Besitzen können wir bloß die Wahrheiten, die wir selbst fabriziert haben. Derlei Wahrheiten gibt es nur, solange wir fortfahren, uns die Welt *anzueignen*.)

Es ist noch alles da, verwandelt

136. – Am Gipfelpunkt der Kritik, wenn das Geschrei über den miserablen Zustand unserer Kultur so laut geworden ist, daß es sich selbst nicht mehr versteht, werden in der allgemeinen Taubheit wieder Momente der Hellhörigkeit möglich. Was läßt sich da vernehmen? Jemand sagt: »Nichts ging verloren, alles ist noch da.« Die, die das hören, schauen sich ungläubig um. Der Lärm der Kritik, der aus unserem Leben die Dämonen hätte vertreiben sollen – die Dummheit, die Falschheit, die Unfreiheit – und der doch immer nur klang wie das Gerassel von Eisenketten, beginnt abzuebben. Man wäre also, statt bloß nichtsgläubig auf der verbrannten Erde hin- und herzustapfen, einen leeren Himmel über sich, im Gegenteil reich? Der Reichtum einer alten, großartig aufgeschichteten Welt läge vor einem? »Alles ist noch da.« Die, die das hören, bekommen einen neuen Blick. Hinter dem Lärm, den die Ausmister und Entrümpler – die Rationalisten und Moralisten, die Humanisten und Szientisten, die Ökonomisten und Ökologisten – verursachen, werden die Dinge sichtbar. Sie haben einen stillen, frischen Glanz. Sie haben gewartet. Auch die Mythen haben gewartet, und erst der große Mythos! Die Gestalten aus der Bibel erwachen zu neuem Leben und kommen auf uns zu. Aus der Asche der Säkularisierung tauchen sie auf, erweckt zu einer neuen, einer zweiten Unschuld ...

Das ist es: Nichts ging verloren, und doch ist nichts mehr so wie einst. Die erste Unschuld war vielleicht nur ein Gerücht. Vielleicht war der Mythos schon im Anfang korrumpiert, auch ein Instrument der Macht in jemandes Interesse. Sicher gab es eine Geschichte der Unmündigkeit, des Priestertrugs, der Freß- und Quälgier, des schonungslosen Drangs nach Überwältigung und Herrschaft. Doch war das niemals das Ganze. Den schlimmen Dingen war etwas Schweigsames eingesenkt. Dahin, an diese Stelle ihrer Existenz, reichten weder das Schwert der Fürsten noch die Flamme der Inquisition noch auch das Ockhamsche Messer oder die analytische Sonde der Wissenschaft. Das Schweigsame – der göttliche Lichtsame – überdauerte unkorrumpiert.

Und die Dinge wandelten sich im Laufe der Zeit, in der sie dem Überlebten zugerechnet wurden. Das Tyrannische fiel von ihnen ab. Die Welt ging nicht unter, die Hölle zog sich zurück. Der Schrecken, der in den heiligen Sachen rumorte, begann sanfter zu werden, bis alle guten, schönen Wesen – und schließlich auch die armen, häßlichen – heilig werden konnten und Gegenstände reinen Staunens. So dämmerte lange schon eine neue Unschuld, und vielleicht die erste wirkliche.

Wahr ist, daß die Überernüchterten, die Endspiel-Menschen, heute obenauf sind und daß an den Rändern unserer liberalen Gemeinwesen die fundamentalistischen Funken sprühen. Den großen Brand kann man ebensowenig ausschließen wie die Möglichkeit, daß eines Tages doch noch ein Komet die Erde zertrümmern wird. Das menschliche Leben ist zerbrechlich, und die Gewalten, die es umgeben, sind furchtbar. Aber wahr ist auch, daß die abendländische Kultur reich ist an Entwürfen und Antworten auf das fortdauernde Drama innen und außen. Der wissenschaftliche Entwurf legt uns heute fest – wir sind Kinder unserer künstlichen, uns schützenden Natur, der Technik –, doch die großen mythischen Alternativen der Geschichte samt all den Schöpfungen, die aus ihnen hervorwuchsen, lassen unser Dasein erst in Räume vordringen, wo das Geheimnis der Welt Form und Tiefe gewinnt und, am Rande so vieler kalter Abgründe, Leeren und Höhen, sprachbegabte Freude möglich wird: »Es ist, wie es ist, und es ist gut.«

Aber ist denn der Mythos nicht falsch und daher wertlos? – Die Größe einer Kultur kommt nicht nur in ihrem rationalen Vermögen zum Ausdruck; sie gründet auch darin, daß sie zur Wahrheitsfrage ein distanziertes, spielerisches Verhältnis einzunehmen vermag, ohne deshalb beim Mystizismus zu enden. Die Frage zum Beispiel, ob die religiöse Erzählung des Christentums wahr sei, kann man schon längst nicht mehr mit einem Ja beantworten; doch glaubwürdiger als jemals zuvor ließe sich heute sagen: »Ja, *in gewissem Sinne.*« Niemand weiß, wie dieses »in gewissem Sinne« zu erläutern wäre – die unschuldigen Dinge sind stumm –, und dennoch bildet es die Crux unserer Kultur: Dieses »in gewissem Sinne« will der Gläubige mit Blick, Namen und Leben erfüllen. Er starrt nicht in die Leere, sondern betrachtet einen mannigfaltigen, sinnerfüllten Kosmos – die tiefbewegte Szenerie der langen eigenen Geschichte. Das Schweigsame, das darin verharrt, ist der äußerste Horizont seiner Sehnsucht. Solange das Leben dauert, weicht der Horizont vor jeder Annäherung zurück. Und doch kommt es auf die Art und Weise an, wie sich die Annäherung vollzieht. Am glücklichsten wird diejenige sein, die dem Gewebe der Bilder, Begriffe, Erzählungen am wenigsten Gewalt antut: die nichts dogmatisiert und nichts zur leeren »Metapher« verdünnt – zum Scheinbild für das bildlos Absolute.

Fülle und Tiefe unserer Kultur sind noch lange nicht ausgeschöpft. Den Wandel zum volleren Leben begleiten freilich die Aussichten auf den Bürgerkrieg. Ihn hat kürzlich erst ein Kritiker, der seinem Publikum Abwechslung schuldet, kaltschnäuzig annonciert. Und es ist ja nicht von der Hand zu weisen: Das vollere Leben ist das unwahrscheinlichere. So war es immer. Man muß sich um dieses Leben kümmern, statt es unausgesetzt, im Dienste der Kritik, zu desavouieren.

Zuviel Sinn fürs Banale

137. – An einer Stelle von Thomas Manns *Doktor Faustus* ist von »der Sterilität« die Rede, »mit welcher Skepsis und geistige Schamhaftigkeit, der Sinn für die tödliche Ausdehnung des Bereichs des Banalen eine große Begabung bedrohten«. Gemeint ist der tragische Held des Romans, der, um in den Gnadenstand höchster Künstlerschaft zu gelangen, seine Seele dem Teufel verschrieben hat.

Die Warnung richtet sich nicht nur gegen Skepsis und geistige Schamhaftigkeit, sondern auch gegen zuviel Sinn für das Banale. Ist nun aber die *tödliche* Ausdehnung des Banalen die Folge einer überspitzten Wahrnehmungs- und Erlebnishaltung gegenüber den Dingen, Resultat einer Art von Dekadenz? Darauf scheint Thomas Mann aufmerksam machen zu wollen. Man kennt ja eine hochzivilisierte Langeweile, den Ennui, der geistig und künstlerisch impotent machen kann.

Die Langeweile des reflektierten Menschen – woraus entspringt sie, wenn nicht aus einer Überempfindlichkeit, einer Gereiztheit angesichts eines jeden (und besonders des outrierten) Zusammenspiels von Wahrheit und Erhebung? Ist denn nicht jede menschliche Wahrheit, zumal jede ästhetische, metaphysische und theologische, selbst fabriziert? Wie viele Weltbilder, Doktrinen und Religionen hat man nicht schon vorbeirauschen und verschwinden sehen. Noch das Objektivste, Härteste, Tiefstverwurzelte erwies sich als flüchtige Konstruktion. Die Welt des Geistes, ganz zu schweigen von jener der Einbildungskraft, besteht aus lauter Lebensnotwerkzeugen, die irgendwann stumpf und unbrauchbar werden. Selbst die sogenannte exakte, die mathematische Naturwissenschaft stellt da keine Ausnahme dar. Wenn aber, so der Décadent, jedwede Wahrheit selbst fabriziert ist, dann ist es ein Zeichen der Dummheit oder des schlechten Geschmacks, sich von irgendeiner Wahrheit *erheben* zu lassen. Dies bedeutet nämlich, vor der eigenen notdürftigen Subjektivität einen Kotau zu machen. Und der ironische Finger des Décadent zeigt in die peinlichste Richtung: die der verschwitzten Idealismen und des romantischen Rumors, Ausdruck des Wichtels Mensch, der sich als Weltsamenspender gibt und zum Weltganzen aufbläht.

Daß die Dinge banal werden, heißt, daß immer mehr Wahrheit aus ihnen abgezogen wird. Ist erst alle Wahrheit als selbst fabriziert durchschaut, dann ist das Banale total und seine Ausdehnung erdrückend geworden. Die Welt ist dann zwar alles, was der Fall ist, aber das, was der Fall ist, ist so geartet, als ob alles, Stück für Stück, zuviel wäre. Die Totalität des Banalen und der radikale Nihilismus gehören zusammen: Weil nichts einen Wert an sich hat, nichts kraft der ihm zukommenden Wirklichkeit aus sich heraus gerechtfertigt – oder verdammt – werden kann, verharrt ein jedes im Zustand der schlimmsten Unwirklichkeit: Es ist grundlos da, überflüssig, ein fahler, ekelhafter Schein, ein Seinsspuk, der vor dem klarsten Blick nicht weichen will.

Man muß alles, alles in die Luft sprengen und alles Gesprengte wieder in die Luft sprengen und so weiter ad infinitum! Das ist der einzig mögliche Widerstand gegen den Terror des universal gewordenen Banalen: das unendliche Aussondern des unvernichtbaren Weltstoffes, des Herzens der Finsternis – des blanken, vollständig sinnlosen »Es ist, wie es ist«.

138. – An den Dingen läßt er bloß gelten, was an ihnen *gemacht* ist. Was sonst noch an ihnen sein mag, erfüllt ihn mit einer Mischung aus Verachtung, Ekel und Grauen. Die Natur ist ihm nur in künstlichster Form erträglich, als raffinierte Imitation, die natürlicher wirken muß als das Original; und das rohe Naturding rückt für ihn in den Kreis der diskutablen Sachen erst, sobald es delikaterweise aussieht wie eine raffinierte Imitation seiner selbst... Joris-Karl Huysmans' Roman *A rebours* (*Gegen den Strich*) aus dem Jahre 1884 sagt dazu das Nötige.

Eine historisch naheliegende Definition des Humanismus lautet: Der Humanist läßt *alle* Dinge, gleich ob menschlichen Ursprungs oder nicht, in das Licht und unter das Maß des Menschlichen treten. Der humanistische Begriff des Natur-Erhabenen ist folglich, statt wie bei Kant das Ästhetische überhaupt zu sprengen, ein ästhetischer Zentral- und Grenzbegriff. Der Künstler ist es, der im Werk das alle Grenzen übersteigende Gewaltige – das Undarstellbare der Natur –

darstellt. Und der Gott des Humanisten ist einer, der sich vor dem Tribunal der menschlichen Vernunft umfassend verantworten muß; als domestizierter Gott verbirgt er seinen theokratischen, »unmenschlichen« Überschuß. So hängen dann der Humanismus und der Sinn für das Banale unauflösbar zusammen.

Der Nihilist erscheint unter diesem Blickwinkel als ernüchterter und dabei innerlich zerstörter Humanist. Gerade weil die Wahrheit in keinem Moment, in keiner Hinsicht außerordentlich sein darf, wird sie schließlich wertlos – ebenso menschlich wie selbstfabriziert, blind für das, was sich entzieht. Und so wird auch ein Teil der faschistischen Reaktion begreiflich. Weil das Menschliche tödlich abgewirtschaftet hat, fasziniert auf einmal das Unmenschliche. Politische Lagermentalitäten spielen hier eine geringere Rolle; die Linie führt von Nietzsche über Heidegger bis zum Antihumanismus der französischen Nachkriegsintelligenz. Der rasende Krieg und die Erde nach dem Tod des heutigen Menschen: das sind beherrschende Themen einer Phantasie, die nach rettenden Nischen vor der Ausbreitung des Banalen sucht. In Ernst Jüngers *Der Kampf als inneres Erlebnis* (1922) liest man: »Leben heißt töten.« Und Michel Foucaults *Die Ordnung der Dinge* (*Les mots et les choses*, 1966) prophezeit dem Menschen des europäischen Humanismus, er werde verschwinden »wie am Meeresufer ein Gesicht im Sand«.

139. – Der Faschist will das ewige Reich – zumindest das tausendjährige – hier und jetzt. Er will es um jeden Preis. Alles soll so sein, daß nichts mehr dahinschwindet. Alle Übergänge, alle Grenzen müssen verschwinden. Der andere, das heißt die schlimmste, weil unüberwindbare Differenz, muß aufhören zu existieren. Der eigene innere Raum – der Raum der eigenen Rasse oder des eigenen Volkes – muß überall sein, oder er ist wertlos.

Der Faschist lebt nirgendwo auf der Durchreise. Wo Le-

ben ist, da ist für ihn siedende Lust – Lust, unendlich schwer
zu werden, durchzubrechen zum Mittelpunkt des Universums, dorthin, wo die Zeit stillsteht und in jedem Körnchen
Sein noch einmal das ganze Universum brodelt. Tod und Leben rücken dort, am Ort des faschistischen »Nunc stans«,
glühend zusammen, zwei Lavaströme aus einer einzigen
Quelle, die keine Endlichkeiten duldet.

Der bedingungslose Wille zum Absoluten als Faktum, als
politischer Tatsache: das ist der faschistische Wille. Der Gott
des Faschisten verwirklicht sich in Medien wie Blut, Feuer
und Stahl. Dieser Gott ist die erhabene Bestie, und sein Rap-
port mit dem Menschen führt jedesmal zur denkbar größten,
zur Menschheits- und Weltkatastrophe; die Zahl seiner Opfer bemißt sich nur nach Millionen, einzig die weltumfas-
sende Dimension der Vernichtung zählt.

Es gibt im Bereich des Religiösen zutiefst antifaschistische
Gesten und Bilder. Hierher gehören die Geste des Abschied-
nehmens und das Bild des Lebens als einer Reise in den Tod.
Bild und Geste setzen Kultur und Übereinkunft voraus.
Beide sind Verkörperungen einer hochzivilisierten Sicht des
menschlichen Daseins: Man ist auf der Welt zu Gast, vielleicht im Exil; man ist nicht von hier, und doch ist alles, was
zu leisten ist, hier zu leisten; hier sind Schönheit und Glück
– und sie sind nur, weil wir sterblich sind.

Der Gott des Faschisten ist das Untier. Der menschliche
Gott ist jener, der selbst Mensch wird, um sich für den anderen ans Kreuz nageln zu lassen – der mitleidensfähige und
barmherzige Gott.

Der allzu menschliche Gott hingegen wäre der, der ohne
Schmerz und ohne Blut auskäme.

140. – Jede Zeit hat ihr Bild dafür, was »am menschlichsten«
ist. Unser Bild zeigt eine höchst tugendhafte Figur, die sich
ganz in den Dienst des bedürftigen Nächsten gestellt hat.
Prinzipiell könnten wir alle so selbstlos handeln wie Albert

Schweitzer oder Mutter Teresa. Jeder von uns darf sich bemühen, in seinem Leben das Ideal der Nächstenliebe makellos zu verwirklichen. So indessen, als wie auch immer vollkommene Verkörperung einer egalitären Tugend, läßt sich Gottes Barmherzigkeit *nicht* denken. Der Gott, der sich um der sündigen Menschheit willen ans Kreuz schlagen läßt, handelt nicht moralisch; er zerstört die Welt des Sündenfalls und schafft sie neu.

Moralisch handeln bedeutet jedenfalls: *in* der Welt handeln. Gott aber handelt nicht in der Welt, er rührt – auch als Mensch gewordener Gott – an das Ganze der Welt und damit an das Wesen aller Moral.

(Deshalb kann, nebenbei gesagt, ein Wunder zur Glaubwürdigkeit Gottes nichts beitragen; ein Wunder ist bloß ein Ereignis innerhalb der Welt, es läßt deren Grenzen unverändert.)

141. – Aus den heiligen Schriften des Christentums läßt sich der Bethlehemitische Kindermord nicht wegdenken. Er gehört zur Menschwerdung Gottes. Das entlastet Herodes nicht. Er ist nicht nur für das Massaker verantwortlich, er ist auch böse in einem metaphysischen – »übermenschlichen« – Sinne: Er steht, nach menschlichem Maßstab unsühnbar, auf der Nachtseite des Gnadenwerks.

Für den Humanisten freilich wird Gott dadurch inakzeptabel. Wie kommt Herodes dazu, verteufelt zu werden? Ist nicht auch er ein Mensch, einer von uns – wie auch all die anderen Schlächtergestalten der Geschichte? Der Humanist will hier keine Ausnahme dulden: Wir alle sind Menschen, wir alle sind von hier.

Der Christ weiß, daß es anders ist. Nicht alle von uns sind Menschen; da ist ein Gott in Windeln, und dort, in feines Tuch gehüllt, macht sich der Teufel bereit.

Was *antwortet* der Christ dem Humanisten? Er sagt: »Du hast recht. Jeden Menschen, dem wir begegnen, müssen wir behandeln, *als ob* er tatsächlich einer wäre. Fiele uns Herodes in die Hände, es wäre unsere Pflicht, ihm einen fairen Prozeß zu machen.«

Der Christ sagt: »Es war unrecht, Eichmanns Asche über das Meer zu verstreuen. Für uns hätte auch er einer von uns sein müssen; auch er hatte ein Anrecht darauf, in unserer sündigen Erde zu ruhen.«

142. – Ein Realismus, der mit einem starken Gefühl dafür begabt ist, wie es sein sollte – mit einem gleichsam halluzinierenden Gefühl, das aus der Einsicht in die Vergeblichkeit des Sehnens stammt –, rückt die nackten Tatsachen in eine Perspektive des Verblassens: »als ob doch noch alles gut werden könnte«. Dieses »als ob« ist tief in das Unverrückbare eingelassen. Alles wartet. Kein Vogel singt. Es ist Vorfrühling, Spätsommer, Frühherbst. Nichts ist endgültig, jeder Zenit ist überschritten, auch der Zenit der Hoffnungslosigkeit.

Es gibt nicht bloß *einen* Realismus. Es gibt den Realismus des Sehnsüchtigen und den des Sehnsuchtslosen. Beide trennt ein Irrealis – »als ob« –; dieser aber scheidet Geister und Welten.

II

Der Ferialpraktikant des Glaubens

Kritik des Genusses

143. – Ein großes Donnern und Beben, dann zerbricht ein Blitz die endlose Nacht, die Schleier schmelzen vor den Augen, und es erscheint die Welt! Sie erscheint in Pracht und Herrlichkeit, golden und purpurn türmt sie sich auf vor der Zelle des Eremiten, tosend vor Leben, strotzend vor Kraft. Dem Spektakel präsidiert das ruchlos lockende Weib. Der Eremit wankt. Er will hin zur Welt, hin zu den fetten, geilen Genüssen. Er wird aber nicht fallen. Er widersteht, auch und vor allem der schönen Larve, in die gehüllt der Versucher hingetreten ist vor ihn, den erbarmungswürdig Entsagenden, der freilich in der Gnade des rechten Glaubens steht.

Betrachtet man einen Versuchungsnotstand wie jenen, in den der heilige Antonius gestürzt wird, dann tut man sich schwer, nicht mit der Seite der Welt zu sympathisieren. Der spindeldürre, vor Dreck starrende, zitternde Einsiedler, dem einmal im Leben das ganz große Glück begegnet, dem sich die schönste, sinnlichste Frau zuneigt und der nun nichts Besseres zu tun weiß, als sich an seinem Höhlendasein festzuklammern, dieser Existenzwichtel ist doch kein Vorbild, sondern schlichtweg ein degenerierter Asket. Die Moral der tief christlichen Versuchungslegenden ist zumeist durch und durch bigott. Nach außen hin wird der Betrachter dazu verpflichtet, den heiligen Antonius zu loben, während er innerlich mit ihm hadert. Kein einigermaßen normaler Mensch kann es vorziehenswert finden, daß Antonius, der vor lauter Welt- und Geschlechtsbegierde brennt, sich nicht nur dem Locken der Frau schnöde verweigert, sondern seine absonderliche Haltung auch noch dadurch rechtfertigt, daß er in den schönen Körper den Teufel hineinphantasiert. Der krankhaft Lebensflüchtige ist böse, weil er alles verteufelt und zerstört wissen möchte, was nicht seinesgleichen ist, das heißt alles und jedes, was das Leben gesund, glücklich und groß sein läßt. Selbst wenn das Leben grausam und schmutzig ist: Am grausamsten und schmutzigsten ist die Vernichtungslust des Eremiten, denn sie dient zu nichts weiter als seinem Überdauern im Zustand maßloser Glaubenshoffart...

Bevor wir an dieser Stelle, gemäß dem sattsam bekannten Muster, das christliche Asketentum endgültig als »triebfeindlich« abtun, sollten wir immerhin folgendes erwägen: Vielleicht sperrt sich der Eremit gegen die Genüsse der Welt nicht so sehr, weil er den Genuß an sich verabscheut, sondern deshalb, weil er *das Leben danach* – den Zustand des Genossenhabens – fürchtet wie sonst nichts auf der Welt. Vielleicht ist für Antonius das Weib hochsündig, weil es eine *vorgeschobene* Gestalt ist, ein Lockvogel, hinter dem erst der Versucher seine eigentliche Arbeit beginnt.

Wäre der Genuß ewig, er wäre heilig. Aber er geht immer rasch zugrunde, und das Leben danach verfällt entweder dem Schlaf oder der Banalität. Die Welt, die lockt, scheint ein Versprechen zu bergen. »Gib dich mir hin, und ich werde dich aus dem Kreis der Bangigkeit, der Trübsal, ja des Todes hinausführen! Liebe mich, und du wirst der Not entbehren und im Himmel sein!« Das ist das Wesen der Verführung: einen falschen Schein von Transzendenz zu erzeugen, einen Schein, der hervorleuchtet aus den endlichen Dingen und Personen, aus den Düften, dem Gepränge, dem Fleisch. Der Schein ist falsch, es handelt sich nicht um den Vorschein von etwas, das hinausführte aus dem Kerker der Welt. Nach dem Genuß ist der Kerker nur um so dichter verschlossen. Er erscheint nun unter der Perspektive des *unglücklich erfüllten* Lebens. Dieses gab der Lockung nach, bloß um zu erkennen, daß hinter der Welt *nichts* ist – außer Welt, Leben, Getriebe.

144. – Jede geistige Tätigkeit, die diesen Namen verdient, sollte, als Horizont, das Ziel ihrer eigenen Aufhebung mit sich führen, und zwar ihrer tief beiläufigen, ihrer *guten* Aufhebung. Der vollkommen geistige Mensch ist jener, dessen Geistigkeit sich in der Ruhe bewährt. Vom Standpunkt des Geistes aus haftet allem Tun, und gerade dem lustvollen, ein Moment des Mangels an. Im Genuß des Geistigen steckt schon der Zwang, es immer wieder tun zu müssen. Auch das Denken kann getriebehaft werden und die Landschaften, in denen es sich entfaltet, *banalisieren*.

Wozu soll man denn, letzten Endes, denken? Die stupideste Antwort ist die des Denksportlers: Weil es immer noch einen Rekord zu brechen, einen neuen Gipfel des Denkens zu erobern gilt. Die beste Antwort hingegen lautet: Um schließlich einen Zustand zu erreichen, in dem man nicht mehr wird denken müssen, weil nicht mehr das Tätigsein – und der damit verbundene zwanghafte Genuß –, sondern die Ruhe und ihre Art des Wohlseins das Richtige sind.

145. – Dem Sport, wie er heute massenhaft betrieben wird, ist Ruhe auf alle Fälle ein Unwert: man ist zu alt, zu schwach, ausgeschlossen, tot. Anstrengung und Genuß eines solchen Sportbetriebes werden mangels eines Horizontes jenseits von Anstrengung und Genuß extrem getriebehaft. Im Jahraus-Jahrein-Sport unserer Zeit, der alle Freizeitbereiche zu erobern und unter die Devise »Fun & Fitness« zu bringen sucht, zeigt sich, wie Lebensekel fortwährend betäubt werden muß. Das Erstarren des Lebens vor der eigenen bunten, lauten, gefräßigen Nichtigkeit soll durch ständige Beschleunigung der Leistungs- und Lustmaschinen verhindert werden. Aber man *sieht* doch, daß alles *das* vollkommen sinnlos ist.

Die meisten scheinen es nicht zu sehen. Die Dummheit des Sportes droht, gerade wegen der Wendigkeit, Schlagfertigkeit und Geschultheit der Körper, universell zu werden. Der Markt kann sie brauchen, die Macht kann sie brauchen, die Massen liegen vor ihr staunend auf den Knien. Aber man kann die Sinnlosigkeit und Dummheit des Lebens, das nichts weiter will als immerfort nur sich selbst, *sehen*: Die endlose Reihe lachender Sieger, die alle schon bald zu den Verlierern gehören werden, bildet das vorerst unabschließbare Tableau der Dummheit.

Der heutige Sport ist ein Gleichnis für die – von Thomas Mann wachsam registrierte – tödliche Ausdehnung des Banalen. Im Vormarsch sind die sportliche Geistigkeit, der sportliche Sex, der sportliche Tod.

146. – Der triumphierende Sieger ist eine Gestalt, vor der man sich abwenden muß. Das Bild ist nicht zu ertragen. Kaum empfindet man Neid, man ist angewidert. Da steht er, der Sieger, rammt die Faust in den Himmel, bleckt die Zähne und läßt die Menge sein Geheul hören. Nicht selten stößt er sein Genitale ins Rund. Hat er nicht schon alle und alles penetriert, von vorn, von hinten, egal? Wenn er dasteht und triumphiert, bekommt man eine Ahnung davon, wie es kommen könnte, daß die Hoffnung endgültig aus der Welt verschwindet. Jeder wird Sieger, jeder triumphiert, überall nur noch die grinsenden Fratzen der Überhebung, in denen aber das Nichts schon mitgrinst. Nein, das Nichts ist eine zu gewaltige Größe für die Leere dieses Grinsens. In ihm findet eine Abkehr vom Menschlichen überhaupt statt, drückt sich die unerreichbar gewordene Ignoranz aus. Der Lebensgenuß ist opak geworden, er leuchtet nicht mehr nach außen, in die Welt hinein; er will sich nur noch hart um sich selbst scharen. Der Sieger weiß nichts von den Besiegten, den Opfern, auf denen er fußt. Er weiß nur, er muß schwerer werden, immer noch ist der Genuß des Siegens nicht unendlich geworden, noch ist etwas *unter* ihm. Man wird das Besiegte wieder und wieder besiegen müssen: So viel immerhin weiß der Sieger von dem, was unter ihm ist.

Es gibt einen menschlichen Sieger. Er grinst nicht, er lauscht in die Dunkelheit. Er war zu schwach, er konnte nicht entsagen. Er brauchte, um leben zu können, das Opfer und den Genuß. Aber er wollte, er wäre stark genug gewesen, sich auf die Seite der anderen zu stellen – der Verschwindenden, deren Stimmen rasch leiser werden.

147. – Der Genußmensch, den die moderne Welt als Ewigkeitsgestalt – als das ihr zugänglich Göttliche – aufrichtet, ist ein Gehetzter, dessen Umtriebigkeit, je länger sie dauert, um so hoffnungsloser, auch wahnsinniger, anmutet. Von überall drängt schließlich die Leere an. Sie ist bereits jedem Genußakt als Drohung, als düstere Gewißheit beigemischt. Der Jogger wirkt auf die Dauer irrer als der Asket im Angstschweiß seiner Gesichte. Denn der Asket *kann* widerstehen. Und wenn er widersteht, ist er frei.

148. – Genuß und Sieg, Lust und Macht – beide zerstören die Welt als einen Ort der Freiheit. Beide verstricken den Menschen in die Banalität. Sie befördern eine Ansichtsweise, nach der die Dinge nur noch von hier sind – restlos eingeschlossen in der Welt und deshalb tot. Freiheit aber besteht darin, nicht bloß von hier zu sein, teilzuhaben am Sichentziehenden.

Jedes Leben und jeder Wert hat seinen Ursprung und seine Bedingung in dem, was sich entzieht. Genuß und Sieg jedoch kennen das Sichentziehende nur als etwas, das gleichgültig ist oder, koste es, was es wolle, einverleibt werden muß. (Und alle Versuche der Einverleibung beruhen hier auf Wahn und Gewalt.)

149. – Robert Altmans Film *Short Cuts* zeigt eine amerikanische Welt, die ebenso quirlig und »lebenshungrig« wie von den Gespenstern der Leere hohlgefressen ist. Alle Menschen sind fickrig. Was immer sie tun, es hat nur den einen Sinn. Auch der alte Mann redet von nichts anderem. Alle sind besessen davon: Ficken! Niemals hört man Kirchenglocken läuten. Nichts erinnert an Glaubensdinge, die den Liebesdingen doch so nahe liegen. Auch das Cello, das gespielt wird, liegt nervös zwischen den Schenkeln der Cellistin. Keine Stille, kein Traum. Ab und zu kommt ein Mensch gewaltsam zu Tode, aber das geht schneller vorbei, als man denkt. Der Selbstmord der Cellistin, die sich nicht ficken läßt, ist keine große Sache. Das Erdbeben, am Schluß des Films, ist nicht das Ende. Am Ende sind alle, die noch leben, fickrig.

Man mag die Figuren von Altmans Film, auch die miesen. Sie alle sind auf bezwingende Weise menschlich. So wird man als Zuschauer auf die schlechte Seite gezogen. Man wird versucht und ist bereit zu kapitulieren. Vielleicht hofft man sogar, daß einen die tiefe, tiefe Fickrigkeit doch noch zum Licht, zur Wahrheit, zur Erkenntnis Gottes führen werde. Das Menschliche kann schon das Böse sein.

150. – In der Bibel *erkennt* der Mann die Frau, heute »machen« beide Liebe. Die biblische Art, den Beischlaf zu benennen, zeigt an, wie weit unterdessen Wahrheit und Sex auseinandergetreten sind. Die Liebe, die gemacht wird, fällt unter die Erzeugnisse; sie wird vom Menschen hergestellt. Die Liebenden haben an nichts Größerem mehr teil als an sich selbst. Das ist zuwenig, und deshalb beginnen sie rasch zu ermüden. Schließlich werden sie einander hassen. Der eine wird den anderen *Betrüger* schimpfen.

151. – Wer behauptet, daß letzten Endes alles ein Geheimnis bleibe, banalisiert das Geheimnis. An der Wirklichkeit des Wunders rütteln weniger die, die es bekämpfen, als jene, die sagen, alles sei eines. Das Nichtbanale kann nur als das Seltene, die Ausnahme, existieren und nicht als die Regel. Natürlich ist auch noch der winzigste Floh ein reines Wunder, geheimnisvoll durch und durch; aber nicht in jedem Kontext. Das sprichwörtliche Sandkorn ist eine ganze Welt, so ungeheuerlich wie das Universum; aber man soll der Wüste nicht mit Sandkörnern kommen.

Der Mensch, der unentwegt mit runden Augen und offenem Munde staunt, ist vom Idioten nicht zu unterscheiden. Das sagt etwas aus über gewisse mystische Ambitionen. Wie könnten jemals All-Liebe und All-Versöhnung in das Zentrum des Lebens rücken, solange dieses noch einen Funken Verstand birgt?

152. Man erkennt ein falsches religiöses Bewußtsein auch an der Bereitschaft, in jedem Ding ein Tor zur Transzendenz zu erkennen. Der dauernd mystisch Erregte, dem die Welt vor lauter Schwellenphänomenen zur Ewigkeit wimmelt, blockiert in Wahrheit den Ruck – oder die Welle – der Befreiung. Er installiert ein besonders trostloses Gefängnis, nämlich das Jenseits als Teil des Diesseits. Wo immer der mystisch Erregte hinblickt, er sieht die Sterne und über die Sterne hinaus. Er steht mit beiden Beinen mitten im Himmel. So fällt der Himmel auf die Erde, wird Teil des Gefängnisses.

Der Widerstand des Asketen gegen die Welt, auch sein Gleichmut, sind etwas ganz anderes als das Immer-schon-über-die-Welt-Hinausgehobensein des Mystikers. Der Asket weiß, daß die Banalität hierorts nicht aufgelöst werden kann. Sie ist da, und wer den Himmel auf die Erde herabholt, zerstört ihn. Nicht die Sünde ist die große Waffe des Teufels, sondern die Banalität: Hinter Macht und Genuß lauert die schwärzeste Depression. Diese ist unüberwindbar; man muß sich vor ihr hüten. Die mystische Dauererregung ist nur das Vorspiel zum Höllensturz. Wenn die Welt sich über dem Himmel geschlossen hat, ist die Nacht absolut geworden und der Tod dann besser als das Leben.

153. – Man versteht die Achtung, ja Bewunderung, die Goethe genießt. Wie sich der *reife* Dichter angesichts der Dinge des Lebens, unter dem Druck der andrängenden Fragen situiert, wie er vor den Gefahren des Individualismus und Negativismus nicht zurückschreckt, sondern sie erkennt, vor ihnen warnt und sie vermeidet, das ist – so möchte man meinen – im Alltag gelebte Weisheit: das Höchste, was ein Mensch erringen kann, mehr als die Weisheit des Asketen, mehr als der Erkenntniszustand des Mystikers. Goethe muß der Welt nicht entsagen, um sich zu vervollkommnen, im Gegenteil – bei ihm steht die ganze Welt im Dienste der Weisheit.

Deshalb wird Goethe nicht müde, gegen jene aufzutreten, die sich aus einem, ursprünglich durchaus berechtigten, revolutionären Sinn oder Widerspruchsgeist heraus schließlich in der Opposition festgefahren haben. Den Dichter warnt er vor der »beständigen Agitation des Gemüts«, weil darin beschlossen liege, daß das Talent nicht gehörig zur Entwicklung komme: »Denn nicht allein, daß das Unbehagen des Dichters sich dem Leser mitteilt, sondern auch alles opponierende Wirken geht auf das Negative hinaus, und das Negative ist nichts. [...] Wer recht wirken will, muß nie schelten, sich um das Verkehrte gar nicht bekümmern, sondern nur immer das Gute tun. Denn es kommt nicht darauf an, daß eingerissen, sondern daß etwas aufgebaut werde, woran die Menschheit reine Freude empfinde.«

Es sind freilich Stellen wie diese – Stellen, die typisch sind für die Goethesche Weisheit –, die uns die Frage aufnötigen, ob der, der hier spricht, in einem heute noch ernst zu nehmenden Sinne wisse, wovon er redet. Grund der Mäßigung des Weisen ist die *Tiefe* der Empfindung, die droht, das Leben aus den Angeln zu heben, und nicht bloß die Fähigkeit, in wohlgesetzten Worten vor der Tiefe, dem Nichts, dem Ungestalten zu warnen. Beim reifen Goethe jedoch, besonders dem, der vor Eckermann seine Kunstsachen ausbreitet, herrscht eine Mäßigung vor, die von routinierter Selbstgefälligkeit nicht weit entfernt ist.

Auch da, wo gerungen wird, geschieht es im schönen Vorgefühl des Gelingens. Der ganze Faustische Lebenskampf ist von Anfang an überstrahlt vom Glanz der Erlösung. Das macht den Kampf wertloser, als wenn er in der Hölle enden würde. Indem Goethe eine Seele meisterhaft rettet, weil diese auf Erden immer strebend sich bemühte, versündigt er sich an der Wahrheit des Lebens. Die Wahrheit lehrt, daß ein Zusammenhang zwischen Kampf und Erlösung *nicht* besteht. Und die einzig wichtige Frage ist dann, warum man *trotzdem* das Gute wollen soll?

Goethe aber scheint kein Organ für eine solche Frage zu haben. Das erzeugt, gerade wegen des Dichters Genialität, den Eindruck einer geistlosen Beschränktheit. Schlimmer als die Dummheit ist die Weisheit, die dumm ist. Man wird sich vom Blinden nicht sagen lassen, wie die Welt der Farben in Wirklichkeit beschaffen sei. Was Goethe in seiner *Farbenlehre* an Newton bemängelt – ließe es sich, mutatis mutandis, auch dem Autor von *Dichtung und Wahrheit* anlasten? Dieser blickt auf das Erdbeben von Lissabon gleichermaßen wie auf ein Hagelgewitter seiner Knabenzeit zurück, um von derlei Episoden mit der Wendung »Solche Vorfälle, wie störend sie auch im ganzen waren...« rasch zu anderen wichtigen Dingen des jungen Lebens überzuleiten. Mit dem Erdbeben vom 1. November 1755 versank eine Welt; der reife Goethe betrachtet das Vorkommnis als Baustein seiner Bildungsgeschichte. Gewiß, die Katastrophe hat die Gemütsruhe des Knaben, nach des Autors eigenem Bekunden, im Tiefsten erschüttert. Doch das Konzept der Bildungsgeschichte scheint dadurch keineswegs gefährdet. Noch die Naturhölle – der Tod von Tausenden und aber Tausenden Menschen, das Versinken ganzer Landstriche und Städte – ist offensichtlich dazu da, das keimende Genie auf die Höhe seiner selbst zu heben. Newton, am Beginn der mathematischen Revolutionierung der Naturwissenschaften stehend, war möglicherweise blind für das innerste, qualitative Wesen der Farben. Aber wie stand es um Goethes Blindheit – betraf sie etwa das innerste Wesen des menschlichen Lebens, seine unaufhebbare Marginalität? War Goethe blind für die Sinnlosigkeit als den einzig konstanten Grundton in dem, was ist?

»Wär nicht das Auge sonnenhaft, die Sonne könnt' es nie erblicken«, so dichtet Goethe in seinen *Zahmen Xenien*, frei nach Plotin. Doch wenn wir sterben, warum haben wir dann fast nichts gesehen? Und das Licht der Sonne – warum ertragen wir nicht, es anzuschauen?

Es ist ein Kennzeichen der sensiblen und lebendigen Geister, gewisse – kritische – Fragen stellen, gewisse – katastrophische – Grenzen überschreiten zu müssen, vor denen Goethe mit gemessenen Worten warnt und verharrt. Es ist das Gemessene in Goethes Wesen, das uns schließlich enttäuscht zurückweichen läßt. Hat der größte aller deutschen Dichter die entscheidenden Fragen niemals durchlitten, hat er sich niemals an den entscheidenden Schranken wundgestoßen? Brauchte er nie zurückzukehren, weil er nie fort war?

»So rütteln sie jetzt an den fünf Büchern Moses, und wenn die vernichtende Kritik irgend schädlich ist, so ist sie es in Religionssachen; denn hiebei beruht alles auf dem Glauben, zu welchem man nicht zurückkehren kann, wenn man ihn einmal verloren hat.«

Es ist dieser Rat: Rüttelt nicht an dem, was uns in unserem Gleichmaß erschüttern könnte! – es ist dieser betuliche (und im übrigen zwecklose) Rat, der uns die Goethesche Weisheit verleidet. Wie sollten wir uns jemandem anvertrauen können, dessen Mäßigung nicht die Folge einer Ausschweifung, eines Übertrittes ist, sondern der *metaphysischen Behäbigkeit* eines Charakters entstammt?

In den Goetheschen Gesprächen mit Eckermann werden unentwegt Kupferstiche und Münzen mit den Bildnissen berühmter Männer zur geselligen Betrachtung herbeigeschleppt, und auch Gipsmodelle sonder Zahl. Und plötzlich sieht man die Wohlgestaltetheit des Lebens, nach der es Goethe verlangte und die er dem gebildeten Deutschen ans Herz legte, in einem wenig ansprechenden Licht: Ist sie nicht das

Sonntagsgesicht des aufgeklärten Biedermannes, der vor allem eines will: sich in der Welt freundlich, aber nicht dumm und nicht geschmacklos einrichten; und der dabei den Schrecken der Banalität auf das Umgänglichste *kultiviert*?

154. – Der Ethnologe Hans Peter Duerr rührte an ein Grundübel unserer Zeit, als er gelegentlich bemerkte, es sei ein Kennzeichen zivilisierter Kulturen, den alternden Menschen in Würde impotent werden zu lassen. In diesem Sinne ist unsere Kultur *nicht* zivilisiert. Leben heißt töten, sagt der Nietzscheaner; unsere Kultur aber übersetzt das den Massen so: Leben heißt potent sein. Es ist nicht klar, inwiefern das eine das andere bedingt oder ausschließt. Gewiß jedoch scheint heute, daß alle Formen der »Lustfeindlichkeit« Zeichen einer Krise, eines Mangels, einer Störung sind, einer Abweichung, die nicht gutgeheißen werden sollte. Daran wird deutlich, daß unsere Kultur das religiöse Phänomen an sich bekämpft. Deshalb rührt der alte Mensch, sobald er offensichtlich impotent geworden ist, an einen äußerst empfindlichen Punkt des Potenz-Universums: Da ist ein Quantum Genuß, das sich entzieht... Nein, der Sexologe hat unterdessen Sitz und Stimme auch in der Geriatrie. Er zeigt uns allen das lüsterne Alter, wie es noch unter der Asche hohen Greisentums züngelt.

155. – Der genußtüchtige Mensch kann nicht anders: Er muß den Messias dafür tadeln, daß er sich ans Kreuz schlagen ließ. Hat der Menschensohn nicht ein sehr schlechtes Beispiel gegeben? Hat er nicht die Freudlosen, die Lebensflüchtigen, die Weltfremden ermuntert? Hätte nicht wenigstens Gott selbst ein Beispiel geben sollen, wie man sich auf die rechte Weise vergnügt?

Die Weltbejahung des Genußtüchtigen erstreckt sich ausschließlich auf die Welt-im-Genuß. Der Gekreuzigte hat dort nichts zu suchen. Die Weltbejahung des Genußtüchtigen ist das eigentlich irreligiöse Phänomen. Die Welt-im-Genuß ist die verlorene. Ihre Banalität läßt sich nicht mehr überbieten. Kein Gott kann in ihr erscheinen.

Gegen die negative Theologie

156. – Es entspricht dem religiösen Gefühl, und besonders dem der Juden und Christen, zu sagen, mehr Böses, als auf der Welt sei, könne es nicht geben; und doch entspricht es demselben Gefühl zu sagen, alles sei gut. Der Glaube, das sind jener Ernst und diese Freude, jene Furcht und diese Hoffnung – das ist die »unmögliche Gewißheit«, die aus der paradoxesten Spannung entspringt: Alles ist so böse, wie es nur sein kann, und doch ist alles gut. Die Glaubensgewißheit verweist auf die Grenze der Welt, und nur von einem Standpunkt jenseits der Grenze aus erhält der Glaube eine Rechtfertigung und einen Sinn.

Die Theodizee will Gott rechtfertigen, indem sie beweist, daß unsere Welt die beste aller möglichen ist. Doch innerhalb unserer Welt – das ist ebenfalls gewiß – läßt sich diese ebensowenig wie Gott rechtfertigen. Der endliche Verstand hat keine sittlich plausible Antwort darauf, warum auch nur ein einziges Insekt ins Feuer fliegen und dort unter Schmerzen verbrennen muß. Vielleicht, weil dies eben Teil der ehernen Weltmechanik ist, ohne welche nichts Dauerhaftes existieren kann? Oder weil es, wie schon Aurelius Augustinus argumentierte, des Bösen bedurfte, um vor ihm, als dem dunklen Hintergrund, das Gute, Wahre und Schöne möglichst leuchtend hervortreten zu lassen? Nun, dann wäre es besser gewesen, Gott hätte für immer geschwiegen, für immer geruht, und die Ausgießung des Universums wäre Projekt geblieben.

157. – Er ist ein Schulmeister Gottes. Er wird nicht müde, darüber nachzudenken, was Gott alles nicht sein und nicht tun darf. Gottes Wille darf kein bißchen beschränkt sein; aber Gott darf nicht einfach imstande sein, etwas Böses zu tun. Gottes Macht muß unendlich sein; aber Gott darf für nichts verantwortlich sein, was seine Vollkommenheit in Frage stellen könnte. Und so weiter und so fort. – Er will seinen Gott retten, und dabei verdirbt er ihn ganz und gar. Gott muß alles können, alles sein und hat schließlich doch keinen Raum mehr und keinen Platz zum Bleiben. Bewegung ist schlecht, und Ruhe ist schlecht; in dem einen steckt jeweils die Negation des anderen, und Gott muß reine Positivität sein. – Kein Zweifel, der Schulmeister Gottes endet bei negativer Theologie. Der einzig mögliche, der positive Gott ist jener, über den stets nur ausgesagt werden kann, was er nicht ist.

Wo die negative Theologie protestantische Züge trägt, steckt auch viel Mißgunst in ihr. Man will keine unordentlichen Verhältnisse im Himmel und auf Erden. Gottes Größe jedoch, seine Macht und Herrlichkeit, sprengen alle nur denkbaren kategorischen Imperative. *Quod licet Iovi, non licet bovi.* Das macht dem Schulmeister Gottes ernstlich zu schaffen. Im Feld der Ethik kennt er keinen Spaß: Hier hat Jupiter genauso zu parieren wie das dumme Rind. Das freilich erfordert strenge Maßnahmen. Man muß Gott seines Bildes berauben, seiner Taten, seiner Mythen. Man muß ihm alles nehmen, dessentwegen wir ihn verherrlichen und anbeten konnten. Einzig der unerkennbare, nichtige Rest ist ethisch unbedenklich.

Mit solch einer Haltung hat das jüdische Bilderverbot nichts zu schaffen. Es ist der ganze Reichtum der alttestamentarischen Religion, die Fülle der Geschichten, Bilder, Weissagungen, die dazu drängt, ihn selbst, den vielnamigen Herrn des Palastes, unbestimmt zu lassen. Aus allem, was ist, spricht er zu uns, und alles, was ist, ist sein Lobpreis. Er ist tausend und aber tausend Mal heller als die Sonne, man kann ihn nicht ansehen, ohne zu sterben. Das jüdische Bilderverbot kennt eine apophantische Redeweise, eine *theologia ne-*

gativa; die negative Theologie der Schulmeister Gottes hingegen ist dem authentischen Verbot fremd. Dieses erwuchs aus dem brennenden Dornbusch, nicht aus der Tyrannei eines ethischen Prinzips.

158. – Selbst wenn Kant unrecht hatte, als er die Gottesbeweise für ungültig erklärte: Keiner von ihnen führt zum Glauben oder trägt zu ihm bei. Der Glaube ist ein ursprüngliches Phänomen. Weder bedarf er einer Rechtfertigung, noch ist er einer solchen fähig. Der Glaube entspringt einer Primärgewißheit, man möchte sagen, einer Gewißheit des Seins. Darin fallen Empfindung und Erkenntnis zusammen. Es ist, wie es ist, und nichts darf fehlen, und nichts war umsonst. Wir glauben nicht, weil sich vor unseren Blicken der Himmel auftäte, sondern weil wir die Masse des Übels sehen und dabei doch wissen, daß dies der Palast Gottes ist. Die Offenbarung ist immer schon geschehen, du schlägst bei offenen Augen die Augen auf, und ebendies ist der Lobpreis.

Nein, du hast mit der negativen Theologie unseres Jahrhunderts nichts zu schaffen. Deine Unruhe verlangt nach Stoff, nicht nach endloser Abgrenzung. Du hast kein Bild von Gott. Dein ethisches und dein religiöses Empfinden verbieten dir, Gott als einen persönlichen zu denken. Aber dein religiöses Empfinden stachelt dich auch an, treibt dich vorwärts. Du sollst am Palast Gottes teilhaben und deine guten Werke an ihm tun. Du sollst ihn bewachen und verherrlichen. Du sollst ihn nicht denen überlassen, die ihn entrümpeln und zerstören wollen. *Hekhalot* – das ist deine Aufgabe und dein Ziel.

Der Selbstabschluß des Subjekts

159. – Als die spanischen Eroberer, nach anfänglicher Bewunderung für die hohe Kultur der Azteken, deren Opferpraxis kennenlernten, wurden sie von Grauen erfüllt. Eine Religion, deren Götter das ganze Jahr hindurch nach Massen von Menschenfleisch und Menschenblut verlangten, konnte nur teuflisch, wahnsinnig, vernunftlos sein. Vom aztekischen Standpunkt aus gesehen, mußte ein solches Urteil als Ausdruck gröbsten Unverständnisses erscheinen. Die Götter brauchten Nahrung, um den Gang der Welt sicherzustellen. Wer das nicht verstand, der hatte überhaupt nicht begriffen, wie die Welt funktioniert und was sie im Innersten zusammenhält. Im Namen des Gottes, an den die spanischen Eroberer glaubten, wurde das Reich der Azteken dem Erdboden gleichgemacht; im Namen des Gottes, der keine anderen Gottheiten neben sich duldete, war es erlaubt, im Blut der Mexikaner zu waten. Dem polytheistischen Azteken, der auch die Götter unterworfener Völker gelten ließ, konnte das Christentum schließlich nur Schrecken einflößen. Den Christen fehlte jeder Funken Vernunft, der es ermöglicht hätte, in einer zivilisierten Form miteinander Umgang zu pflegen, sei er nun friedlicher oder kriegerischer Art. Der Azteke im Untergang konnte sich bloß fragen, was er seinen Göttern angetan habe, um den Untergang des ganzen Volkes, den Untergang der Welt heraufzubeschwören. Von aller brutalen Gier nach Reichtum und Macht abgesehen, war die Begegnung der Spanier mit der mexikanischen Kultur eine desaströse Verkettung von Mißverständnissen, denen unterschiedliche Kosmologien zugrunde lagen – Weltsichten, die unterschiedliche Arten des vernünftigen Lebens definierten.

Aus solchen Beispielen zieht der Relativist den Schluß, daß die Suche nach der einen wahren Vernunft ergebnislos bleiben muß. Was die meisten gebildeten Menschen heute für vernünftig halten, nämlich die wissenschaftlich-technische Sicht der Welt, wird denen, die in fünfhundert Jahren leben werden (sofern es dann noch menschliches Leben gibt), vielleicht nicht weniger abstrus anmuten als uns Heutigen die aztekischen Opferriten zur Aufrechterhaltung des Natur-

kreislaufes. Aber auch die »weltanschaulichen« Streitig-
keiten innerhalb unserer eigenen Kultur sind endlos, die moralischen Probleme auf keinen gemeinsamen Nenner zu
bringen, die wissenschaftlichen Fundamente umstritten. Das
ist Wasser auf die Mühle des Relativisten. An welche Instanz
ließe sich denken, um angesichts der gegenseitigen Irrationa-
litätsvorwürfe herauszufinden, was die wahre Vernunft ist?
Die Antwort liegt auf der Hand: Jede denkbare Instanz wäre
unbrauchbar, weil sich die Streitparteien auf keine einigen
könnten, es sei denn auf eine, die im Prinzip allen recht geben
würde und daher nicht den geringsten Wert hätte.

160. – Vernünftig ist für uns eine Haltung, eine Überzeugung, eine Tat niemals bloß deswegen, weil sie eine be-
stimmte Person, eine Gruppe von Leuten oder die ganze
Menschheit für vernünftig hält. Ist auch nur *ein* Mensch auf
dem Holzweg, ohne daß er dies einzusehen imstande wäre
– und wie viele Menschen waren schon in dieser Lage –, dann
könnten *alle*, sogar bei größtmöglicher Übereinstimmung,
auf dem Holzweg sein: befangen im Irrtum, irrational, der
Wahrheit fern. Vernünftig ist etwas, weil es *tatsächlich* vernünftig ist.

Heißt das, daß wir unter Zugrundelegung unseres eigenen
Vernunftbegriffs rational blind sind? Das ist eine der Gret-
chenfragen des aufgeklärten Bewußtseins, das keine Ein-
mischung fremder Mächte in seinen Hoheitsbereich duldet.
Seine Zwangslage rührt daher, daß es sich selbst als höchst-
richterliche Instanz eingesetzt hat und nun aber in dieser
Funktion dringend einer Unterrichtung von außen bedürfte.
Sind die internen Prinzipien, denen es folgt, tatsächlich die
vernunftgemäßen? Sind es diejenigen, die den Stoff der Erfahrung korrekt interpretieren?

In der Geschichte des neuzeitlichen Denkens spielen zwei
Motive eine tragende und tragikomische Rolle: zum einen
der Kampf um die Erkenntnisautonomie des Subjekts, zum

anderen der Kampf gegen dessen Selbstabschluß. Es scheint, daß man nicht beide Kämpfe zugleich gewinnen kann.

161. – Man vergleiche mit dem modernen Selbstabschluß des Subjekts den großen kosmosophischen Entwurf, den Gottfried Wilhelm Leibniz vorlegte: Auch die unteilbaren Seelen oder Geister, die »Monaden«, aus denen bei Leibniz das Universum besteht, sind abgeschlossen. Sie haben, nach einer berühmten Formulierung der *Monadologie* (§ 7), »keine Fenster«. Und dennoch haben sie alle an der intuitiven Gesamtschau des Universums, wie sie Gott eignet, nachschaffend teil. Jede Monade ist auf ihre mehr oder minder vollkommene Weise ein immerwährender lebendiger Spiegel des Universums. Das Wesen des Spiegels ist es, die Welt in sich entstehen zu lassen, ohne deswegen aus sich heraustreten zu müssen.

Was die Aufklärung suchte, war einerseits ein Begriff von Vernunft, der das Subjekt als Spiegel der Welt dargestellt hätte. Andererseits ließ sich die Spiegel-Metapher nicht in den Rahmen eines Konzepts von Autonomie einpassen, das den Menschen aus allen metaphysischen Bezügen herausbrechen sollte. Wenn wir Spiegel sind, dann deshalb, weil wir im Zustand der Gnade verharren dürfen. Obwohl ganz in uns selbst eingeschlossen, gefiel es doch der Weisheit und Güte, der Liebe Gottes, uns aus dem Bewußtseinskerker zu befreien, indem er unsere subjektive Welt ein – wie auch immer unvollkommenes – Abbild der objektiven Welt sein ließ. Wir selbst sind ontologisch blind, es sei denn, wir werden, sobald uns etwas von der Welt dämmert, ihr schon entgegengehoben.

Derlei »Theologeme« läßt die Aufklärung nicht gelten. Doch sie hat keine rettende Alternative. Akzeptieren wir ihre Vorstellung von Vernunft und Autonomie, dann bewegen wir uns als intelligible Wesen in der Nacht: Wir bewegen uns selbständig, aber wir wissen nicht, wohin wir treten, was wir finden und welche Bedeutung es hat, überhaupt einen Schritt zu tun. Wir wissen es praktisch, doch wir haben keine Ahnung, was das Praktische vom Standpunkt der Wahrheit aus bedeutet – von jenem göttlichen Standpunkt aus, dem die Dinge jenseits des Reichs der Sorge, der Zwecke und Interessen erscheinen; jenseits der Zeit, die uns bindet. Wir rumoren und lärmen im eigenen Dunkel. Das ist das Unvernünftige an unserer Art, vernünftig zu sein.

Welchen Ausweg gibt es aus dieser Situation? Die Antwort lautet: Keinen, solange der Selbstabschluß des Subjekts nicht rückgängig gemacht wird. Da freilich hört das aufgeklärt mißtrauische Ohr gleich die Empfehlung durch, sich wieder mythisch zu engagieren. Sollen wir in den Schoß des Glaubens zurückkehren, um wieder wahrhaft vernünftig zu sein? Und um als wahrhaft Vernünftige einer – wie auch immer schattenhaften – Erkenntnis der wahren Welt teilhaftig zu werden? Ausgeschlossen, konstatiert der aufgeklärte Mensch, konstatieren wir alle. Denn erstens ist ein durchschauter Mythos keiner mehr, zu dem man zurückkehren könnte. Zweitens aber würde eine Rückkehr zum Mythos die Preisgabe unserer schwer errungenen Mündigkeit bedeuten, unserer Autonomie.

Das gute und das schlechte Schweigen

162. – Die kreisenden Sterne und der Schmutz, der erlöst wurde: das ist die eine Seite. Die andere Seite ist, daß es seit Anbeginn eine Unschuld gab. Aus ihr erwuchs die Schönheit, wovon heute noch jedes wahrhaft schöne Ding zeugt. Vom Schmutz aber, vom Bösen, das erlöst wurde, zeugt das Erhabene.

Wäre seit jeher nichts als Unschuld dagewesen, es gäbe keine Welt. Was schön ist an den Dingen, geleitet sie zurück ins gute Schweigen. Das Erhabene hingegen drängt zur Sprache. Noch ist es zu groß, um benannt zu werden: Es verharrt im schlechten Schweigen. Mehr vermag auch die Erlösung nicht in dieser Welt.

163. – Er denkt über Gott und die Welt nach. Vor sich selbst gibt er sich bescheiden: »Ich rede nicht von den letzten, ich rede nur von den vorletzten Dingen.« Dabei ist es sein ganzes Glück, von den letzten Dingen reden zu können. Er ist abhängig von den *Namen* der letzten Dinge. Was würde er ohne sie machen, wohin sollte er ohne ihren Beistand fliehen?

Freilich, je umfangreicher der Pack seiner Notizen wird, je öfter er die Namen wiederholt, um so weniger passen die einzelnen Stücke zusammen. Versucht er die Szenerie zu überblicken, dann stößt er auf lauter Einzelheiten, die einander blockieren und widersprechen. Es wird ihm rasch zur Gewißheit, daß, wie lange er auch weitermachen, wie tief er auch dringen, wie weit er auch ausholen mag, er doch niemals auf einen Sinn stoßen oder zu einer Lösung gelangen wird. Er ist aber nicht verzagt. Die Namen der letzten Dinge lassen sich in kein Schema, kein System der Vernunft zwängen, die Sache der letzten Dinge ist unabschließbar. Mit den letzten Dingen läßt sich weder ein Staat machen noch ein Beweis führen.

Ein Gott, der nicht vollkommen anwesend ist, kann ebensowenig gedacht werden wie einer, der nicht vollkommen abwesend ist. Auf diese Weise, denkt er und freut sich, fällt ein Licht auf alle Dinge der Welt, die vorletzten, die vorvorletzten und so weiter bis hin zu den nichtigsten und periphersten. Alle Dinge gründen in den letzten, noch das trübste, schmutzigste Sein ist göttlich. Alle Dinge sind, wie das Göttliche selbst, von hier und sind doch von hier aus gar nicht zu fassen. Und so erst tut ein jedes sich auf und ist, als Aufgetanes, ein Kosmos, eine Seele. Er fühlt sich geborgen im Schlechten.

164. – Und die Zersplitterung rund um die Namen – ist nicht auch sie ein Teil des Letzten? Ist nicht auch das Antlitz Gottes, das weltgründende, weltseiende, das grenzlos weltenthobene Antlitz, ein Flirren, ein Rauschen, ein schwarzer Stein? Es gibt das Gesicht, das für immer zur Wand gekehrt bleibt. Es gibt etwas noch unterhalb der Verzweiflung. Dort hilft kein Name mehr. Die, die es jemals gefühlt haben, sind nicht mehr zum Sprechen zu bringen. Sie sterben bald, oder sie leben fort wie Büchners Lenz, als Tote. Ihnen entzieht sich nichts mehr, für sie ist alles endgültig von hier und daher bis zum Wahnsinn irreal. Die Leere des Lebens ist unendlich geworden. Die Wesenlosigkeit der Welt ist so groß, daß der Selbstmord keine Heilung bringen könnte.

Es gibt den Punkt, an dem auch die Beschwörung der letzten Dinge versagt. Das ist der Punkt des Glaubens. In ihm ballt sich alles gegen die endliche Vernunft. Die Irrationalität wird so dicht, daß sie keine menschliche Einsprache duldet. Die Menschheit hat aufgehört zu existieren; es gibt nur noch den gläubig Vereinzelten und das, wovon er sich durch keine Macht der Welt abbringen läßt. Er ist versunken in den Anblick des anderen, in Lenz, von dem der Dichter sagt: »So lebte er hin.« In diesem anderen möchte er ruhen; dort, nicht in den Namen, wird er finden, wonach er sucht, dort oder nirgendwo.

Die Utopie der Menschheit

165. – Das Problem der Ökumene reicht tiefer, als die Freunde einer Menschheitsreligion zuzugeben bereit sind. Falls wir es nicht ohnedies mit unseresgleichen, das heißt mit Christen, zu tun haben, lassen unsere Friedensaktivitäten die Glaubensdinge der anderen zu »kulturellen Angelegenheiten« verflachen. Diese erscheinen uns deshalb als unantastbar, weil ihr Wahrheitsgehalt gar nicht zur Diskussion steht

– weil sie uns im Grunde gleichgültig sind. Aber der Blick, den wir auf die Götter der anderen werfen, läßt unsere Einstellung zur eigenen Glaubenstradition keineswegs unberührt. Unsere eigene *heilige* Geschichte und die darin verwickelten Personen dulden nichts ebenbürtig Fremdes neben sich. Das Bewußtsein des antiken Polytheisten ist nicht das unsere. Als Christen sind wir dazu angehalten, die Welt bis in den letzten Winkel zu missionieren, oder wir beginnen dem Unglauben Vorschub zu leisten. Unser Gott duldet keinen zweiten neben sich, in *seinem* Namen darf keine Ökumene veranstaltet werden. Aber in wessen Namen dann? Die Antwort scheint klar: im Namen der Menschheit, in unser aller Namen, die wir uns, endlich, als friedliches Kollektivsubjekt begründen wollen.

Unser Gott oder die Menschheit – ist das die Alternative, vor der die ökumenische Bewegung steht? Ja, sagen die Fundamentalisten des Glaubens, und sie fahren fort: Deswegen sind wir bedingungslos gegen die Menschheit!

166. – Man kann dem Christentum vorwerfen, daß es der Sorge um die jeweils eigene Seele zuviel Gewicht beigemessen hat. Die Gefahr, in die Hölle zu kommen, wenigstens aber das Heil zu verfehlen, war allgegenwärtig. Die ernsthafte Anstrengung, der Gefahr zu entgehen, mußte zur Selbstsucht führen. Der christliche Typus ist der des selbstsüchtig Glaubenden. Doch kennt das Christentum auch die Pflicht zur Selbstvergessenheit. Indem die aktive Nächstenliebe zu einem Postulat des gottgefälligen Lebens wurde, konnte die Selbstsucht, in der Gestalt des selbstvergessen karitativen Handelns, zur Tugend werden. In diesem Lichte werden alle guten christlichen Werke getan. Das Licht des Himmels ist das noch nicht; noch ist der einzelne nicht befähigt, *ganz* von sich abzusehen, sich zu verlieren und das Seine *unbesorgt* zu tun.

Der Übergang freilich von der christlich gebundenen zur

konfessionslosen Menschheitsmoral bringt keine Rettung vor der Selbstsucht, im Gegenteil. Zwar ist die Hölle verschwunden und damit die Sorge um das ewige Leben der Seele. Dafür kreist die Sorge jetzt unaufhörlich um die rechte Befriedigung der eigenen Interessen hierorts. Als moralischer Standpunkt, auf den sich die ganze Menschheit verpflichten könnte, läßt sich heute kein anderer denken als der des Utilitarismus. Langfristig muß die Welt so eingerichtet werden, daß sie, im Rahmen des überhaupt Möglichen, ausnahmslos jedem nützt. Die allgemeinste und fundamentalste Bewertungsgrundlage des Lebens sind – unter der für alle gleichen und daher einzig greifbaren Voraussetzung einer strikt *postmetaphysischen* Rationalität – die Interessen der einzelnen. Das fördert den Menschen, dem die Selbstsorge zum Inbegriff des Sorgens und Besorgtseins wird. Was immer er tut, er tut es für sich selbst. Auch wenn er über das Universum nachdenkt, vergißt er sich selbst nicht: »Und was hat das Ganze nun *mir* zu sagen, in welchem Bezug steht es zu *meiner* Befindlichkeit und *meinen* Horizonten?«

Dieser Mensch wirkt beschränkt und häßlich, »böse«, auch wenn ihm moralisch nichts vorzuwerfen ist. Er macht trostlos. Man lauscht und blickt, man hofft, eine *andere* Stimme zu hören, und hört doch immer nur die schlechte eigene, die egozentrisch verschlossene Stimme. In ihrer Nähe bleibt alles in der Ödnis und Lächerlichkeit und Sinnlosigkeit der Interessen befangen, ist der Glanz des Himmels trübe geworden. Man kommt nicht los von sich selbst, man ist unerlösbar. Und eben das ist die Utopie der Menschheit?

Die Menschheit als solche, als »autonomes kollektives Subjekt«, hat keine andere Utopie. Deshalb ist sie, im buchstäblichen Sinne des Wortes, *nicht* zu verwirklichen. Die solidarischen einzelnen würden es nicht ertragen, sich immerfort gegenseitig gespiegelt zu finden. Schon bald würden sie in den anderen die eigene Lichtlosigkeit mit Bränden des

Hasses zu löschen versuchen. Um zum Licht zu gelangen, wäre ihnen schließlich jede nur denkbare Finsternis recht.

167. – Wir, die Bewohner der wohlhabenden Welt, wissen, daß wir nur überleben können, wenn wir unsere Interessen wahren, das heißt, Millionen und aber Millionen Habenichtse darben lassen. Wir werden niemals bereit sein, selbstlos zu teilen und aus freien Stücken arm zu werden, mitzuhungern, mitzusterben.

Unsere Hilfe wird die verhungernde Welt vielmehr in zwei Lager teilen: in das Lager derer, die wir auf unser Boot zu holen bereit sind, und in das all der anderen, die wir untergehen lassen. Nur so werden wir gut sein *und* gleichzeitig unsere Interessen wahren können. Auch das erledigt die Idee der Menschheit als einer möglichen politischen Realität.

168. – Wie soll die künftige Weltordnung aussehen? Die Beantwortung dieser Frage schließt, beim Stand der Dinge, die Beantwortung folgender Frage mit ein: Wen alles sollen wir untergehen lassen? Schon deshalb möchte man an der Errichtung einer künftigen Weltordnung nicht beteiligt sein. Man sträubt sich mit Entsetzen gegen das Ansinnen, sich auf das Niveau einer Rationalität zu begeben, die hier eine »vernünftige« Antwort erlaubte.

»Aber solltest du nicht doch, im Namen der Menschheit...?« Nein.

169. – Mündigkeit!
Welche Art von Mündigkeit? Die Mündigkeit desjenigen, der sich, zumindest prinzipiell, befähigt sieht, die Idee der Menschheit in die Tat umzusetzen? Jener hat zu entscheiden, welcher Teil der Menschheit geopfert werden muß. Er wird gewiß argumentieren: »Es können nicht alle gerettet werden. Was immer wir auch tun: Solange wir selbst leben wollen, ist es unmöglich, alle anderen zu retten. Also ist es unsere

Pflicht zu entscheiden, welchen Teil der Menschheit wir retten.« Sollen wir ganz Afrika retten, oder ist es nicht vernünftig – und moralisch legitim –, einen Teil Afrikas, den schwächsten, der sich niemals selbst wird helfen können, sterben zu lassen?

Man möchte keinesfalls an jeder Art von Mündigkeit teilhaben.

170. – Wie könnte der wahrhaft menschheitsreligiöse Gott aussehen? Kein Rest eines Mythos, dessen Substanz nicht völlig allgemein wäre, dürfte dem Menschheitsgott beigemengt sein. Jahwe, Allah, Vishnu – sie sind in dieser Hinsicht keine tauglichen Götter. Ihre Aura hat sich an bestimmten historischen Orten entfaltet, und ihre Autorität hängt an der Eigentümlichkeit jener Kulturen, in denen sie verehrt werden. Ihr kleinster gemeinsamer Nenner ist zuwenig, um das Gottesbild einer einzigen und einigen Menschheitsreligion zu formen.

In der Überblendung und Durchdringung der Weltreligionen zeigt sich nicht die wahre, die universale Gestalt Gottes. Es entsteht vielmehr ein verblasenes, konturloses Wesen, zusammengesetzt aus den paar abstrakten Zügen, »die wir alle verehren«. Von diesem Wesen weiß man bloß, daß es die Liebe ist, die Wahrheit und die Gerechtigkeit. Im übrigen bleibt es ebenso unverbindlich, wie es untauglich ist, zum Gegenstand der Anbetung zu werden.

Mit Schaudern stellt man sich die höchst diplomatische Ausgestaltung seiner Kultstätten vor. Sie alle unterstünden einem UNO-Hochkommissariat für Glaubensfragen.

171. – Nicht der UNO-Hochgott kann bestimmen, wie die Menschheit zu sein habe, sondern die Menschheit bestimmt, wie ihr Gott auszusehen hat. Der Gott der Ökumene muß multikulturell und diskursiv »verflüssigt« sein. Damit aber ist er überflüssig. Die Moral, die sich die ganze Menschheit selbst zu geben vermag, bezieht ihre Autorität daraus, daß sie *autonom*, aus freien Stücken und nach bestem Wissen und Gewissen angenommen wird. Ihre zusätzliche Fundamentierung im Metaphysischen würde entweder ihre Autonomie – und damit die Quelle ihrer Autorität – untergraben oder mangels konkreter Glaubensinhalte eine leere Geste bleiben. Der UNO-Hochgott könnte also bestenfalls ein ornamentaler Gott sein, der keine andere Aufgabe hätte, als der mündigen Menschheit nach dem Munde zu reden.

172. – Die tolerante Menschheit sagt: »Soll doch jeder zu seinem Gott beten und sich nicht in die Glaubensangelegenheiten seines Nachbarn mischen.« Das bedeutet, daß die Menschheit, als Subjekt des Glaubens, gottlos bleibt. Sie selbst ist das ökumenische Absolutum und nimmt als solches nicht teil an der bunten, friedlichen Runde der Religionen. Dort gilt der Grundsatz: »Vor dem Tribunal der toleranten Menschheit dürfen wir keinen Anspruch auf Wahrheit erheben. Wir sind Folklore, unsere Götter sind relativ.«

Der als relativ begriffene Gott ist derjenige, der aufgrund seines toleranten Wesens zu existieren aufhört. Vor dem Tribunal der Menschheit sind alle Götter Sinnbild – man weiß nicht wofür. Daher sind sie alle inexistent.

173. – Der *lebendige* Gott schließt mit der toleranten Menschheit keinen Bund. Alle Götter mögen Gleichnisse sein, er jedoch ist, was er ist. Er ist absolut und universell. Die Religion, die in seinem Namen auftritt, kann nur ein Ziel haben: sich die ganze Welt untertan zu machen, noch den letzten heidnischen Winkel zu missionieren. In der Wahl der Mittel mag man, nach Zeiten großer Brutalität, empfindsam und diplomatisch geworden sein; das Ziel der Agitation aber bleibt das gleiche. Es handelt sich, christlich gesprochen, um die Kreuzzugshaltung. In ihrem Zeichen hat das höchste Ideal der Menschheit, der ewige Friede, Gültigkeit nur als

Teil oder Gleichnis eines viel Größeren, Unbedingten – als Teil der Erlösung.

174. – Nun wird uns jedoch der Standpunkt der Erlösung immer fremder. Denn einerseits reichen seine Wurzeln in eine religiöse Vorstellungswelt, die uns heute in ihrer Profanität abstößt. Da geht es um handfeste Transaktionen zwischen Gott und den Seinen, um Lösegeld und Auslösung. Andererseits deutet der Erlösungsgedanke auf eine Grundbefindlichkeit, die uns überspannt und lebensfeindlich anmutet: Wir wollen nicht von der Lust, vom Fleisch, vom Hier und Jetzt erlöst, wir wollen nicht aus dem Kerker der Materie befreit werden! Der rechte Glaube soll uns zu Taten und Gesinnungen führen, die es uns schließlich ermöglichen werden, die Welt *jenseits* eines jeden Erlösungshorizontes zu bejahen.

Der Standpunkt der Erlösung rückt den einzelnen in eine weltferne Perspektive zur Welt. Darin liegt eine Distanz beschlossen, die durch kein noch so tüchtiges Solidarsubjekt Menschheit verringert werden kann: Die Welt wird, solange die Zeit währt, Fremde bleiben. Ihre Umgestaltung zur Heimat des Menschen ist nur von außerhalb denkbar, von dort, wo die Austreibung aus dem Paradies ihren Ursprung hat. Denn nur von dorther kann das Böse, das bisher unwiderruflich geschah, wieder zurückgenommen werden.

So indessen begreifen die Erlösungswilligen des Westens, die sich im Wohlstand unbehaglich fühlen, ihre exzentrische Weltlage *nicht*. Man will, mittels welcher Glaubenstechniken auch immer, die »Große Einheit« erfahren, um sich im Leben harmonisch zu situieren. Man will sein Nicht-von-hier-Sein realisieren, um desto besser von hier sein zu können.

175. – Erlösung im wörtlichen Sinne, Erlösung vom buchstäblichen Hier und Jetzt, wie sie der modernen Weltfluchtfraktion dringlich scheint, ist Bestandteil weniger einer religiösen denn einer ästhetischen Haltung. Es handelt sich um eine künstliche, eine Artisten-Erregung angesichts der Verpfuschtheit des Ganzen. Wie einst von der christlichen Gnosis, so wird auch nun wieder der Schöpfergott angeprangert. Er sei ein böser Demiurg, jedenfalls unfähig, eine gute Schöpfung einzurichten. Doch ganz im Gegensatz zu den Verzweifelten und endzeitlich Erregten der ersten nachchristlichen Jahrhunderte haben unsere Neognostiker keinerlei Ehrgeiz, sich praktisch als Weltflüchtige zu betätigen. Sie leben nicht in strenger Askese, sie wälzen sich nicht gleich den Ophiten in ihrer eigenen Wollust, sie eifern ernsthaft weder Gott noch dem Teufel nach; sie schreiben Bücher unter der prägenden Kraft eines hohen Stilbewußtseins.

Die Autoren, die unter den geistesklimatischen Bedingungen der Moderne nicht müde werden, den Weltkerker zu verfluchen, sind keine gläubig Verstörten. Ihre Gebrauchsweise des gnostischen Inventars hat eine religiöse Funktion nur insofern, als es um die Erzeugung eines *Tons* geht – eines Tonfalls, der sich an der Wucht des Biblischen und, allgemeiner, an einer heute nicht mehr vorfindbaren Stimmung der Gottesnähe orientiert.

Vom religiösen Standpunkt aus ist im Neognostizismus fast alles eitel Spiel. Dieses erscheint um so verächtlicher, als es glaubenslos die Geheimnisse und Reichtümer des alten Glaubens ausbeutet, bloß um einen ästhetischen Kitzel vor herbeigeschriebenen Abgründen zu erzeugen.

Ostern 1994

176. – Pascal: »Gegen die reden, die zu sehr in Sinnbildern machen.«

Als Jesus am Kreuz hing, schrie er um die neunte Stunde auf: *Eli, Eli, lema sabachtani*, »Mein Gott, mein Gott, warum hast du mich verlassen?«. Von dieser Stelle des Evangeliums heißt es bei Rudolf Bultmann, sie sei eine »sekundäre Interpretation des wortlosen Schreis Jesu«, wozu Hans Blumenberg in seiner *Matthäuspassion* lakonisch bemerkt: »Nichts also hat er gesagt.«

Aus einer konsequent ökumenischen Sichtweise des Christentums liegt Bultmanns Interpretation nahe. Wenn der Messias in Wahrheit gar nichts gesagt hat, dann besteht eine gute Chance, religiös paktfähig zu bleiben. Auf das Schweigen Gottes wird man sich als auf das, wodurch dogmatisch nichts ausgeschlossen ist, wohl einigen können. Freilich werden dadurch alle religiösen Gehalte ins Sinnbildhafte abgedrängt und aufgelöst. Wofür steht der »Eli, eli«-Schrei des Jesus von Nazareth, wenn er überhaupt nicht stattgefunden hat oder, extremer noch, wenn es für die religiöse Bedeutung der Oster-Erzählung gleichgültig ist, ob er stattgefunden hat? Geht man davon aus, daß bei konsequenter Durchschreitung des biblischen Weges in ökumenischer Absicht schließlich alle zentralen Stellen der Heilserzählung sinnbildlich aufgefaßt werden müssen, dann liegt das Ergebnis nahe: Das Heil ist das Heil, nicht mehr und nicht weniger, ein unbeschriebenes Blatt, eine Leerstelle.

Wer und was immer der lebendige Gott sein mag, gewiß ist, daß er jenen, »die zu sehr in Sinnbildern machen«, fremd bleiben, ja – vor dem Hintergrund menschheitsreligiöser Ambitionen – zum Ärgernis werden muß. Der historisch und lokal gebundene Gott kann mit dem Universalismus des Weltbürgers nicht mithalten.

Dagegen jedoch zeigt sich der religiöse Instinkt widerständig. Der Sinn der heiligen Texte ginge verloren, wenn alles in ihnen, was nicht historisches Faktum ist, bloßes Sinnbild wäre. Wenn *alles* Zeichen ist, dann wird auf nichts mehr verwiesen. Die heiligen Texte erfordern die reale Gegenwart Gottes oder des Göttlichen. Gläubig zu sein heißt, aus dieser Gegenwart heraus zu existieren (und nicht auf die Präsenz von Zeichen, die ins Leere zielen, beschränkt zu bleiben).

Aber *wo* in den Texten durchbricht Gott den Schleier der

Zeichen und gibt so erst den Sinnbildern das *fundamentum in re*, die absolute Realität, auf die sie sich beziehen? Ist es Gott selbst, der ans Kreuz genagelt wird und nun in Gestalt eines Menschen leidet – und derart, als Sohn, nach seinem himmlischen Vater ruft –, oder schreit hier einer, der nichts weiter ist als ein Mensch, jemand, der uns *bloß* ein Sinnbild gibt? Aber ein Sinnbild wofür? Die Not des Gläubigen angesichts solcher Fragen ist, beim heutigen Stand des Wissens und der Quellenkritik, offenkundig. Was soll man antworten? Vielleicht – am besten – nichts. Doch das ist keine Antwort.

177. – Neuerdings bezichtigt man den Schriftsteller Botho Strauß, ein Vertreter des intellektuellen Rechtsradikalismus zu sein und daher mitschuldig am Wiedererstarken des Antisemitismus in Deutschland. Vor dem Hintergrund einer erst kürzlich niedergebrannten Synagoge lähmt die Bezichtigung; sie läßt ausgerechnet jene mit dem Widerspruch zögern, die noch nicht blind sind vor Haß oder Angst.

Botho Strauß ist ein deutscher Dichter *unserer* Generation – einer Generation, die wie keine zuvor das demokratische Leben befestigt und den Rassismus bekämpft hat. Die Hoffnung dieser Generation war es, sich eine respektable Vergangenheit zueignen zu können, »weder dürftig noch blutig«, und vielleicht sogar einen nationalen Ort, der durch öffentliche Tugendhaftigkeit und innere Gerechtigkeit ausgezeichnet wäre.

> Was vor uns war und was wohl noch kommen wird,
> es braucht das gute Gewissen und das Beispiel von
> Menschen, die nichts zu bereuen haben. Es braucht
> ihre Kraft, Waagbalke zu sein zwischen der Früheren
> Schuld und der Späteren Kahlheit, zwei Schalen
> Geschlechter, nach vorn und zurück, geradehin auszugleichen,
> achtend, daß nicht die Schuld um so leichter wiege als die
> Furcht schwerer.

Wer aber die schlimmen Taten der Väter dazu benützt, um aus den Söhnen und Töchtern ein ewig Volk von »Trauerarbeitern« zu machen (eine Masse von Sühnenden ohne Sühnebedürfnis, deren ritualisierte Selbstbezichtigungen Symptome einer Angstneurose sind), der muß mit schlimmen Ausbruchsbewegungen rechnen. Niemand läßt sich auf Dauer zur Würdelosigkeit anhalten. Ein Volk, das keine Geschichte haben darf – es sei denn die seiner Nichtswürdigkeit –, wird über kurz oder lang einen tiefen Groll gegen jene hegen, die sich ihm als die Feinde seines Erneuerungswillens darstellen. Dabei spielt es kaum eine Rolle, ob die Identifizierung wahnhaft ist oder nicht, die Folgen werden auf jeden Fall barbarisch sein.

Ein dunkler Ostertag. Man möchte am Ereignis der Auferstehung teilhaben, aber nichts mehr scheint davon wirklich berührt. Die Kirche ist zu einer moralischen Anstalt geworden, sie schwätzt: die Liebe, die Menschheit, die Menschheitsethik, die Brüder und Schwestern rund um den Erdball... Als ob wir zum Leben nicht die Gewißheit brauchten, daß das »Humane« nicht das Letzte ist! Auch die Geschichte ist nicht das Letzte. Das Kreuz, auf das der Menschensohn genagelt wurde, um zu sterben, hat keinen Platz innerhalb der Geschichte. Jesu Passion ist weder moralisch noch historisch. Sie befreit uns von dem Alpdruck, alles werde hier verhandelt: das ist der Sinn der Auferstehung auch für die, die gläubig sind, ohne einen Glauben zu haben.

178. – Es gibt eine ökumenische Auffassung von Moral; sie lautet: »Gut ist, was alle Menschen, *recht bedacht*, für gut halten.« Hier ist das moralisch Gute diejenige Gewißheit, die sich bei jedem Menschen einstellt, sobald er über eine moralische Angelegenheit nachdenkt und auf dem Wege vernünftiger Argumente zu einem vernünftigen Ergebnis gelangt. Die Vernunft bindet alle Menschen, und sie bindet auch Gott. Deshalb lehrt die ökumenische Moraltheologie, daß

Gott das Gute wolle, weil es gut sei. Dieser Auffassung zufolge kann Gott nicht bestimmen, was gut ist. Gottes Wille gerät mit der Vernunft nicht in Konflikt, weil Gottes Wesen so geartet ist, daß aus ihm heraus keine Aktivität entstehen kann, die nicht zugleich ethisch und vernünftig wäre.

Es ist offensichtlich, daß die ökumenische Auffassung von Moral die Existenz Gottes nicht voraussetzen muß. Primär ist das Gute, das heißt die vernünftig begründbare moralische Evidenz. Wittgenstein hat eine solche Auffassung von Moral gelegentlich als flach verworfen, weil sie davon ausgeht, daß das, was gut ist, von den Tatsachen abhängt – davon, wie die Welt beschaffen und wie das Interesse der Menschen gelagert ist. Demgegenüber vertrat Wittgenstein die Ansicht, daß das Gute mit den Tatsachen nichts zu tun habe; daß das, was gut sei, dies unabhängig davon sei, wie die Welt und die Menschen in ihr gerade ausschauten. Folglich könne das Gute auch nicht unter Berufung auf Tatsachen begründet oder erklärt werden.

Wittgenstein hielt, wie Kierkegaard, folgenden ethischen Standpunkt für den richtigen: Es ist nicht so, daß Gott das Gute will, weil es gut ist, sondern das Gute ist vielmehr deshalb gut, weil Gott es will; »gut ist, was Gott befiehlt«.

Vom irreligiösen Standpunkt aus, der unsere Zeit kennzeichnet, wird damit die Moral zu einer Sache des Schweigens. Was ist es, das Gott uns befiehlt? Wir wissen es nicht. Wir können Gottes Stimme nicht mehr hören. Und unsere Heilige Schrift ist bloß eine unter vielen; die in ihr niedergelegten Gebote sind daher bloß mögliche – anderswo gibt es andere. Paradoxerweise verschwindet dadurch das moralische Problem im Sinne Wittgensteins – im Sinne des gläubigen Menschen, der keinen rechten Glauben hat – nicht; es verschärft sich. Die Moral ist der Welt fortan als Schweigen eingesenkt. Daß uns *nicht* gesagt wird, was wir tun sollen, macht uns erst deutlich, daß unsere moralischen Intuitionen einen Grund haben, der innerhalb der Welt gar nicht zu finden ist.

179. – Aber auch ich spiele nur mit der Idee des Glaubens. Ich spiele mit der Idee eines Lebens, das aus dem Glauben erwüchse – eines *ganz anderen* Lebens, das mich befähigte zu erkennen, was gut und was böse ist, und mich dann auch befähigte, das Gute zu *tun*. Aber man hat ja keine Ahnung, wie aus dem Spiel jemals Ernst werden sollte.

Der mögliche Ernstfall beleidigt meinen Stolz: Verlangt der ernsthafte Glaube nicht eine Art von Unterwerfung, die man als denkender Mensch niemals aufrichtig wird vollziehen können? Und beleidigt fühlt sich mein ganzes Wesen: Wie sollte ich all die Fragen, die mich im Unglauben festhalten, ehrlichen Herzens aus den Augen verlieren und vergessen?

Niemand wird darauf hoffen wollen, durch einen Gnadenakt ein Dummkopf zu werden.

Bei geschlossenem Fenster

180. – Weltweit sind etwa zwanzig Millionen Menschen auf der Flucht. Viele von ihnen sind verloren.

Vom Standpunkt der Untergehenden aus kann nur eine einzige Handlungsweise derer, die in Sicherheit sind, als hilfreich erscheinen: nämlich der Versuch, zu retten oder jedenfalls die Not zu lindern.

Vom Standpunkt der Untergehenden aus erscheint jede intellektuelle oder künstlerische Stellungnahme, die nicht darauf abzielt, zu retten oder die Not zu lindern, als grausam.

Stell dir vor, während du über das Elend der Welt schreibst, sind die Elenden draußen, vor deinem hellerleuchteten Fenster, und während sie sterben, neigst du dich ihnen innerlich zu: Du findest bewegende Bilder für ihre Lage, aber dein Fenster bleibt geschlossen. Nur bei geschlossenem Fenster kannst du dich denen, die draußen untergehen, zuwenden. Fast hast du Mitleid mit dir selbst, denn deine Hilflosigkeit ist eine Folge deines Engagements. Ließest du die Massen der Elenden durch dein Fenster ein, herein in dein hellerleuchtetes Zimmer, du könntest dich ihrer nicht anders erwehren als dadurch, daß du Reißaus nimmst. Du möchtest jedoch Anteil nehmen am großen Elend, weinend möchtest du Anteil nehmen.

Stell dir vor, die da draußen gehen unter, und dabei sehen sie dich durch dein Fenster, wie du über deinen Schreibtisch gebeugt sitzt und weinst; und sie wissen im Augenblick ihres Untergangs: Dein Mitleiden ist abhängig davon, daß dein Fenster fest geschlossen bleibt...

181. – Ein Erinnerungsprogramm mit dem Titel *Das Lachen der 68er*: Der Kabarettist von damals hat heute »keine Lust mehr«, sich über Hunger und Tod Gedanken zu machen.

Der Lebenskristall

182. – Die Halbwüchsige schreitet einher, als ob durch sie die Welt ein neues Zentrum erhielte und nun, mit ihr, ein großer Wind aufkäme, der die alte, abgestandene Luft wegbläst. Ja, sie ist das Zentrum, um das sich alles dreht, jedes noch so verstreute Glühwürmchen leuchtet nur um ihretwillen. Wenn sie vorbeirauscht und dir geradewegs in die Augen schaut, dann steht da bloß eine Frage im Raum: »Was hast du mit mir zu tun, was gehst du mich an?« Wer oder was sie nichts angeht, hat auch schon aufgehört zu existieren. Die jungen Männer liegen ihr zu Füßen; sie lieben ihre kristallklare Rücksichtslosigkeit, sie beten zu den entferntesten Sternen darum, von ihr bemerkt zu werden.

Auch der etwas abseits stehende Beobachter ist fasziniert. Selbstbesessenheit, gepaart mit Jugend und Schönheit, überwältigt leicht. Ganz und gar wirklich scheint nur dasjenige

Wesen zu sein, das sich keinen Haarbreit in die anderen hineinverzettelt, weil es nicht den Schatten eines Zweifels an sich selbst kennt – eines Zweifels daran, daß seine schiere Präsenz *genügt*. Sind wir nicht deshalb von Unwirklichkeit durchsetzt, weil wir, kleinmütige Selbstzweifler, uns in ein endloses Netz von Bedingtheiten verstrickt haben? Weil wir nur zu sein scheinen, wenn uns die anderen zu sein gestatten – zu sein kraft ihrer wankelmütigen Anerkennung, ihres flüchtigen Interesses über einem Meer von Gleichmut? Doch der Beobachter verliert die Frage schnell wieder aus dem Sinn. Er weiß im voraus, wie die schöne junge Unbedingte enden wird: in der Banalität eines bestenfalls emanzipierten Alltags, vielleicht ein bißchen aufgeputzter als ihre Geschlechtsgenossinnen (die sie nicht mag), immer damit beschäftigt, an sich selbst und ihren Kindern (falls sie welche hat) etwas herzurichten, und stets auf dem Sprung, ihre jeweils aktuelle Ehe zu retten (was ihr mit wechselndem Erfolg gelingt).

Doch möchte der Beobachter bei der revanchistischen Befriedigung, die ihm sein Wissen gewährt, nicht stehenbleiben. Es ist nämlich auch ein Zug des Trostlosen an einer Welt, die ihre Lebenskristalle rasch stumpf und fleckig werden läßt. Da entsteht ein Verlust, der durch ein erhöhtes Maß an Mitgefühl nicht aufgewogen werden kann. Denn wir alle profitieren vom Licht der Kristalle wie von dem der entferntesten Sterne: Ohne die Versprechungen des Unbedingten und des Erhabenen mißlingt uns das Leben und wird uns alles »Demokratische«, alles durch gegenseitige Anerkennung Bedingte, verhaßt.

Wie schön könnte jene Halbwüchsige werden, wenn sie mit ihrer Glut, die sie nicht verströmen mag, ins Kloster ginge und sich einem Gott vermählte.

183. – Wenn einmal gerade nichts von Abschlachtungen aus Bosnien zu hören ist, dann von woanders her.

Bei den Stammeskämpfen in Ruanda sollen Hunderttausende auf zum Teil bestialische Weise ermordet worden sein. Abschlachtungen sind nach wie vor an der Tagesordnung. Freilich, als politisch durchschnittlich interessierter Zeitgenosse weiß man nicht genau, wer dort, im fernen Land, gegeneinander Krieg führt. Tutsi und Hutu, das sind bloß Namen. Man hört und liest von den Geschehnissen – doch die Anteilnahme, zu der man sich in der Lage sieht, bleibt gering.

Aber auch das Nicht-Anteil-nehmen-Können ist quälend. Die, die dort morden und sterben, sind Menschen wie wir. Daß wir von ihnen wenig wissen, hat moralisch keine Relevanz.

Man kann nichts tun, so wird man leicht literarisch.

Man kann natürlich schweigen. Aber diese feine Geste, die feinste unter den wirkungslosen, ist nicht schon deshalb das Bessere, weil sie nicht irgendein anderes Schlechtes ist.

»Man muß in die Kirchen gehen, tief hinein, und beten.« Dazu ist anzumerken: Selbst jene von uns, die aufrichtig glauben, beten unterdessen zu einem Gott, der viel zu *human* ist, als daß Ruanda noch seine Angelegenheit sein könnte.

184. – Meldungen:
Die Flüchtlingsmassen Ruandas werden durch den Ausbruch der Cholera rasch dezimiert; man weiß nicht, wohin mit den Toten, die Massengräber sind zu flach.

Auf dem Jupiter wüten infolge des Einschlags riesiger Kometen Feuer und Beben. (Ähnlich mag es hier, auf der Erde, vor Millionen von Jahren gewesen sein; hier gab es allerdings schon blühendes Leben auf dem Land und in den Meeren, bevor fast alles zugrunde ging.)

Eine große Gleichgültigkeit scheint in den Ereignissen zu walten. Woher sollten wir den Mut nehmen, nach einem Gott zu suchen, der ihr entspräche – der zwar nicht die Gleichgültigkeit wäre, aber immerhin so gewaltig und für unser schwaches Empfinden so gewalttätig, daß er ihr gerecht zu werden vermöchte.

185. – »Denn ist es nicht klarer als der Tag, daß wir in uns die untilgbaren Spuren der Größe fühlen? Und ist es nicht ebenso wahr, daß wir stündlich die Wirkungen unserer beklagenswerten Seinslage erweisen? Wovon klagen diese Wirrnis und diese furchtbare Verwirrung so gewaltig, daß es unmöglich ist, diese Stimme zu überhören, wenn nicht von der Wirklichkeit dieser doppelten Seinslage?« Die Seinslage des Menschen, von der Pascal in den *Pensées* spricht, ist deshalb »doppelt«, weil Gott sich den Menschen anfänglich zum Bilde schuf, ihn dann aber, nach dem Sündenfall, aus der Vollkommenheit stürzte und den wilden Tieren ähnlich werden ließ.

Wie alle mythischen Erzählungen, so verschärft auch die christliche das Problem, zu dessen Lösung sie führen sollte. Die Frage, wie das Böse in die Welt kam, wird durch den Sündenfall der ersten Menschen nur vordergründig beantwortet. Denn warum ließ Gott das Böse überhaupt zu? Darauf gibt es keine gute Antwort, das heißt keine solche, die nicht entweder das Ansehen Gottes verringert oder Gott als Mitverursacher des Bösen schwer belastet. Wenn Gott den Eintritt des Bösen nicht wollte, dann hätte er ihn verhindern müssen; wenn er ihn aber nicht verhindern konnte, dann gibt es eine andere Macht, die stärker ist als er – den Teufel, der stets das Böse will, jedoch nicht, wie Goethes Mephistopheles, stets das Gute schafft. Oder ist Gott, zumal in der alttestamentarischen Gestalt Jahwes, das, wofür ihn viele christliche Gnostiker hielten: der Teufel selbst? Ein entwickeltes religiöses Bewußtsein wird aus dem Kreis solcher

Fragen – dem ganzen Fragenkreis der Theodizee – heraustreten wollen. Dagegen hätte Pascal eingewandt, daß dann
dem Menschen die heilsnotwendige Erkenntnis seiner doppelten Seinslage verborgen bliebe. Pascal dachte sogar, einzig
die Anerkennung der widervernünftigen Erbsündenlehre
bewahre die Menschen davor, »sich entweder in dem innern
Gefühl, das ihnen von ihrer vergangenen Größe bleibt, zu
überheben oder sich in der Schau ihrer gegenwärtigen
Schwäche zu erniedrigen«.

Daran mag glauben, wer will oder muß – der Christ in
Verteidigung seines Glaubensbekenntnisses. Die religiöse
Haltung, die sich der magischen Zwänge und mythischen
Verstrickungen entledigt hat, gründet darauf, daß die Dinge
bisweilen in einer Weise *präsent* sein können, die durch keine
noch so tiefgreifende Erklärung aufzuhellen wäre. Diese Prä-
senz (*ekstasis*) ist für uns nicht immer spürbar, auch wenn wir
wissen, daß sie das göttliche Wesen der Dinge ausmacht.
Häufig, vielleicht die meiste Zeit unseres Lebens, sind uns die
Dinge bloß in praktischen Zusammenhängen gegeben: als
Ursachen, als Mittel zu Zwecken, als etwas, das unsere Interessen fördert oder behindert. Ihre Präsenz erschließt sich uns
erst jenseits der Lebenspragmatik, in Akten kontemplativen
Gewahrwerdens.

> Wie weit man auch blickt
> weder Blüten noch leuchtend verfärbtes Ahornlaub.
> Am Ufer
> nur eine riedgedeckte Hütte
> in der herbstlichen Abenddämmerung.

Das ist die Übersetzung eines berühmten japanischen *waka*,
eines Gedichts von Teika Fujiwara. Die Szenerie, die es beschreibt, gibt kein Rätsel auf. Nichts ist außergewöhnlich an
einer einfachen Hütte an einem Ufer, wo »weder Blüten noch
leuchtend verfärbtes Ahornlaub« zu sehen sind. Und doch
läßt uns dieses Bild – das Bild, das uns Teika vor Augen führt,

als ob es uns tatsächlich vor Augen stünde – die untilgbaren Spuren der Größe in uns fühlen.

Das hat wenig oder gar nichts mit unserer Fähigkeit zu tun, eine Erklärung für die Beschaffenheit der Dinge im Bild zu finden. Viel aber hat es damit zu tun, daß unser Gewahrwerden der Dinge zu ihrem Dasein gehört: Zu ihrer Präsenz gehört ein Blick, ein Bewußtsein, eine geistbegabte Innerlichkeit. Der Dichter verdeutlicht dies dadurch, daß er konkret Abwesendes (Blüten und Ahornblätter) als *Teil* der herbstlichen Abenddämmerung protokolliert. In dem maßgeblichen Kommentar von Sokei Nambô heißt es: »Wer nicht ›Blüten und leuchtend verfärbtes Ahornlaub‹ (die ästhetische Sphäre des positiven Seins) zuerst kennenlernte, wird auch nicht in der ›riedgedeckten Hütte‹ (der ästhetischen Sphäre des Nichtseins) verweilen können!«

Die Präsenz der Dinge, wie wir sie in der Kontemplation erleben, ist keine Illusion; sie ist nicht die Folge einer perspektivischen Verzerrung oder einer inneren Unordnung des wahrnehmenden Subjekts. Sie ist, ganz im Gegenteil, die Erscheinung des Dings an sich. Zu ihr gehört freilich der Blick, ohne den keine Präsenz statthaben könnte.

Und auf solche Weise haben wir an der Schöpfung teil: Darin, in der Verwobenheit von Blick und Welt, hinter der doch eine tiefe, letzte Einheit zwischen uns und den Dingen walten muß – eine Einheit, deren Gewahrwerden auch für die japanische Ästhetik den Moment der Vollkommenheit stiftet –, darin fühlen wir die Spuren unserer verlorenen Größe.

Aber wir fühlen auch unsere Wirrnis und Verwirrung. Das Heraustreten der Dinge aus dem Getriebe der Lebensnot, dem Blendwerk der Interessen und Affekte: das sind Sonntagsgaben. Sie gehören nicht zu unserem Alltag, in dem es keine Harmonie zwischen uns und der Welt gibt und wir mit uns selbst zerfallen sind. Wer uns weismachen will, daß derlei Wirrnis unseren menschlichen Zustand nicht auf eine niedere

Stufe herabdrückt, der befreit uns nicht von ihr, sondern macht uns höchstens zu ihrem Sklaven.

Nicht das Verblassen der mythischen Elemente des Christentums, zum Beispiel der Erbsündenlehre, bezeichnet einen kritischen Zustand unserer Menschlichkeit – nicht *deshalb* verfallen wir zwangsläufig der Hoffart und der Verzweiflung. Das Ziel des Teufels kann nur darin bestehen, eine Welt zu erzeugen, in der die Dinge durch ihre lückenlose Vernetzung mit dem Reich der Interessen nicht mehr zu ihrer Präsenz (*ekstasis*) gelangen. Der Blick, der die Dinge in den Stand des Anschaubaren erhebt und die Menschen befähigt, die Spuren des Göttlichen wahrzunehmen, ist der Hauptangriffspunkt des Teufels.

Der Triumph der Überlebenden

186. – Elias Canetti ist gestorben. Eine Überlebende: »Elias Canetti, von dem man fast vermutete, daß er nicht sterben werde, ist leider ›dem Tod erlegen‹.« Eine andere Überlebende: »Ich wüßte gerne, was jemand, der sein Leben lang gegen den Tod schreibt, in den Momenten denkt, wo der Tod kommt« (Zeitungszitate vom 19. August 1994).

Ja, das wüßte man halt gerne, was so einer, der sein Leben lang den Tod gehaßt hat wie den gefährlichsten aller Versucher, im Augenblick seines Sterbens denkt; aber das wird man nicht mehr erfahren. Und was zu befürchten war, nämlich daß er, der Todfeind des Todes, nie mehr sterben würde, hat sich nun doch als grundlos erwiesen. *Er ist erlegen.*

Der Triumph der Überlebenden, den Canetti so sehr verabscheute: Hier wird er von zwei hervorragenden Repräsentantinnen des »kritischen« Geistes, Autorinnen zumal, mit der größtmöglichen Kälte des Herzens als Nachruf gestaltet.

187. – »Der Teufel«: Ist es nicht eine billige Dramatisierung, den Begriff zu verwenden? Wer, der verständig und bei Sinnen ist, glaubt an den Teufel? Das Böse kommt in die Welt, weil viele Menschen böse sind und böse handeln. Es ist da mit der Lebensnot, der Verletzlichkeit, dem Fressen und Gefressenwerden. Es ist da mit dem Tod.

»Um das Böse zu erklären, brauchen wir nicht den Teufel; wir brauchen bloß die Wissenschaft: Biologie, Evolutionstheorie, Psychologie, Soziologie.« – »Nein. Die Wissenschaft macht uns bestenfalls verständlich, nach welchen Gesetzen das Böse funktioniert. Vom Bösen selbst weiß sie nichts.«

Man muß nicht buchstäblich an den Teufel glauben, um das Wort ernsthaft zu verwenden. Gedankenlos scheinen wir eher, wenn wir die Existenz des Bösen einfach auf die Schwäche und Bosheit des menschlichen Willens zurückführen wollen. Das nämlich macht uns glauben, es liege einzig bei uns, die Welt zu heilen. Aber sowenig wir den Tod besiegen können, sowenig werden unsere guten Werke auch nur eine einzige Spinne daran hindern, ihr Opfer auszusaugen.

Wir sollten erkennen, daß es nicht in unserer Macht steht, das Spinnen- und Schlangenhafte aus uns herauszureißen (so wie wir, gemäß dem Bibelspruch, mit unseren lasterhaften Augen und Zungen verfahren sollten).

188. – Ein mögliches Verständnis des Begriffs »Erbsünde« ist vielleicht das folgende: Niemand kann zum Bewußtsein der Welt und seiner selbst gelangen, ohne bereits Böses getan zu haben. Die Akte der Distanzierung und Individuierung erscheinen somit in einem besonderen Licht. In ihrem Innersten verbirgt sich ein Kern jenes Unrechts, von dem jede Entzweiung ein Symptom ist. Die natürliche Grausamkeit des Kindes, sein anfängliches Unvermögen, auf andere Wesen einfühlsam zu reagieren, sind die Folge einer ursprünglichen

Vereinzelung, die sich mangels Erkenntnis noch kein moralisches Bewußtsein erworben hat.

Unsere Moral ist erbsündig und gleichzeitig der Versuch, auf eine Richtung hin zu leben, an deren Horizont sich das Problem der Erbsünde erledigt haben wird. Dort fallen Solidarität und Erlösung zusammen.

189. – Daß das Böse seinen Ursprung im Menschen hat: Ist nicht auch diese Auffassung – und gerade sie – ein anthropozentrisches Vorurteil? Wenn ein Tier ein anderes verschlingt, es gräßlich verstümmelt, leiden macht und dabei den Schmerzen des Opfers gegenüber vollkommen gleichgültig bleibt, dann passiert etwas, was kein fühlender Blick einfach als in der Ordnung der Dinge liegend registrieren kann. Es mag schon sein, daß die Qualen des Opfers im großen Existenzkampf, den das Gesetz der Natur allen Lebewesen aufzwingt, nicht nur normal, sondern darüber hinaus »funktional« sind. Irgendwer oder irgend etwas, so belehrt uns der Biologe, profitiert *in the long run* von den Qualen: die Spezies, die Gene, das ökologische Gleichgewicht. Das aber ist für den fühlenden Blick nicht erheblich. Ihm erscheint die Gleichgültigkeit als das schlimmste. Der gedeckte Tisch ist eine einzige schreiende Wunde, und der fressende Teil des Universums hat davon keine Ahnung. Er ist zwar *unschuldig*, doch unschuldig *böse*.

190. – Wo liegt der Ursprung des Bösen, das der Natur tief eingesenkt ist und mit dem Leben, das sich in seinen Teilen immerfort selbst verschlingt, offen ans Licht tritt? Die Makellosigkeit des guten Gottes schließt es aus, daß er die Idee des realen Übels überhaupt fassen kann. Er weiß in seinem Himmel, seiner Erhabenheit nichts davon. Vom Standpunkt der Leidenden aus ist seine Gleichgültigkeit monströs.

Was soll man machen? Man muß mit den bösen Mächten paktieren, die immerhin wissen, was sie tun. Der Teufel steht uns näher als die Unschuld eines Kindes, das mit buddhagleichem Lächeln einer Spinne die Beine ausreißt, weil es sich am himmlischen Spiel der Erscheinungen freut.

191. – Wir kennen den Ursprung des Bösen nicht. Nimmt man an, daß einige mächtige Engel von Gott abfielen, dann stellt sich die Frage, die der heilige Augustinus so formulierte: Woher kam der böse Wille der bösen Engel? Sie waren ihrem Wesen nach gut. Und selbst wenn ihr Wille frei war, sich zum Bösen zu bestimmen, bleibt doch rätselhaft, warum sie es taten. Was war es, das die Engel dazu anstachelte, sich für das Böse zu entscheiden und ihr gutes Wesen umzustülpen?

Ist da noch etwas im Spiel, was aber ganz im Dunkel verharrt, in einem größeren Dunkel als Gott? Wir können es nicht aus Gott herleiten, ihm aber auch nicht, als etwas Äußerliches, entgegensetzen. Denn Gott ist letztlich Alles, auch das Böse. Das immerhin gehört für uns zu seinem Begriff.

Wir können uns das Böse nicht als eine Urmacht vorstellen, aber auch nicht als das Ergebnis irgendeines freien Entschlusses. Wir können uns ernsthaft keinen Gott vorstellen, der das Böse erzeugte oder es zuließe.

192. – Plotin hat recht: Das Böse ist eine Illusion. Sie zu durchschauen bedeutet freilich nicht, sich von ihr zu befreien (sowenig man sich von gewissen optischen Täuschungen durch das Wissen befreien kann, daß man ihnen unterliegt): Die Illusion bindet uns, solange wir leben. Und die Bösesten sind jene, die glauben, alles tun zu dürfen, weil sie das Böse als »substanzlos« erkannt haben.

Die Erkenntnis der Irrealität des Bösen bedeutet nur: Es gibt einen Ort, von dem aus gesehen die Bindung an die Illusion als Mangel erscheint. Dieser Ort ist in unserer Welt nicht zu finden. In unserer Welt geht die Sonne im Osten auf und im Westen unter, und daran ändert sich nichts, wenn endlich alle wissen, daß sich die Erde um die Sonne dreht.

193. – Beim Jüngsten Gericht werden die unzähligen Opfer des Christentums in den Zeugenstand treten und vor Gottes Thron die schrecklichen Wahrheiten über die Kirche und ihre Handlanger, die Rechtgläubigen, Punkt für Punkt zu Gehör bringen. Und Gott wird, seine Ohren verschließend und sein Gesicht verbergend, aufstöhnen: »Was für eine entsetzliche Geschichte, was für eine grauenhafte Religion!« Dann aber wird er, der Richter, fragen: »Und in wessen Namen geschah das alles?« Die Opfer werden klagen: »In deinem Namen, Herr, geschah es, immer nur in deinem Namen!« Daraufhin wird sich Gott den Rechtgläubigen zuwenden und fragen: »Ist das so?« Diese werden zurückprallen und sagen: »Du kannst nicht unser Gott sein. Denn wärest du unser Gott, dann wüßtest du, daß alles in deinem Namen und zu deinem Ruhme geschah. Du bist der Teufel, du willst uns bloß irre machen. Das also ist unsere letzte, die schwierigste Prüfung...«

Wie wird das Gericht ausgehen? Der Himmel wird leer bleiben und auch die Hölle. Ein anderer Ort wird gefunden werden müssen.

Credo

194. – Die Frage, ob ich an Gott glaube, ist so sinnlos wie die Frage, ob ich daran glaube, daß ich existiere.

Käme einer zu mir und sagte: »Ich habe gesucht, aber keinen Beleg für deine Existenz gefunden«, so wäre das ein Witz. Jede Tatsache, die ich erkenne, beweist meine Existenz dadurch, daß ich sie erkenne. Deshalb widerlegt sich die Tatsache, die meine Nicht-Existenz zu beweisen vorgibt, dadurch, daß ich sie als Tatsache erkenne.

In meiner Welt – das ist die Welt, die mir als Subjekt überhaupt gegeben sein kann – ist meine Existenz immer schon vorausgesetzt. So gesehen ist meine Existenz nicht bloß eine Tatsache innerhalb meiner Welt.

Ich existiere nicht nur als empirische Person, als eine Summe von Tatsachen. Ich existiere auch als jenes Subjekt, dem *alle* Tatsachen gegeben sein *können*, die mich als empirische Person *konstituieren*.

Als Subjekt bin ich keine Summe von Tatsachen. Als Subjekt bin ich in einer anderen, transzendenten Welt verankert. Ich habe mich nicht erschaffen, ich bin nicht der Schöpfer meiner Welt. Auch im Transzendenten bin ich bedingt. Die transzendente Bedingung meiner selbst nenne ich »Gott«. Und gewiß ist das nur ein Name für etwas Unfaßbares.

Ich kann die empirische Person, die ich bin, töten. Doch der Grund dafür, daß mir eine Welt gegeben sein kann, ist mir unfaßbar. Dieser Grund bin ich als Subjekt. Wäre ich mir als Subjekt faßbar, so wäre ich Gott.

Jede noch so nichtige Tatsache meiner Welt beweist die Existenz Gottes in analoger Weise, in der die gewichtigste Tatsache meiner Welt nicht widerlegen kann, daß ich existiere.

195. – Das Staunen darüber, daß etwas existiert (und nicht vielmehr nichts), ist das Staunen darüber, daß eine Welt existiert, die zugleich »meine« Welt ist. Es ist das Staunen über den unfaßbaren Grund, der dies ermöglicht. Alles andere sind Fragen des empirischen Beginns, der Ursachen und ihrer Wirkungen, der Naturmechanismen und des Zufalls.

196. – »Ich bin nicht von hier« heißt, ich habe einen Grund, den ich nicht fassen kann und der mir dennoch nicht äußerlich ist. Aber was heißt denn »nicht äußerlich«? So wie ich hier bin, so bin ich auch jener Grund, jenseits von Raum und Zeit, den Gewalten der Welt entrückt – ein Unzerstörbares.

197. – Es gibt eine vollkommene Glücksmöglichkeit, die Kafka »theoretisch« nennt: »An das Unzerstörbare in sich zu glauben und nicht zu ihm zu streben.«

Wahr ist, daß das Streben den Glauben problematisch macht und das naive Glück der Unzerstörbarkeit vernichtet. Ja, das Streben führt uns vor die Frage, ob es nicht besser wäre, ungeboren zu sein; und ob ein ewiges Leben, vor oder nach dem Tode, nicht die Hölle wäre, die schlechthin sinnlose Existenz.

Erst das Streben nach dem Unzerstörbaren läßt uns bemerken, daß es einzig der Mangel ist, dem sich die Idee vom Sinn der Dinge und des Lebens verdankt.

Der Sinn ist eine Kategorie des Mangels.

Das vollkommene Glück ist von der vollkommenen Indifferenz nicht zu unterscheiden.

Ihmgehören

198. – Man kann der Menschheit angehören, aber man kann ihr nicht zugehören. Es sind hier biologische Muster und Bande des Blutes, die eine Gemeinsamkeit erzeugen. Niemand, der bei Verstand ist, wird sein Leben der Menschheit weihen. Für die Menschheit eintreten – gegen wen oder was denn?

199. – Die aufgeklärten Menschen haben eine *Idee der Menschheit* gefaßt. Ihr Imperativ lautet: »Handle so, als ob alles noch gut werden könnte!« Dem läßt sich nacheifern.

Man kann sich als Mitglied jener Gemeinschaft fühlen, die der Idee der Menschheit nacheifert. Es ist der Imperativ, die geistige Schau, die über die bloße Angehörigkeit zu einer Spezies hinaus auch Zugehörigkeit erzeugt. Man gehört der Menschheit zu, insofern man ihrer Idee nacheifert.

200. – Aber die Idee der Menschheit fordert Solidarität nicht nur mit den Mitgliedern der menschlichen Spezies. »Handle so, als ob alles noch gut werden könnte!« *Alles.*

Wir, die wir uns der Idee verpflichtet fühlen, sind aufgefordert, unser Mitgefühl vor keinem Wesen der Welt zu verschließen. In allem, was verdarb, haben wir dasjenige zu achten, was einst makellos war; und im Makellosen haben wir das Ziel zu bewundern, dem wir die Dinge wieder zuführen wollen, *als ob* noch alles gut werden könnte.

In diesem »als ob« steckt die Einsicht, daß wir, bloß auf uns gestellt, zu schwach sein werden.

201. – Unser Mitgefühl mit den Leidenden ist immer zuwenig. Das nur menschliche, gleichsam autonome, unter keinem schützenden Dach sich entzündende Mitgefühl verdirbt rasch angesichts seiner Hilflosigkeit: Nichts, was an Not und Schmerz, die nach allen menschlichen Maßstäben völlig sinnlos waren, bisher geschah, läßt sich ungeschehen machen. So schlägt das Mitgefühl dann leicht in Rachedurst und blinden Haß um. Wer zeichnet verantwortlich? Das scheint letzten Endes belanglos zu sein. Ob Gott, die Gesellschaft, die Natur oder »wir selbst«: sicher ist nur, daß all das Verdorbene wertlos ist und verschwinden muß.

202. – Die Perversion des gerechten Zorns, der zwar die Apokalypse, aber keine Wiederaufrichtung des Paradieses kennt, wird einzigartig von Dostojewskijs Iwan Karamasow verkörpert. Iwan schildert auf bewegende Weise die Leiden, die Tieren und Kindern durch grausame Menschen zugefügt werden: ein Pferd, dem der Eigentümer immer wieder auf die sanften Augen schlägt; ein Mädchen, das von seinen Eltern aus Wollust fast totgepeitscht wird; ein Junge, der wegen der unbeabsichtigten Verletzung des Lieblingshundes seines Herrn, eines Generals und Großgrundbesitzers, den Jagdhunden überantwortet und zerfleischt wird.

Fast ist es die Ausgesuchtheit des letzten Beispiels – so etwas wird auch im alten Rußland nicht alle Tage vorgekommen sein –, die Iwans grundsätzliche Geste der Auflehnung in ein schiefes Licht rückt. Die exquisitesten Folterungen sind gerade diejenigen, die man am leichtesten den menschlichen Folterern zurechnen kann. Hier sind die Qualen der Opfer gewiß nicht die Schuld einer verpfuschten Schöpfung und ihres Demiurgen. Für einen Gilles de Rais oder Marquis de Sade wird kein Gott einzustehen brauchen; diese Monster stehen für sich.

Dennoch sind Iwans Anklagen beeindruckend. O ja, sagt Iwan, ich bin ein gläubiger Mensch, aber die Harmonie des Ganzen ist die Tränen der unschuldigen Kindlein nicht wert. Selbst wenn die Folterer nach ihrem Tod ewig in der Hölle brennen müssen, wird dadurch, auf dem Wege des rächenden Ausgleichs, die Harmonie des Ganzen nicht gerettet.

»Was kann die Hölle hier gutmachen, wenn die Kinder schon zu Tode gemartert sind?«

Von da aus ist es für Iwan Karamasow nur ein Schritt, und zwar ein scheinbar folgerichtiger, bis zu der Überzeugung, daß alles erlaubt ist, weil ohnedies nichts mehr gutgemacht werden kann – weil mit dem ersten Patzer die Schöpfung für immer und zur Gänze mißgestaltet ist wie eine *alla prima*-Malerei.

203. – Kann aber die rechte Betrachtung der Schöpfung tatsächlich von derselben Art sein wie die eines Kunstwerks, das in Raum und Zeit existiert? Als ob dasjenige, was auf der (uns zur moralischen Beurteilung überlassenen) Weltbühne geschieht, das Wesentliche wäre!

»Ja, ist es denn für das geschundene Kindlein nicht das Wesentliche, nicht das, worauf es *wirklich* ankommt?« wird Dostojewskijs Iwan fragen. Und sollte es daher für uns, die wir sowohl mitfühlend als auch moralisch auf der Seite des geschundenen Kindes stehen, nicht ebenfalls das sein, worauf es wirklich ankommt?

Dazu erstens:

Für den Gemarterten gibt es keine Schöpfung, es gibt bloß den Schmerz. Unter anderem deshalb ist es absolut verwerflich, wenn Menschen andere fühlsame Wesen ohne Notwendigkeit in eine derart beschränkte, qualvolle Lage versetzen. Es ist ein Imperativ, so zu handeln, daß keinem anderen Wesen ohne zwingenden Grund die Frage nach dem Wert und Sinn der Schöpfung versperrt wird. Das Bewußtsein der Frage läßt es überhaupt erst zu, als Mensch ethisch zu existieren.

Zweitens also:

Man muß gegen die Grausamkeit kämpfen. In keiner ihrer mannigfaltigen Formen darf man sie dulden. Auch wo man nicht helfen kann, darf es keine Duldung im Kopf und im Herzen geben. Wir müssen uns dessen gewärtig sein, daß unsere Zerstreuungen gleichsam vor einem Vorhang stattfinden. Ein Blick dahinter würde genügen, um uns – angesichts der ungeheuren Masse des Elends – erstarren zu lassen. Unser Schrecken wäre derart groß, daß wir unfähig wären, zu Hilfe zu eilen: Ein Leid zu lindern hieße, tausend andere zu ignorieren.

Drittens aber:

Daß der Wert der Schöpfung danach zu beurteilen ist, was uns in Raum und Zeit widerfährt, ist nicht nur problematisch; es ist falsch. Die Schöpfung als die Entfaltung der Welt in Raum und Zeit ist eine Metapher, ein Gleichnis – man weiß nicht, was sie ist. Es gibt die Vorstellung, daß eine Bildfolge entrollt wird, die eines Tages wieder zusammengerollt werden wird – oder die Rolle hat eben kein Ende. In beiden Fällen ist, dieser Vorstellung zufolge, was einmal geschah, stets anwesend: Es hat seinen Platz im Bild; auch alles Leid, aller Wahnsinn, alles Unrecht haben hier, im Bild, ihren Platz, und deshalb ist die Welt verdorben. Doch die Entfaltung in der Zeit ist mit dem Abspulen einer Bildrolle (oder eines Films) nicht vergleichbar. Die vergangene Zeit nimmt mit sich, was geschah; alles verschwindet im Nichts. Vom Standpunkt der verfließenden Zeit aus – dem Standpunkt, den wir einnehmen, solange wir leben – gibt es nicht eine Art Fundus oder Depot, in dem das Gewesene ruht. Es gibt keine Zeittüre, die man bloß zu öffnen brauchte, um die Geschichte der Welt als etwas Anwesendes zu sehen.

In unserem Universum herrscht ein *Prinzip der Löschung*. Was war, hört auf zu sein. Es gibt nur die Gegenwart, denn auch das Zukünftige ist nicht. Vielleicht muß es, aufgrund von Naturgesetzen, zur Existenz gelangen, doch dann wird es wieder ins Nichts verschwinden. Die Vorstellung eines verpfuschten Universums denkt sich Gott als einen *alla prima*-Maler, der mit seinem Weltpinsel viele falsche Tupfer und Striche setzt. Aber das Prinzip der Löschung läßt uns erkennen, daß diese Vorstellung von Grund auf falsch ist. Wir sollten verstehen, was es bedeutet, daß die Zeit und der ihr zugeordnete Raum eine Welt erzeugen, die uns sowohl zum Handeln zwingt (und daher zu moralischem Handeln verpflichtet) als auch immerfort zu nichts wird.

Es ist wahr, wir können nicht mehr ungeschehen machen, was an Bösem bereits geschehen ist. Auch Gott, gedacht als ein in der Zeit handelnder Weltschöpfer, könnte nichts ausrichten – unsere Reaktion auf diesen »persönlichen«, ganz und gar unerträglichen Gott wird notwendig ablehnend sein. Aber das Böse, das *geschah*, ist verschwunden. Was das heißt, wissen wir nicht. Wir ahnen, daß es eine Welt geben muß, die nicht dem Prinzip der Löschung unterworfen ist.

Die Löschung gehört zur verfließenden Zeit, und die verfließende Zeit erscheint primär im Bewußtsein. Alle Objektivierungen des Zeitflusses gründen in Eindrücken des Bewußtseins, angefangen bei dem ersten dunklen Gewahrwerden des Dauerns, Kommens und Vergehens der Dinge bis zu den distinktesten Zeitwahrnehmungen auf der Basis präziser Uhren. Doch unser Bewußtsein, wie objektiv seine

Daten schließlich sein mögen, ist eine *Ordnung, die sich nicht selbst trägt*: Es unterliegt der Zeit, die vergeht.

Was befindet sich hinter diesem Fluß, dieser ständigen Löschung? Nennen wir jenes Dahinter – wie es schon die alten Philosophen taten – die »wahre« Welt. Das ist die Welt, in der nichts gelöscht wird, aus der aber alle zeitliche Ordnung, alles Werden und Vergehen entspringen. In den Augenblicken, da die Dinge dem Subjekt, das aus sich herausgetreten ist, ihre Transzendenz offenbaren, erfahren wir einen Schimmer jenes Dahinter. Der sichtbare Lauf der Dinge ereignet sich, plötzlich, in einer Welt, in der die Zeit stillsteht. Nicht die Uhren stehen still, sondern die Zeit. Und wir, die Bewußtseinswesen, beginnen zu ahnen, daß wir nicht bloß »von dieser Welt« sind.

204. – Gott ist in allem. In allem ist Zeitlosigkeit. Ihr hörbares Gleichnis ist das Schweigen. Die Sprache und ihre Funktionen siedeln in der Zeit. Der Ursprung der Begriffe aber reicht viel tiefer. Das Schweigen möchte sich umarmen. Hier setzten die romantischen Spekulationen über die Urfunktion der Sprache an, über den Hymnus, der die Welt *ist*.

205. – Dasein heißt für Kafka Ihmgehören. Und Ihmgehören: dem Vater gehören.

Das ist die erdrückendste, beschämendste aller Abhängigkeiten. Bis in dein Sein hinab gehörst du einem, der so hoch über dir thront, daß er nicht deine innigsten Wünsche und nicht deine hellsten Freuden kennt. Aber du wärst nicht, wärest du nicht sein. Sein heißt Dasein und Ihmgehören.

Das Sein bei Kafka ist nicht, wie bei Heidegger, ein Sein zum Tode. Es ist ein Sein zum Vater. Der Vater braucht das Sein des Sohnes, um sein zu können. Entweder verleibt sich der Vater das Sein des Sohnes ein, oder der Sohn ist nicht der seine, das heißt: der Sohn ist niemand, nichts.

Kafkas Religiosität ist durch eine düstere Vorstellung vom

göttlichen Akt der Inbesitznahme des Menschen geprägt. Nicht die Ergreifung selbst ist für ihn das Fürchterliche, nicht, daß sie den Grund des menschlichen Seins mit sich reißt, sondern – wie wir aus seinen Schriften wissen – die damit einhergehende Gleichgültigkeit: die Gleichgültigkeit des Besitznehmers gegenüber dem Ergriffenen, die Gleichgültigkeit selbst gegenüber der inbrünstigen Liebe, mit welcher der einzelne sich ergreifen und einverleiben läßt.

Der bürokratische Apparat im *Schloß*, der um so tiefer, unendlicher zu werden beginnt, je weiter man in ihn eindringt, ist eine Vorspiegelung. Das Interesse, das der Schloßherr auf dem Wege seiner Beamten an jedem einzelnen zu nehmen scheint – ein noch die winzigste Einzelheit brennend berührendes Interesse –, ist bloß das Lockmittel. Niemand darf davonkommen. Aber jeden erwartet nur dieses eine: steinerne Gleichgültigkeit. Und daher kann das Warten auch kein Ende nehmen.

Schuld und Hinrichtung im *Prozeß* sind bloß Mittel der Dramatisierung. Man soll glauben, hinter der Verurteilung stünde irgendein Interesse. Aber das ist nicht der Fall. Am Schluß, nachdem ihm das Messer ins Herz gestoßen wurde, erkennt K. in den Gesichtern der beiden Henker, die ihre Wangen aneinanderlehnen und sein Sterben beobachten, die Wahrheit. Niemand soll merken, daß sein Schicksal die übergeordneten Instanzen nicht im geringsten interessiert. *Das* ist der Sinn seines Endes, und als K. dies erkennt, ist es – wie der letzte Satz im *Prozeß* sagt –, »als sollte die Scham ihn überleben«.

206. – Unser Stolz ist, niemandem zu gehören. Wir sind frei. Unser Gewissen ist frei. Wir sind mündig. So sind wir nur noch dem Mechanismus und dem Chaos, den »blinden« Naturgewalten, unterworfen. Wir geben uns der Hoffnung hin, diese Gewalten seien die Bedingungen unserer Mündigkeit, Gesetzmäßigkeiten, die wir in den Dienst unserer Au-

tonomie stellen können. Mit ihrer Hilfe werden wir unsere Welt bauen...

Tatsächlich aber sind wir, wenn wir erst den Standpunkt der Mündigkeit eingenommen haben – den Standpunkt, der *strictu sensu* lautet: »Ich gehöre nur mir« –, nichts weiter als ein Produkt naturwüchsiger Prozesse (ob mechanisch oder chaotisch) und genetisch fixierter Evidenzen (sogenannter Denkregeln). Alles, was wir von hier aus zu leisten imstande sind, von der Minimalentscheidung, einen Finger zu rühren, bis zum Bau komplexer Maschinen und der Einrichtung differenzierter Institutionen, entspringt einem Fundament, das wir zum größten Teil nicht kennen. Das Fundament ist unruhig, es bildet Formen und Gestalten, und eine flüchtige davon sind wir.

Gerade in dem Augenblick, da wir darauf beharren, niemandem außer uns selbst zu gehören, müssen wir entdecken, daß wir ein Bündel von Funktionen uns ganz fremder Kräfte sind. Niemand ist da, der uns aus dem Reich der »Materie«, des toten Stoffes und der geistlosen Strahlung – dem »Reich des Bösen«, wie die Gnostiker sagten – herausheben und zu uns selbst bringen könnte.

207. – Unsere Naturwissenschaft ist die erfolgreichste Form der Rationalisierung eines Wahns: des Wahns der Beziehungslosigkeit. Nichts, was in der Welt geschieht, hat demnach eine Bedeutung an sich. Es gibt keine objektiven Werte. Dazu paßt unsere Vorstellung von Mündigkeit. *Wir* legen den Dingen Bedeutungen zu, *wir* kreieren Werte. Aber wie? Aus dem Nichts heraus? Wenn wir selbst nichts weiter als Mechanismus und Chaos sind, dann ist es ausgeschlossen, daß wir uns jemals auf das Niveau der Bedeutungsgebung und Wertestiftung erheben. Toter Stoff und geistlose Strahlung sind wir jedoch einzig aus der Sicht jenes Symbolsystems heraus, das den Wahn der Beziehungslosigkeit rationalisiert – des naturwissenschaftlichen.

208. – Man will nicht ganz allein sein. »Ich gehöre mir.« Weil man aber merkt, daß das eine ins Leere gesprochene Beschwörung ist, wird man rituell: »Mein Leben gehört mir, mein Bauch gehört mir« usw. So wird aus einer abstrakten Formel der Mündigkeit eine Phraseologie der Inbesitznahme, ein ständiger Herrschaftsanspruch mit exklusivem Bezug auf einen selbst, auf die eigenen Funktionen und Früchte. Der Bezug wirkt zu Recht besinnungslos, weil er kein Fundament hat, das ihn tragen könnte.

209. – Er hatte lange mit sich gerungen, alle Umstände wohl erwogen und schließlich einen Entschluß gefaßt. Zur Ausführung der Tat hatte er sich makellos vorbereitet. Dann kniete er nieder und sprach: »*Dein* Wille geschehe.«

210. – Er gehört nicht sich selbst. Er ist eine Ekstase. Mit ihm ist etwas aus sich herausgetreten. Ihm gefällt der Gedanke, ein vom Geist erfülltes Pseudopodium zu sein, eine Art Scheinfüßchen, das sich am Rande des Unvorstellbaren kringelt und stülpt und schließlich wieder zurückzieht.

211. Bei der anschließenden Diskussion kann man hören: »Die Utopie wurde kulinarisch begraben. Ein Leichenschmaus für geistige Feinspitze.« Es gibt dann auch, zum Ausklang und zur weiteren gemeinsamen Aussprache, ein Büfett. Der Starredner hat über das Abendland den Satz gesprochen: »Etwas Monströses wird durch Menschenaugen hindurch Weltanschauung betreiben.« Das scheint den Gästen, die doch an Gott, die Moral oder den Wähler glauben, nicht recht geheuer. Man diskutiert kontrovers. Zur Kühlung werden die Türen des Saales geöffnet, hinaus in den herbstlichen Park. Dort machen nun aber die Spatzen, die auf der Blumenterrasse gerade ein Sonnenbad genommen haben, wegen der Brösel, die von den Sandwichtellern fliegen, einen Heidenlärm.

212. – Persönliche Glaubenserlebnisse können für uns, sofern wir nur aufgeklärt genug sind, nicht mehr zur Basis eines allgemeinen Glaubensbekenntnisses werden. Das wußte Pascal, als er ein sogenanntes Mémorial in seine Kleider einnähte und es zeit seines Lebens vor der Öffentlichkeit verborgen hielt. Am 23. November 1654 hatte er ein Erlebnis, das er unter anderem so beschrieb:

Seit ungefähr abends zehneinhalb bis ungefähr eine halbe Stunde nach Mitternacht

FEUER

»Gott Abrahams, Gott Isaaks, Gott Jakobs«, nicht der Philosophen und Gelehrten.
Gewißheit, Gewißheit, Empfinden: Freude, Friede.

Gott Jesu Christi

Deum meum et Deum vestrum.

Nur einigen wenigen, ihm sehr nahestehenden Menschen hat Pascal den Vorfall berichtet. Es handelte sich für ihn um ein Erlebnis der Gnade. Später jedoch, nach seinem Ableben, diagnostizierten es andere – Ärzte, Psychiater –, die das geheime Papier nach den Regeln der wissenschaftlichen Kunst studierten, als den Ausbruch einer Geisteskrankheit.

Müßig zu fragen, was das Erlebnis wirklich war, Symptom des Wahnsinns oder Regung der Gottheit. Das entscheidende Moment ist: Pascals Erlebnis ist hinsichtlich seiner Glaubensbedeutung unentscheidbar. Das wußte Pascal, der ein rationaler Skeptiker war. Er, der dachte, daß der Vernunft nichts so angemessen sei wie das Nichtanerkennen der Vernunft, dachte gleichzeitig, daß die Religion sinnlos und lächerlich wäre, wenn sie gegen die Grundforderungen der Vernunft verstieße. Und zweifellos hätte es einen solchen Verstoß bedeutet, das nächtliche Ereignis vom 23. November 1654 der Öffentlichkeit gegenüber bloß deshalb als eine Offenbarung Gottes hinzustellen, weil es ihm, dem vorzüglichen Monsieur Pascal, widerfahren war; oder deshalb, weil es für ihn, den vorzüglichen Monsieur Pascal, der zudem ein überaus scharfsinniger Kopf war, absolut gewiß, also über jeden Zweifel erhaben gewesen ist. Der vorzüglichste und intelligenteste Mann kann verrückt werden, und die entschiedenste Gewißheit kann eine vollkommene Illusion sein.

Mit anderen Worten: Pascals Gnadenerlebnis fehlte ganz und gar die Möglichkeit, sich als Epiphanie – als Hervortritt Gottes in der Seele eines einzelnen – mit *solchen* Gründen verteidigen zu lassen, die für alle jene, die das Erlebnis nicht hatten, ebenfalls hätten plausibel sein können. Dies aber ist eine Grundforderung der Vernunft. Das Charisma einer Person oder die subjektive Kraft des Glaubens genügt nicht, um eine Behauptung mit dem Anspruch allgemeiner Verbindlichkeit auszustatten. Allgemeine Verbindlichkeit setzt allgemein einsehbare Gründe zwingend voraus.

Da die Lage der halbwegs aufgeklärten Geister, also unsere Lage, nun einmal so ist, wie sie ist, sind wir nach wie vor mit Pascals Problem konfrontiert. In seiner konsequenten Zuspitzung bedeutet es, daß wir keinen gemeinsamen Glauben mehr begründen können, selbst wenn wir alle, jeder für sich, Pascals Erlebnis Punkt für Punkt durchlebten. Wir könnten ja alle verrückt geworden sein; eine unbekannte böse Macht könnte unser Trinkwasser mit einem Halluzinogen versetzt haben usw. usf. Darüber hinaus wären wir außerstande, die Wahrheit unseres Erlebnisses vor uns selbst zu rechtfertigen. Um die Frage der göttlichen Offenbarung zu klären, reicht die bloß persönliche Gewißheit nicht einmal für denjenigen aus, der sie hat; selbst er würde darüber hinaus Gründe benötigen, nämlich Gründe dafür, daß seine subjektive Gewißheit objektiv keine Täuschung ist.

Pascals Problem hat also einen giftigen Kern. Es geht gar nicht darum, ob die anderen von meinem Glauben zu überzeugen sind und ob sich so, durch die Masse der Gläubigen, der Wert meines Bekenntnisses erhöhen läßt. Es geht vielmehr darum, daß ich von meinem *eigenen* Glauben nicht überzeugt sein kann, sobald ich erkennen muß, daß es keine Möglichkeit gibt, die anderen mit guten Gründen von ihm zu überzeugen. Deshalb war Pascals Christentum gefährdet. Es hing an einem Datum und der damals, in jener wundersamen, schrecklichen Nacht erreichten Gewißheit.

213. – Pascal ist zu rühmen, weil er immer wieder von vorne beginnt, so, als hätte er die Probleme nicht schon tausendmal durchdacht (oder so, als seien sie nicht schon tausendmal durchdacht worden). Der Leser der *Pensées* hat das befreiende Gefühl, nicht nur am Aufschwung einer Seele gegen die Unwägbarkeiten ihres Glaubens teilzuhaben, sondern einem ständigen Neubesinnen, ja Neuanfangen beizuwohnen. Das stimmt mehr als milde gegen die Fülle an dogmatischen Verbohrtheiten; es stimmt geradezu heiter, daß die Verbohrtheit der Weg ist, der ins Freie führt.

»Seine Schlüssigkeit läßt Türen offen«, sagt Canetti über Pascal. Aber die Schlüssigkeit, die wenig zu versperren scheint, ist das Symptom einer ausweglosen Lage. Pascal braucht das vernünftige Argument, um zu zeigen, daß es für den wahren Glauben wertlos ist. Und er braucht es, um zu zeigen, worin der wahre Glaube besteht. Das vernünftige Argument ist für den wahren Glauben wertlos, weil es uns niemals auch nur an die Schwelle zur Wahrheit des Erlebnisses vom 23. November 1654 heranführt: »Gott Jesu Christi«. Und es ist zugleich unverzichtbar, weil der religiöse Mythos, aus dem das Erlebnis seine Dignität bezieht – das Christentum –, universalisierbar, das heißt allgemein als die wahre Religion einsehbar sein muß.

Pascals Glaubensproblematik ist vielschichtig, dennoch hat sein Problem eine geradlinige Struktur. Es ist nur scheinbar nicht das Problem des Menschen, dem Gott im brennenden Dornbusch erscheint. Man hat den Dornbusch gesehen und die Stimme gehört. »Das reicht!« sagt der numinos

Bewegte. Pascals Problem ist, daß dies nicht reicht. Man braucht gute Gründe, um seinen Glauben außer Zweifel zu stellen. Diese Gründe müssen jedoch gute Gründe dafür sein, daß – paradoxerweise – gute Gründe, gleich welcher Art, für den Offenbarungsgehalt des Glaubens *unerheblich* sind: unerheblich für die Wahrheit der inspirierten Schriften des Christentums ebenso wie für die außerbiblischen Epiphanien, zum Beispiel jene, die Blaise Pascal zuteil wurde. Kein Vernunftgrund darf gegen den Glauben etwas ausrichten können. Vielmehr muß es so sein, wie Pascal in seiner Diskussion der Erbsündenlehre betont: Sollte der Glaube widervernünftig sein, dann ist das kein guter Grund anzunehmen, daß die Vernunft den Glauben schlägt; eher liefert schon die Vernunft gute Gründe, warum das Widervernünftige des Glaubens vernünftig ist.

Aber derlei Gründe sind nichts weiter als untergeordnete Hilfsinstrumente des Glaubens, dessen innere Wahrheit um so mächtiger erstrahlt, je mehr er die Vernunft demütigt. Die Struktur des Pascalschen Problems besteht eben darin: *dies*, die Demütigung der Vernunft, ist *hier* das allervernünftigste. Aus der Demütigung der Vernunft entspringt hier, im Glauben, der zwanglose Zwang, dem sich kein Mensch auf Dauer ernsthaft wird entziehen können.

214. – Pascal will das Nicht-Universalisierbare universalisieren. Weder der Mythos noch die Offenbarung sind universalisierbar. Der Mythos ist stets eine historische und regionale Macht. Er bindet niemals die ganze Menschheit. Und die Offenbarung ist radikal subjektiv. Selbst wenn sie, ausgehend von einem einzelnen, schließlich Kulturen umwälzt, verdankt sie sich doch dem einmaligen, unwiederholbaren Akt des Ergriffenwerdens – auch die Offenbarung, die einem einzelnen als Gnade widerfährt, bindet niemals die ganze Menschheit. Das ist der eine Teil des Pascalschen Problems. Der andere Teil des Problems lautet: Warum sollten widervernünftige Glaubensgründe gute Gründe dafür sein, daß die Vernunft sich selbst demütigt? Warum sollte man sich an die Devise »Credo, quia absurdum« halten? Die Antwort, die jene geben, die im Bewußtsein der Absurdität ihres Glaubens glauben, lautet: »Weil wahrer Glaube nur im Modus des Gegen-die-Vernunft-Glaubens möglich ist.« Aber eine solche Antwort verschiebt das Problem bloß um eine Stufe auf die Metaebene. Sie erzwingt die Frage, wie sich denn *vernünftig* darlegen ließe, daß der wahre Glaube einzig so, durch einen Kopfsprung in die Unvernunft, möglich sei. Darauf läßt sich mit Pascal wie folgt antworten:

Die Weisheit Gottes übersteigt alle menschliche Vernunft um ein Unendliches, daher erscheinen Gottes Ratschlüsse der menschlichen Vernunft zum Teil als widervernünftig. Doch für den Menschen, der glaubt, gibt es ohne unmenschlich große Mühe – deren Ergebnis überdies eine tugendhafte Existenz sein wird – vielleicht das ewige Leben zu gewinnen. Und das ewige Leben ist ein unendlicher Wert. Jener Mensch hingegen, der im Unglauben die lasterhaften Freuden seines kurzen Erdendaseins auskostet und dabei eine endliche Menge an Lust erringt, riskiert den ewigen Tod. Der ewige Tod aber ist ein unendlicher Unwert, an dem gemessen jede endliche Menge irdischen Glücks zu Null wird. Ist das kein vernünftiger Grund, die Existenz Gottes zu bejahen – und auch noch an das Unvernünftigste im Glauben zu glauben?

Darauf erwidern die Ungläubigen, die doch so gerne zum Glauben gelangen möchten, ihrem Lehrer Pascal: »Deine Gründe mögen alle richtig sein, aber wir können nicht glauben. Wir sind bereit, alles, was du sagst, anzuerkennen, aber unsere Leidenschaften fesseln unser Herz.« Pascal antwortet ihnen in dem berühmten Fragment 233 der *Pensées*:

Sie möchten vom Unglauben geheilt werden, und Sie bitten um die Arzenei? Lernen Sie von denen, die in Ihrer Lage waren und die jetzt ihr ganzes Gut eingesetzt haben; das sind Menschen, die diesen Weg kennen, den Sie gehen möchten, die von dem Übel genesen sind, von dem Sie genesen möchten. Handeln Sie so, wie diese begonnen haben: nämlich alles zu tun, als ob Sie gläubig wären, Weihwasser zu benutzen und Messen lesen zu lassen usf. Ganz natürlich wird Sie das sogar glauben machen und verdummen. »Das aber fürchte ich ja grade.« – Und weshalb, was haben Sie zu verlieren?

Pascals Strategie scheint klar. Er versucht, ein Argument zu formulieren, mit dem er beweisen kann, *warum es vernünftig ist, zu verdummen.* Dieses Argument jedoch – das mit unendlichen Werten arbeitet, deren Eintrittswahrscheinlichkeit unbestimmt bleibt – wurde längst als unhaltbar erkannt. Jemand, der die Existenz der Hölle leugnet, braucht bei der rationalen Planung seines sündhaften Lebens den immensen Unwert einer ewigen Höllenstrafe nicht zu berücksichtigen. Ob jener Unwert unendlich groß ist oder nicht, spielt gar keine Rolle. Denn die Wahrscheinlichkeit, in der Hölle zu landen, ist für den Glaubenslosen gleich Null.

215. – Was wir von Pascal, seiner Schlüssigkeit, die Türen offenläßt, tatsächlich lernen, ist dieses: Der Glaube kann die Vernunft nicht schlagen; er muß sich mit ihr versöhnen, nachdem er mit ihr in Konflikt geraten ist, oder er wird am Ende so steinzeitlich wirken, daß ihm nur noch die Steinzeitlichen unter uns anhängen werden.

Das aber heißt: Der widervernünftige Glaube wird schwächer und schwächer werden. Er wird das Widervernünftige in sich schamhaft verbergen, er wird seine magischen und mythischen Fundamente vergessen. Er wird als Glaube zunächst zur Kunst und dann zur Menschheitsmoral werden und schließlich zu irgendeiner Version des »zwischenmenschlichen Gutseins«. Und das wiederum heißt: Der dumme Glaube, wie ihn die Menschheit, die dumme Menschheit, bisher kannte, wird verschwinden.

216. – »There is a life after god.« Es ist Douglas Coupland,
Autor von *Generation X*, der, auf einer lachenden grünen
Wiese voller dottergelber Blumen sitzend, am Fernsehschirm
über die Folgen der Wahrheit jenes Satzes räsoniert. Die An-
gehörigen der »Generation X« – die Kinder der achtziger,
neunziger Jahre unseres Jahrhunderts in Amerika und im
amerikanisierten Westen – sind dadurch gekennzeichnet, daß
sie die ersten sind, die, trotz ökumenisierten Religionsunter-
richts, liberalisierten Kirchgangs, Mystikimports aus dem
fernen Osten und eventuellen Weltuntergangs, in einer Kultur aufwachsen, zu deren Grundstimmung es gehört, daß
man gleichzeitig leicht, bunt, transparent und *ohne* Gott sein
kann. Wie schwerfällig aufgeblasen und lächerlich großmäu-
lig war dagegen der Materialismus des 19. Jahrhunderts. Und
von welch sterbensöder Rationalität dann der agnostische
Säkularismus der strebsam mittelschichtigen Väter und Mütter. Die Gottlosigkeit der neuen und neuesten Generation erwächst aus einer völlig anderen Mentalität. Man lebt nicht
mehr mit dem beschwerten, krisenhaften Bewußtsein, daß
der Fortschritt zwar das Heil ist, aber doch seinen Preis hat;
daß der Tod Gottes sowohl ein Gebot der Vernunft als auch
eine Forderung der autonomen Moral und dennoch keine
Sache ist, über die man einfach zur Tagesordnung übergehen
sollte. Man lebt nicht mehr mit der blasphemischen Zunge
oder der symposial gerunzelten Stirn. Zu den metaphysischen Eckpfeilern der neuen Gottlosigkeit gehört ein Ka-
lauer: »Sein ist Design.«

Die Denkmäler des alten Glaubens stehen herum. Niemand glaubt mehr die Geschichten, die in der Bibel stehen.
Niemand hat mehr Angst vor der Hölle. Niemand hat mehr
Lust, in den Himmel zu kommen. Gottvater, Jesus, Maria,
die Heiligen und Oberheiligen, die Engel mit ihren Gesängen
und Posaunen auf den Wolken, all das unentwegte, ewige

Lob, das dem Herrn, dessen Mantelsaum du kaum berühren darfst, dargebracht wird: man hat es tausend- und aber tausendmal gesehen, auf die Decken und Wände von Kirchen und Schlössern, auf die Holztafeln und Leinwände in den Museen gepinselt, die Kreuzigungen und Kreuzesabnahmen sind unzählbar, und dennoch gehört das alles nicht mehr zum lebendigen Wesen, zum Solarplexus unserer Kultur. Die jungen Menschen schauen sich die alten Sachen gelangweilt an (falls sie gerade nichts Besseres zu tun haben): Was einmal bildhafter Durchblick in eine andere, bessere – die wahre – Welt war, ist zum reinen Vordergrund einer monotonen, ästhetisch mehr oder minder geglückten, endlosen Auflistung des immer selben mythischen Personals und seiner paar Geschichten geworden.

Die *kids* sind keine Atheisten oder Agnostiker. Sie haben keinen Gott, aber sie hätten nichts dagegen, einen zu haben. Auch der sympathische, nicht mehr ganz junge Mann auf der lachenden Wiese voller dottergelber Blumen hätte nichts dagegen, einen zu haben. Doch das ist wie mit dem Storch, der die Kinder bringt, oder dem Osterhasen oder dem Weihnachtsmann: Erwachsen werden heißt die Märchen durchschauen. Erwachsen werden heißt durchschauen, daß Gott – »du weißt schon, der Geist, der über den Wassern schwebte und die Erde schuf, der alte Mann mit dem langen weißen Bart, der Adam und Eva nackt im Paradies herumlaufen ließ« – ein Märchen ist. Die *kids*, die erwachsen geworden sind, sind ein bißchen traurig, weil Gott bloß ein Märchen ist, aber es gibt Schlimmeres, es gibt Realitäten: kaputte Familien, Drogen, Aids, sinnlose Rasereien, sozialen Abstieg. Was den Untergang der angestammten Autoritäten, den Verlust der traditionellen Werte und die Gottlosigkeit betrifft, so hat die neueste verlorene Generation, »overeducated and underemployed«, wie sie nun einmal ist, unter ihren vielen Goldenen Regeln auch die folgende: *Less is a possibility*, »weniger ist auch eine Möglichkeit«. Wogegen diese Generation knapp vor dem Ende des Jahrtausends immun zu sein scheint, das ist der Schrecken des Zuwenig, der erzmetaphysische Schrecken, daß der Verlust des Glaubens, das Verschwinden Gottes, einen Mangel erzeugt, der durch keine Reduzierung des »Anspruchsniveaus« unterlaufen werden kann.

Der teilnehmende Beobachter Mitte Vierzig hat das Gefühl eines Zeitenbruchs, der durch ihn hindurchgeht. Couplands *Generation X* ist nur ein klein wenig schlauer geworden als ihre rebellierenden Vorgänger, die Generation der Achtundsechziger; sie ist weniger wütend, was das Politische angeht (denn sie glaubt nun zu wissen, daß das Politische nichts ist, worauf sich Utopien gründen lassen), ihr Narzißmus ist unverstellter (und insofern auch unschuldiger als jener der pseudorevolutionären Selbstbefreier von einst), ihre Traurigkeit ist keine Arbeit, keine »Trauerarbeit«, mehr, sondern eher kindlich, »spontan« (und deshalb eher zum Mittraurigsein, Mitweinen), wie auch ihre Freude zugleich mitreißender und verletzlicher ist, als es die guten protestantischen Launen und Wonnen ihrer Eltern waren: Die Schlauheit dieser Generation besteht darin, alle möglichen Lebensillusionen auf jenes Minimum heruntergeschraubt zu haben, wo es möglich wird, mit der Leere und dem Tod, mit dem Himmel und der Hölle und mit Gott, durchbrochen von kleinen vandalistischen Outings, zu spielen.

Der Beobachter weiß, wie das Spiel funktioniert. Er kennt es von innen heraus. Es ist eine phantasievolle, die Schwäche und Einsamkeit des modernen Individuums reflektierende Fortentwicklung seines eigenen schizophrenen »Ich will leben, aber ich bin nicht wirklich dabei«-Spiels. Auf der anderen Seite leben in ihm, schon seit seinen jungen Tagen, die prophetischen Bilder des Verlusts und der Erneuerung. Die gewaltigen Stimmen der Rufer in der Wüste, wie sie, zum Teil in seltsam modernistischen Verkleidungen, aus den heiligen Schriften seiner Kultur zu ihm drangen, haben ihn eine unerhörte Erwartung gelehrt. Er ist ausgespannt zwischen

den Polen der Daseinsalarmiertheit und der Lebens-
erschlaffung. Auf der einen Seite stehen, zum Beispiel, Thomas Pynchons *Vineland* oder Douglas Couplands *Shampoo
Planet*, schrill amüsante Bücher über das Nichts der alten
Nachkriegsfriedens- und der jungen Lapidarfriedens-Gene-
ration, auf der anderen Seite aber Elias Canettis späte Sätze,
in denen sich das Gewicht und das Gewissen der ganzen nun
verschwindenden judäochristlichen Kultur, ihre metaphysische Gewalt und ihre aus dem Weltschrecken sich empormü-
hende Humanität niedergeschlagen haben; dort heißt es:
»Aus der Bibel kamen sie auf ihn zugerannt.«

Ja, etwas ist unangreifbar geblieben. Und müßte nicht augenblicks alles verkommen, wenn die Kraft der Mythen endgültig erschöpft wäre? Wenn er allen Ernstes einsehen
müßte, daß die, die aus der Tiefe der Zeiten auf ihn zugerannt
kommen, bloß papierene Fata Morganen sind: Wäre das
nicht ein Zeichen dafür, daß auch er nur noch von hier wäre
und daher nichts als ein lichtloses Gegenwartsgespenst?
Aber das wird nicht geschehen, und ihm scheint, der Mann
auf der lachenden grünen Wiese am Fernsehschirm ist sein
Verbündeter. Indem dieser Mann davon zeugt, wie undurchdringlich das Jetzt – und wie groß seine Oberflächen-
spannung – bereits geworden ist, nährt er auch die Evidenz
eines nahen Seelenumsturzes, einer kathartischen Sonnenfin-
sternis: In ihrem Dunkel wird ein rasendes Zurückverlangen,
ein schroffes Bedürfnis nach *unaktualisierbarer* Vergangenheit, entstehen. Die Fremdheiten, die man in der Ab- und
Herkunft des eigenen Betriebs wird erkennen wollen, werden nicht fremd genug sein können. Man wird wieder an
Gott glauben, aber er wird aus Stein sein müssen, aus Feuer
und Sturm; nichts Menschliches wird an ihm sein dürfen.
Denn nur so wird man nach seinem Bilde geformt sein wollen.

217. – Der Inbegriff der kulturkritischen Arroganz: R., ein Mann des Wortes und der Schrift, wollte niemals ein Schaf sein, nicht einmal ein schwarzes.

Er hingegen will nur noch jene Klagen über seine Kultur akzeptieren, die aus dem Bewußtsein ihrer Fülle entspringen. »So viel haben wir, und dabei mußten wir so viel verlieren!«

Nach Hause kommen

218. – Wo immer er ist, ihn interessiert im Grunde nur das eine: wie er wieder nach Hause kommt. Da findet er eine Wesenstendenz seines Lebens angelegt; sie bestimmt, was ihm auf seinen Reisen wertvoll wird und warum er überhaupt einen Fuß nach draußen setzt. Das Reisen fällt ihm ja tausendfach schwerer als tausend anderen. Er kennt nicht die Lust der Eroberung, nur das zehrende, ihn manchmal fast verzehrende Glück der Rückkunft mitten im Fremden. Es gibt in der Ödnis und Beängstigung des bisher Ungeschauten doch Bilder und Orte, wo sich ein unermeßlich trauter Ursprung anzukündigen scheint. Dort muß er hin, um, vielleicht, von dort nie mehr wegzumüssen. Aber er mußte noch jedesmal weg, es war nie das Richtige. Und deshalb hatte er dann, wieder zu Hause angekommen, stets das Gefühl, nicht wirklich *da* zu sein.

Demgegenüber die geradezu manische Heimatlosigkeit des alten Emigranten, der in seiner Jugend aus Prag vertrieben wurde, aus der Stadt seiner Kindheit, dem Riesenreich seiner Wurzeln, und der dann, gewaltig sprachbegabt, durch die Welt zog, um schließlich überall sein zu können, stets gleichgültig, was die Orte seines Verweilens betraf. Als Denker ließ er nur Beziehungen gelten, keine Substanzen. Orte waren ihm »Beziehungsknoten«, Personen ebenso, und alle Punkte der Welt Punkte der Überschneidung.

Lob des Nichtwissens, Auferstehung

219. – Er brennt vor Begeisterung darüber, daß er *nichts* weiß. Nichts, nichts! Noch ist nichts zu spät, noch hat nichts begonnen.

Die erste Erkenntnis muß etwas ganz Schreckliches sein. Sie tötet oder sie hebt empor zu Gott. Sie ist alleserfüllend. Hinter ihr zerfällt ein jedes. Nur sie ist die Zukunft. Sie ist das Licht, die Wahrheit und das Leben. Und sie ist, wenn es denn sein muß, auch das Nichts.

220. – John Irving: »Anyone can be sentimental about the Nativity; any fool can feel like a Christian at Christmas. But Easter is the main event; if you don't believe in the resurrection, you're not a believer.«

Dazu eine Bemerkung Wittgensteins: »Was neigt auch mich zu dem Glauben an die Auferstehung Christi hin? Ich spiele gleichsam mit dem Gedanken. – Ist er nicht auferstanden, so ist er im Grab verwest, wie jeder Mensch. *Er ist tot und verwest.* Dann ist er ein Lehrer, wie jeder andere und kann nicht mehr *helfen*; und wir sind wieder verwaist und allein.«

Angenommen, woran es uns, den Ungläubigen, Heimatlosen, sich über die Schafe Erhebenden, fehlt, ist jene Unschuld in Ansehung des Auferstehungsereignisses, von der Wittgenstein sagt, sie könne nur eine Folge der Erlösung zur Liebe sein: »Es ist die *Liebe*, was die Auferstehung glaubt.« Um so lieben zu können, muß man vom Zweifel *erlöst* sein.

Das bedeutet auch, daß sich niemand selbst vom Zweifel befreien kann. Man kann sich dogmatisch verhärten und dabei dumm werden; man kann, aus Angst vor den Folgen, alle

Argumente gegen die Möglichkeit, von den Toten aufzuerstehen, vom Tisch wischen. Man kann sagen, das Wissen um die irreversiblen Prozesse des Sterbens und der Verwesung hat für mich keine Bedeutung, obwohl es doch eine hat. Man macht bei Jesus eine Ausnahme, obwohl man weiß, daß es keine Ausnahmen gibt. Und so ist man auch gar nicht wirklich vom Zweifel befreit.

Der Glaube, der wahre Glaube, macht hier keine Ausnahme. Denn wer die Evangelien mit dem erlösten Blick der Liebe liest, der *weiß*, daß Jesu Tod nicht von dieser Welt ist. Es ist eine Art des Sterbens, für die der Ungläubige, der zu dieser Liebe nicht fähig ist, keinen Blick hat. Der Ungläubige sieht einen toten Körper, der vom Kreuz abgenommen und ins Grab gelegt wird. Er kann den Körper des Menschensohnes, den göttlichen Leib, gar nicht sehen. Was er sieht, das ist eine verstümmelte Leiche, die sehr bald in Fäulnis übergegangen sein wird.

221. – Wieder einmal kamen im Fernsehen Menschen zu Wort, die darüber berichteten, was sie in der Zeit ihres »klinischen Totseins« erlebt hatten. Während ihr Herz stillstand und ihr Gehirn eine Zeitlang nicht mehr durchblutet wurde, schwebten sie durch einen Tunnel, an dessen Ende ein wunderbares weißes Licht zu sehen war, das sie vollkommen glücklich werden ließ; oder sie sahen auf ihren eigenen reglosen Körper hinunter und fühlten, daß sie im Begriffe waren, die Dunkelheit ihres ganzen Lebens hinter sich zu lassen. Dazu der Gegenschnitt: Ein Neurologe erklärt, daß derlei Phänomene auf die schlagartig vermehrte Produktion von Endorphinen im Gehirn während der Herztodphase zurückzuführen seien; ferner, daß man dieselben Eindrücke durch eine Stimulation einzelner Hirnregionen auch bei gesunden Menschen herbeiführen könne.

Man hat gegen die Erklärung des Neurologen gar nichts einzuwenden, ja man ist erleichtert, daß man den Beteuerungen der dem Tode Entronnenen, sie seien schon fast im Jenseits oder im Himmel gewesen, keine Beachtung schenken muß. Denn es ist allzu deutlich, daß es sich hier bloß um »übersinnliche« Erlebnisse handelt, aber nicht um einen Vorgang, der die ganze Person von Grund auf ergriffen und verändert hätte. Es ist keine erlösende Liebe *präsent*, jedenfalls nicht in der Selbstdarstellung im Fernsehen.

Wenn es eine *Präsenz* gäbe, dann entspräche ihr eine Welt, zu welcher der Blick des ungläubigen Zeugen keinen Zugang hätte. Und den Gläubigen lassen die Nachrichten aus der Welt des Übersinnlichen kalt. Denn er weiß, daß es nicht um einzelne seltsame Vorkommnisse in einer ansonsten glaubenslosen Welt geht, sondern darum, daß durch die erlösende Liebe alles anders wird, daß die Welt anders wird, weil der Blick auf sie unter einer anderen metaphysischen Bedingung steht.

222. – Dostojewskijs Roman *Der Idiot* schildert, wie Fürst Myschkin im Hause des Kaufmanns Rogoschin eine Kopie des Holbein-Bildes von Christus im Grabe sieht – gleich Dostojewskij war Myschkin dem Original schon einmal in Basel begegnet – und dabei, abermals, eine tiefe Erschütterung erlebt. Der Tod, der auf Holbeins Bild zu sehen ist, scheint endgültig. Der Realismus des geschundenen und zu Tode gefolterten Leibes Jesu gibt Myschkin eine niederschmetternde Vorstellung von der alles zermalmenden Macht der Natur. Der Betrachter bleibt mit dem trostlosen Eindruck zurück, daß deren Gesetzen, die ebenso sinnlos wie roh anmuten, selbst ein Gott nicht würde widerstehen können. Wie konnten die, die den Leichnam des Menschensohnes gesehen hatten, wie konnten die Jünger und Frauen dann glauben, er sei auferstanden?

Das ist die entscheidende Frage. Das Grab war leer. Wie konnte der Glaube an die Auferstehung möglich werden bei denen, die später Zeugnis abzulegen hatten? Das Problem, das sich uns stellt, lautet: Was *sahen* sie, als sie den »toten« Gott sahen? Das Bild, vor dem Myschkin erbebt, will uns glauben machen, sie sahen ein Wesen, das der Natur zum Opfer fiel, vernichtet für immer und ewig: das Gesicht von den Schlägen furchtbar entstellt, gedunsen, mit angeschwollenen, blutunterlaufenen Beulen, die Augen offen, die Pupillen verdreht, die Augäpfel gläsern und tot. Aber ist das, was wir heute Realismus nennen – und was in Holbeins Bild die heilige Handlung ganz in den blinden Naturmechanismus hineinzieht und dadurch zerstört –, nicht eine Folge davon, daß wir die Welt mit den uninspirierten, *gnadenlosen* Augen derer betrachten, die zum Glauben unfähig geworden sind? In einer so gesehenen Welt kann nichts mehr derart sein, daß es zum Glauben führte. Aber wäre denn der Realismus einer Auferstehung und Himmelfahrt, mit all den märchenhaften und zum Teil kindisch anmutenden Details, vom Standpunkt des Glaubens aus nicht noch niederschmetternder als der tote Heiland auf dem Bild von Holbein?

Wir sind daran gewöhnt zu meinen, unser Unglaube sei eine Folge davon, daß wir gelernt haben, die Natur, einschließlich der menschlichen, realistisch zu betrachten: wissenschaftlich, und das heißt vor allem naturwissenschaftlich. Aber kämen wir der Wahrheit nicht viel näher, wenn wir statt dessen urteilten, daß unsere Art des realistischen Blicks die *Folge* einer Glaubensverfinsterung darstellt? Schon der Versuch, so zu argumentieren, wird damit rechnen müssen, als reaktionär gebrandmarkt zu werden. Das ist das mindeste. Man wird ihm vorhalten, Ursache und Wirkung zu vertauschen und die logische Abfolge der Dinge umzukehren. Der Vorwurf wird lauten, man wolle die Fundamente unserer Naturwissenschaft anzweifeln und damit unsere Vernunft denunzieren, die mit der Aufklärung nach langen, verlustreichen Kämpfen zum Siege gelangte. Was soll man darauf erwidern? Der gläubige Mensch ist nicht eo ipso ein Obskurantist, einer, der die Erkenntnisse der Wissenschaft »im

Namen der Bibel« (oder anderer heiliger Bücher) in Frage stellt. Die Wissenschaft konstatiert angesichts der Leiche Jesu: Tot ist tot. Was sollte sie auch anderes konstatieren? In ihrem Rahmen hat der Begriff der Auferstehung entweder einen guten Sinn – der bereits verwesende Körper beginnt physiologisch wieder aktiv zu werden, das Organsystem beginnt erneut zu arbeiten, schließlich schlägt die Leiche ihre Augen auf und ist wieder zu einem lebendigen Menschen geworden –: in diesem Sinne schließen die Naturgesetze jede Art von Auferstehung aus. Oder der Begriff der Auferstehung hat im wissenschaftlichen Bezugsrahmen überhaupt keinen Sinn: Man weiß nicht, was das sein könnte, um das es dabei gehen soll. Und genau darum ist es dem Gläubigen zu tun. Er tritt der Naturwissenschaft als einer gegenüber, der weiß, daß ihre Methode, die Dinge zu sehen und zu analysieren, sehr beschränkt ist. Er weiß, daß ihr Realismus nicht bloß ein Schlüssel ist, der Tore öffnet, sondern auch einer, der eine Unendlichkeit von Horizonten verschließt. Was heißt es denn schon, daß die Welt von Naturgesetzen regiert wird? Die Welt auf diese Weise zu sehen, sie *solcherart* realistisch zu sehen, heißt *unter anderem* auch, sie so zu sehen wie ein Blinder die Farben. Sie auf diese Weise zu sehen heißt, daß man die Auferstehung Jesu nicht erfahren und nicht sinnvoll in Begriffe fassen kann. Da hilft es wenig, sich von den Naturwissenschaften abzuwenden; denn wie man an der gegenwärtigen Abwendungsliteratur erkennt, wird dadurch die Blindheit nur um so tiefer und gleichsam verstockter. Wer sich anschickt, mit den Mitteln des Realismus gegen den Realismus anzugehen, etwa indem er von supranaturalen Welten, anderen Dimensionen oder davon redet, daß alles ein geistiges Energiefeld sei, der liefert immerfort bloß Travestien der wissenschaftlichen Vernunft. Mit einer Erschütterung des Blicks durch den Glauben hat das nichts zu tun.

Aber wie ist es möglich, eine Erschütterung herbeizuführen? Man muß warten. Doch dabei braucht man nicht zu erstarren. Man kann noch immer die Zeugnisse der Erschütterung durch den Glauben studieren, ohne sie sogleich psychologisch oder sonstwie humanwissenschaftlich zu entwerten. Noch immer wird man dann die Farben nicht sehen, aber man wird nicht mehr hochmütig davon ausgehen, daß sie nichts weiter sind als das Produkt überreizter Gehirne und Nerven. Man wird die eigene Blindheit nicht mehr ausschließen wollen. Dann beginnt man, ein Ferialpraktikant des Glaubens zu werden. Der Alltag mag uns dazu verpflichten, als Blinde ernsthaft so zu tun, als ob wir sehend wären. Doch wenn wir uns in den stillen, nutzlosen Winkel zurückziehen, wenn wir frei sind, dann dürfen wir unsere Augen endlich schließen und vom Sehen der Farben träumen.

III

Die dünne Luft der Erhebung

Die Kunst als Religion

223. – *These:* Ab dem Moment, da die Kunst der Neuzeit zur Geniekunst wird, nimmt sie in Anspruch, das wahre Ethos und die wahre Religion zu verkörpern. Sowohl das Gute als auch das Heilige, deren angestammte öffentliche Träger – Politik und Kirche – durch die Aufklärung delegitimiert werden, sollen eine neue Heimat finden. Die Kunstreligion leidet aber darunter, der religiösen Aura ohne das gute Gewissen des mythischen Bewußtseins dienen zu müssen. Das hat zwei Effekte: Zum einen wird die ästhetische Sensibilität reaktionär – ihr Hauptfeind ist die demokratische Massenkultur –, zum anderen wird sie negativistisch. Sie dringt darauf, das Göttliche als das darzustellen, was *nicht* ist. So entsteht der Antimodernismus einer weltflüchtigen »Ästhetik der Abwesenheit«.

224. – Die Ideen der Menschheit und der Emanzipation gehören zusammen. Infolge des Strebens nach Mündigkeit werden seit dem 18. Jahrhundert Attacken sowohl gegen das Offenbarungsmodell der Wahrheit als auch gegen den Traditionalismus der Moral- und Gesellschaftsgestaltung üblich – Attacken, die den Wert der Offenbarung wie der Tradition als Quellen der Erkenntnis grundsätzlich bezweifeln.

Die Kämpfe der Aufklärer waren erfolgreich, und manch einer bedauert das heute. Wurde in der Hitze des Gefechts nicht zuviel zerstört? Die Klagen über die Defizite unserer Zivilisation sind bekannt: Technikbesessenheit, Wissenschaftsgläubigkeit, materialistische Lebensführung, Nihilismus und die Bereitschaft, auf die tiefere Sinnlosigkeit des Lebens terroristisch zu reagieren. Im Westen, und zwar mitten in den Wohlstandsparadiesen unserer ansonsten hungernden

Erde, haben die Essayisten des Weltuntergangs Saison: alles, was die Menschen getan haben, um sich vom Mythos und aus den Banden der Überlieferung zu befreien, ist falsch gewesen, hat in die Irre und vor den Abgrund geführt, zur Atombombe, zum Ozonloch, zu Aids und den Killerviren. Es gehört zur geistigen Ausrüstung des aktuellen Meisterdenkers, daß er gnostisch gestimmt ist; schreibend befindet er sich auf der Weltflucht.

Die Bereitschaft, in den Errungenschaften der Neuzeit eine Art Teufelswerk zu sehen, läßt das gedankliche Spiel mit Formen und Gestalten des vormodernen Lebens, mit allerlei Archaischem, wieder attraktiv erscheinen. Dabei wird leicht übersehen, daß die Idee der Menschheit eine Vernunft zur Voraussetzung hat, auf die sich im Prinzip alle Menschen gleichermaßen berufen können. So ringt die Wissenschaft um eine Sichtweise der Welt, die der Philosoph Thomas Nagel »a centerless view« nennt, das heißt: Die Wissenschaft strebt nach einer Universalität des Wissens, die sich gegenüber den unzähligen individuellen und kulturellen Perspektiven neutral verhält.

Die universalistische Einstellung hat nicht nur eine Funktion im Bereich der theoretischen Vernunft. Ein ebenso wichtiges Ziel sieht die Aufklärung von Anfang an darin, die verstreute und zerstrittene Menschheit auf die Stufe eines moralischen Kollektivs zu heben. Dessen vornehmste Aufgabe wäre die Einrichtung einer umfassenden Sozial- und Friedensordnung, die von ihren Mitgliedern zwanglos als vernünftig eingesehen werden könnte. Die Möglichkeit einer solchen Ordnung setzt freilich voraus, daß man auch in praktischen Belangen einen »centerless view«, einen Standpunkt der Unparteilichkeit, einzunehmen imstande ist. Ihm zufolge haben die eigenen Interessen gleich viel Gewicht wie die Interessen aller anderen, unabhängig davon, welchen Gott man verehrt oder welche Vorrechte einem gemäß der eigenen Tradition zustehen.

Der oft beklagte Glaubensverlust unserer Kultur ist nicht, wie gerne gesagt wird, die Folge eines schnöden »Materialismus«, einer Beschränkung der Daseinswerte auf materielle Güter. In Wahrheit resultiert die zunehmende religiöse Indifferenz des Westens aus seiner Parteinahme für die Idee der Menschheit und das damit verknüpfte Postulat des Universalismus sowohl im Theoretischen als auch im Praktischen. Werden keine Erkenntnisquellen mehr geduldet, die bloß den Auserwählten offenstehen, dann können religiöse mit wissenschaftlichen Behauptungen nicht ernsthaft konkurrieren; und dann müssen ursprünglich religiöse Gebote – etwa das christliche Gebot der Nächstenliebe – ihre allgemeine Verbindlichkeit aus säkularen Quellen schöpfen (beispielsweise aus den Prinzipien einer utilitaristischen oder kantischen Ethik).

225. – Es ist eine historische Tatsache, daß der Hang, die Kunst als Religion zu interpretieren, zusammenfällt mit dem Durchbruch des Universalismus in Erkenntnis und Moral.

Der Gedanke Johann Gottfried Herders, daß die Ursprache der Menschheit nicht prosaisch, sondern poetisch gewesen sei, war von gewaltiger Wirkung, über die Romantik hinaus bis zum späten Heidegger (und, um einen einflußreichen zeitgenössischen Denker zu nennen, bis hin zu Jacques Derrida). Denn das Poetische wird dadurch ganz und gar vom bloß kalkuliert Künstlichen abgetrennt: Es wird dem Empirismus und Rationalismus als die tiefste Form schauender und ahnender Weltdurchdringung gegenübergestellt.

Die Erkenntnis des Göttlichen kann demnach nicht auf dem Wege des Verstandes erfolgen. So setzt Herder in seiner Schrift *Vom Geist der ebräischen Poesie* (1782-83) auseinander, daß die Bibel nationale Dichtung von Hirten sei und daß die Sprache Gottes im Ursprung keine andere habe sein können als die der reinen, unverfälschten Poesie. Der Kulturprozeß wird hier, wie bei Rousseau, als ein Prozeß der Entfremdung von der göttlichen Kraftquelle verstanden, als ein Prozeß freilich, der durch das Auftreten des Genies Schritt für Schritt saniert werde: Die wahrhaft geniale Kunst zehre vom göttlichen Urquell und bringe ihn wieder zur Sprache; und sie bringe damit die Welt wieder zurück zum wahrhaft Göttlichen jenseits des christlichen Dogmatismus.

Herders Kunstreligiosität ist eine Alternative zum Universalismus der Aufklärung. Auch für Herder ist die Idee der Menschheit regulativ. In seinen *Ideen zur Philosophie der Geschichte der Menschheit* (1784-91) wird die wahre Religion als »die höchste Humanität, die erhabenste Blüte der menschlichen Seele« bestimmt: Die wahre Religion »ist ein kindlicher Gottesdienst, eine Nachahmung des Höchsten und Schönsten im menschlichen Bilde, mithin die innigste Zufriedenheit, die wirksamste Güte und Menschenliebe« – sie ist als die Essenz des Humanen vollkommen *universal*.

Der Herdersche Ökumenismus ist freilich von vornherein zwiespältig. Denn ihm fehlt eine universale *Erkenntnisquelle* des Göttlichen: Dessen Erkenntnis und Ausdruck haften unlösbar am nationalsprachlichen Element. Nur in der Poesie der einzelnen Völker, also jenem sprachlichen Gestaltungsmittel, das vom Nationalcharakter am tiefsten durchdrungen und von ihm am wenigsten ablösbar ist, läßt sich wahre Religiosität artikulieren. Und so verwundert es kaum, daß Herders Humanismus bald deutschsprachlich verengt und, über eine eigentümliche Hölderlin-Rezeption, schließlich dahingehend nationalistisch zugespitzt wird, daß sich einzig in der Sprache der Deutschen das Göttliche noch aussprechen könne. Heidegger wird der prominenteste philosophische Verfechter dieser seltsamen Sprach- und Kunsttheologie werden; das Göttliche wird bei ihm »das Seyn« heißen.

Noch ein weiteres fragwürdiges Element des Herderschen Humanismus findet sich, auf die Spitze getrieben, bei Heidegger, besonders dem späten, der nach dem Zusammenbruch des Nationalsozialismus seine eigenen nationalen Erneuerungshoffnungen tief verbittert begraben muß. Der Heidegger nach 1945 ist ein Antihumanist schon deshalb, weil ihm der Zustand des Menschen vom Menschlichen her nicht mehr sanierbar scheint. Amerika und Sowjetrußland, die weltbeherrschenden Mächte, sind für Heidegger die Statthalter einer Epoche tiefster Seinsverdunkelung. Technik und Materialismus haben die geistigen Kräfte der Menschheit in Bann geschlagen. Demokratie, Zivilisation, Wissenschaft, Liberalismus, Intellektualismus: das alles sind Wegmarken des Verfalls; die ganze moderne Kultur ist aufgrund ihrer Konstitution unfähig geworden, dem Zuspruch des Seins zu lauschen, die Stimme Gottes zu hören. Hier, bei Heidegger, setzt das religiöse Leben ein extrem gnostisches Bewußtsein voraus, denn die Welt der Moderne ist ein Kerker, in dem das Helle am Menschen, sein Anteil am Göttlichen, schmachtet und sich selbst nicht mehr erkennt. Hilfe kann nur noch von außerhalb der Welt kommen, nur ein Gott kann uns retten: das ist Heideggers letztes Wort.

Nun war bereits Herders Bildungsgeschichte der Menschheit, obwohl vordergründig das genaue Gegenteil einer antihumanistischen Doktrin, rousseauistisch unterfüttert. Bei nicht geringem Menschheits-Optimismus lautete ihr Grundgedanke, daß Zivilisation und Verfall, wenn schon nicht gleichzusetzen, so doch wesensmäßig miteinander verbunden seien. Demnach hängt die humane Qualität des Fortschritts letzten Endes davon ab, inwieweit Rationalismus und Positivismus über die Poesie, allgemein: die Kunst und ihr Genie, siegen werden. Für den Rousseauismus heißt die große Gefahr »Verstandeskultur«, und in der Tat mußten deren Schreihälse im 18. Jahrhundert die empfindsam-gelehrten, die herzensgebildeten Geister abstoßen.

Die Ideologie der Aufklärung ist, wie man weiß, nicht die Aufklärung. Es ist aber diese selbst, die im Gefolge Rousseaus und Herders, der Empfindsamkeit, des Sturm und

Drang, des Geniekults und der Romantik als die Wurzel aller Zivilisationsübel gegeißelt wird. Im Gegenzug verschmilzt dann die Religion, die im Universalismus der Aufklärung keine Heimstätte hat, mit der Geniekunst und ihrer radikalen Kulturkritik. Das ist die Geburtsstunde des kunstreligiösen Gnostizismus, dessen Weltverdrußspiele gegenwärtig wieder Saison haben. Dabei handelt es sich charakteristischerweise um deutsche (und von deutscher Denkungsart abgeleitete romanische) Veranstaltungen, und jetzt geht es – ganz im Gegensatz zu Herder – um die Menschheit bloß insofern, als deren egalitäre Gestaltungen angeblich zu seinstauber, gottloser Vermassung führen.

Für die kunstreligiöse Bewegung heute gibt es eine negative Utopie, nämlich die Idee der Menschheit als eines Solidarsubjekts aus theoretisch und praktisch gleichberechtigten Individuen. Soweit sich die westliche Moderne dieser Idee verpflichtet fühlt – und ist sie nicht ein definierender Bestandteil des »Projekts« der Neuzeit insgesamt? –, lehnt der kunstreligiöse Flügel der deutschen Intelligenz die westliche Moderne ab.

226. – Kunst und Religion waren seit jeher eng miteinander verbunden. Geht man davon aus, daß sich die ersten Kunstwerke in den steinzeitlichen Höhlen finden, dann liegt zumindest eine Hauptwurzel des künstlerischen Gestaltungswillens im Magisch-Rituellen: Die Menschen, die etwa zwischen dem 25. und 10. Jahrtausend vor unserer Zeitrechnung ihre bevorzugten Beutetiere, Jagd- und Fruchtbarkeitsszenen auf Steinwänden abbildeten, taten dies gewiß nicht interesselos oder aus reiner Freude an der Darstellung; man muß davon ausgehen, daß Zwecke der Beschwörung günstiger Lebensumstände und der Bannung natürlicher Gefahren im Vordergrund standen. Diese Menschen, schreibt Hans Peter Duerr in seinem Buch *Sedna*, waren Ritualisten, die das Leben liebten und »es unternahmen, das Leben zu erhalten

und immer wieder zu regenerieren«. Und so steht auch die Kunst des Anfangs, als Unterstützung und Teil magischer Zeremonien, im Dienste des Lebens.

Wenn man sich fragt, woher eigentlich die große Kunst des Abendlandes ihre Aura bezieht, ihren sakralen und schließlich quasi-sakralen Stellenwert, dann bleibt wohl nur eine Antwort: In ihr lebt ein Moment des ursprünglich Magischen fort, ein Moment der Bannung und Beschwörung der Göttlichkeit der Dinge und des Göttlichen selbst. Mittels der Werke hält der Mensch seine ursprüngliche Beziehung zu den Mächten des Seins aufrecht. Der antike und noch der mittelalterliche Bildrealismus lassen es als möglich erscheinen, daß der in der Ikone dargestellte Gott, Heilige oder Wundertäter dort auch real anwesend ist, ähnlich wie im steinzeitlichen Ritual der auf der Höhlenwand dargestellte Bison mächtig und lebendig werden konnte. Die christliche Kirche wird zu tun haben, um die kultische Bilderverehrung des Volkes, das mit der bloßen Wortgestalt Gottes wenig anzufangen weiß, abzuwehren und zu kanalisieren.

Walter Benjamin hat in seiner Abhandlung *Das Kunstwerk im Zeitalter seiner technischen Reproduzierbarkeit* den Begriff der Aura definiert als »einmalige Erscheinung einer Ferne, so nah sie sein mag«. Gemäß dieser Charakterisierung besteht die religiöse Funktion des Kunstwerks darin, die Unnahbarkeit eines Göttlichen augenscheinlich zu machen: »Das wesentlich Ferne ist das Unnahbare. In der Tat ist Unnahbarkeit eine Hauptqualität des Kultbildes.«

Benjamin dachte, das Kunstwerk müsse in dem Augenblick seiner Aura verlustig gehen, in dem es massenhaft reproduziert und schon bei der Erzeugung auf seinen massenhaften Vertrieb hin angelegt wird. Das war eine konsequente Deutung. Denn Benjamins Aura-Begriff spiegelt die grundsätzlich veränderte Stellung des Kunstwerks zur Religion seit der Renaissance wider. Seit sich nämlich im Werk die persönliche »Sicht« des Künstlers, seine »Idee« des Religiösen, immer stärker Bahn bricht, rücken das unnahbar Göttliche und das Subjektive immer weiter zusammen, bis sie schließlich im großen Kunstwerk der Neuzeit verschmelzen. Dadurch wird der Akt des Genies zu einem göttlichen Akt, dessen Einmaligkeit darin gründet, vollendet individuiert zu sein.

Von da an beginnt ein Prozeß der Umbesetzung und Verwirrung. Die religiösen Gefühle treten immer stärker unter den Bann des Ästhetischen, ein Kult des Schönen entsteht, dem sich die Heiligung des schöpferischen Individuums beigesellt. In dem Begriff einer »reinen Kunst«, wie er endlich der Lehre des *l'art pour l'art* vorschwebt, steckt eine Quasi-Theologie. Sie postuliert die absolute Autonomie des künstlerischen Aktes: Kunstschöpfung ist Weltschöpfung, und als solche dient sie weder dem Leben, noch ist sie eigentlich von ihm abhängig – sie ist das Nichtkontingente schlechthin. Sie ist der Ausdruck einer Subjektivität, die insofern ebenso vollkommen objektiv wie vollkommen sinnlos ist, als das einzige, was sie zum Gegenstand hat, fortwährend ihre eigene Aktivität ist. Der Künstler ist der weltlose Gott, der sich schaffend selbst bespiegelt.

Für den Literaturwissenschaftler George Steiner definiert sich die Moderne durch einen ontologischen Nihilismus. Zwischen 1870 und 1940 habe sich in Europa der Bruch zwischen dem dichterischen Wort und dem Logos, der göttlichen Ordnung, vollzogen, auf die alles Kunstschaffen bis dahin ausgerichtet gewesen sei. Der Kronzeuge dieses Vorgangs ist natürlich Stéphane Mallarmé: sein Konzept der *poésie pure* und die darin enthaltene Vorstellung, daß die dichterische Bedeutung des Wortes sich um so reiner darbiete, je weniger es noch auf den Bezug der Sprache zur Realität ankomme.

Mallarmé ist, vor Paul Celan, der wichtigste Poeto-Theologe des Nichts, für ihn fallen erst an der Grenze des Schweigens – und, genaugenommen, erst jenseits dieser Grenze, wohin aber keine Dichtkunst reicht – das menschliche Wort und der göttliche Logos zusammen. Mallarmés ontologischer Nihilismus (sofern der Ausdruck angebracht ist) repräsentiert die Endstufe der ästhetisch kodierten Religiosität. Die Magie der daraus entspringenden Kunst dient nicht mehr der Beschwörung all dessen, was das Leben ausmacht und fördert – im Gegenteil. Mallarmés Hérodiade sagt das Ungeheuerliche kurz und bündig: »Du reste, je ne veux rien d'humain.« Der kunstreligiöse Flügel der Moderne ist lebensfeindlich und antihumanistisch geworden.

227. – Unter den verschiedenen Gesichtspunkten, unter denen sich die Kunst betrachten läßt, ist folgender nicht unmaßgeblich: es gibt eine Kunst, die dem Leben dienen, seine Anlagen fördern und veredeln möchte; und es gibt eine Kunst, die dem Willen zum Leben – als einer Behinderung auf dem Weg zum Absoluten – mißtraut, ihn dämpfen oder sogar abtöten möchte. Diese zweite Art von Kunst prägt den Avantgardismus unseres 19. und 20. Jahrhunderts.

Mit der Vergöttlichung des künstlerischen Subjekts verbindet sich die Tendenz seiner Auslöschung im Werk. Das Göttliche ist das Negative, und nur im Modus der Verneinung ist die Transzendenz erfahrbar. Das Nichts, das Schweigen, die Streichung; das stumme Gedicht, das weiße Bild, die leere Partitur, die ungespielte Saite; Endspiele: Abkehr vom Menschen und Abkehr von der Welt, das sind die metaphysischen Gesten, die den permanenten kunstreligiösen Abscheu vor dem Menschen und der Welt begleiten.

In Paul Celans lyrischem Zyklus *Atemwende* findet sich ein Gedicht, das lautet:

> Fadensonnen
> über der grauschwarzen Ödnis.
> Ein baum-
> hoher Gedanke
> greift sich den Lichtton: es sind

noch Lieder zu singen jenseits
der Menschen.

Erich Fried, der sozial engagierte Lyriker, hat zu Celans
»Fadensonnen« eine Entgegnung verfaßt:

> Lieder
> gewiß
> auch jenseits
> unseres Sterbens
> Lieder der Zukunft
> jenseits der Unzeit in die wir
> alle verstrickt sind
> Ein Singen jenseits
> des für uns Denkbaren
> Weit
>
> Doch nicht ein einziges Lied
> jenseits der Menschen.

Einmal abgesehen von ihrem ästhetischen Rang, basiert diese
Widerrede auf einem vordergründigen Mißverständnis.
Celans Gedicht spricht von einer metaphysischen Limitierung – auf der Stufe höchster Geistigkeit wird der Mensch
dessen gewahr, daß die Erlösung jenseits des Menschseins
liegt –, während Fried die Frage »Lieder jenseits des Menschen – ja oder nein?« ausschließlich auf der humanpoliti-
schen Ebene ansiedelt. Der Gegensatz von Fried und Celan
ist deshalb bedeutsam, weil es der Gegensatz von Aufklärung
und moderner Religiosität ist.

Erich Fried, so könnte man sagen, dichtet unter der regu-
lativen Idee der Menschheit. Für seine Kunst sind die Gedanken der Emanzipation und des Universalismus wesentlich.
Ästhetisch ist das von großer Bedeutung, denn der Dichter
der Aufklärung will die Kunst säkularisieren. Er will eine für
alle verständliche Kunst machen, tatsächlich eine Kunst, über
deren Inhalte man vernünftig reden kann. Eine solche Kunst
verweigert sich der Aura: Sie meidet den Bereich des Ma-

gisch-Rituellen und bekämpft die kunstreligiöse Aufblähung des Genies zum Apostel, zum Medium des Göttlich-Absoluten.

Alles, was den metaphysischen Nerv des europäischen Avantgardismus reizt, läßt Frieds Kunst kalt oder fordert sie zum ideologiekritischen Kommentar heraus. Eine fortschrittliche Ästhetik für den Menschen soll fortan bloß noch eine Ästhetik ohne Transzendenz sein. Das scheint insofern konsequent, als die moderne Transzendenz das Reich der Welt- und Lebensfeindlichkeit ist. Zwar übernimmt die Kunst, die ihre Lieder jenseits des Menschen singen möchte, einen Himmel, aber dieser ist eisig, tot, eine Wüste; sie übernimmt das religiöse Staunen als eine Mystik, die nur das Glück der Einsamkeit, der Auslöschung, des in sich gespiegelten Spiegels kennt; sie übernimmt das Apostolische als einen Hang zum Wahnsinn, zur Krankheit, zur Asozialität.

Woher rührt das? *Erstens* kommt der Kunst, die als das Reich des Schönen von den universalistischen Ansprüchen der Aufklärung am wenigsten berührt wird, kraft ihrer auratischen Potenz zunehmend die Aufgabe zu, den religiösen Impulsen und Gefühlen eine neue – eine ästhetische – Heimat zu bieten. *Zweitens* aber gerät sie dadurch in eine negativistische Position der gesamten Kultur gegenüber, die an die Stelle Gottes schon lange die Idee der Menschheit gesetzt hat. Und dies wiederum hat, *drittens*, seinen tieferen Grund darin, daß die Kunst gerade jene Elemente nicht nachzubilden vermag, die aus der entwickelten Religion erst einen produktiven Kulturfaktor werden ließen: die sinnstiftende Erzählung darüber, woher wir kommen, wer wir sind und wohin wir gehen; die Rituale, die das irdische Geschehen mit den himmlischen Mächten und Kräften verbinden; die Offenbarung und Außerfragestellung fundamentaler moralischer Grundsätze.

228. – Der ästhetische Umgang mit Transzendenz war unter den kognitiven Bedingungen der Neuzeit bisher nicht anders zu bewältigen als auf dem Wege einer ständigen Evokation oder Beschwörung der Abwesenheit Gottes. Für die Ästhetik der Abwesenheit geht es dabei nicht bloß darum, ein Vakuum zu konstatieren, sondern sie will den ontologischen Sinn des Vakuums spürbar werden lassen. Dieser gründet in dem Dagewesensein Gottes. In den Worten George Steiners: »Die Phänomenologie ist elementar: es ist, als zöge sich jemand von uns zurück, den wir geliebt haben [...] oder vor dem wir in Furcht gelebt haben.« Aber der negative Theismus wird zunehmend abgelöst von einem neutralen Bewußtsein der Gottlosigkeit. Diesem zufolge gab es niemals etwas, was sich hätte zurückziehen können, und eine Kunst, die dem Rechnung trägt, entsagt dem Pathos des metaphysischen Verlusts und erst recht der Verzweiflung des »ontologischen Nihilismus«.

Der Säkularisierung des im engeren Sinne traditionell religiösen Lebens wird schließlich auch die Säkularisierung des ästhetischen Lebens folgen. Mit welchem Recht erhebt der Künstler, und sei es in der Gestalt des genialen Schöpfers, Anspruch auf einen privilegierten Zugang zu den Quellen des Seins? Die Frage stellt sich notwendig und gebieterisch vor dem Hintergrund des universalistischen Weltbildes. Insoweit die Kunst, über die Gestaltung bloßer Subjektivität hinaus – die ja großartig und bewunderungswürdig sein kann –, einen metaphysischen Erkenntniswillen an den Tag legt, hat sie keine Legitimation, die nicht prinzipiell allen Menschen zur Verfügung stünde: Die prophetische, apostolische oder charismatische Geste wird nicht mehr als ontotheologisch erhebliches Zeichen einer privilegierten Nähe zum Absoluten empfunden.

Eine Möglichkeit, auf diese Entwicklung zu reagieren, besteht darin, alle Strategien und Medien der universalistischen Moderne um so kompromißloser abzulehnen, und man bemerkt, daß sich der kunstreligiöse Flügel heute tatsächlich in einer solchen Haltung befestigt. Botho Strauß hat den Konflikt zwischen dem liberalen Skeptiker – dem »nihilistischen Versucher« Nietzsches – und jenem ganz anderen, dem »Fulguristen«, folgendermaßen beschrieben: Während der Skeptiker den Unglauben akzeptiere, weil wahrhaft »sakrales Empfinden in sakraler Gemeinschaft gründen müsse« – welche aber nicht mehr greifbar sei –, warte der Fulgurist auf eine abrupte Neuschöpfung des Systemganzen: »Kein noch so komplexes, hochentwickeltes, gleichgültiges, liberales und strapazierfähiges Gemeinsames vermag sich gegen den Blitz zu schützen, der es umordnet. Wenn der Schein wild wird nach Gestalt, wird er den Spiegel zum Bersten bringen.«

Der Begriff *fulguratio* hat eine lange Geschichte: Er entstammt der Sprache der christlichen Mystiker, die mit ihm das Aufblitzen des Gotteserlebnisses in der *visio*, der seligen Schau, bezeichneten; und er meint späterhin das ebenso unvorhersagbare wie plötzliche Entstehen neuer globaler Systemeigenschaften aufgrund des Zusammentreffens bisher getrennter Funktionskomplexe der natürlichen oder geistigen Welt. Was der aktuelle Fulgurist als Utopie im Auge hat, das ähnelt am ehesten jener alten Zeit, als es noch einen *ordo* und eine *auctoritas* gab. Es ähnelt dem Mittelalter, das jedoch nur demjenigen als mögliche Zukunft ins Heute leuchten mag, der gegen die Idee der Menschheit auf die fundamentalistischen Gewalten setzt.

Wer indessen Fulgurist ist, ohne deswegen gleich Mittelalterliches zu beschwören, dem bleibt nur, unsere massendemokratische Welt zu verdammen und im übrigen ins Nirgendwo zu starren: dorthin, wo das Ganz Andere wiederauftauchen müßte. Doch der Blick, der derart über die Welt hinausstarrt, hat keine bevorzugte Richtung mehr – er zerstreut sich und wird diffus, schließlich auch ästhetisch unwirksam. Mythisch dezentriert und gleichzeitig allergisch gegen alles kulturell Geformte, »Konventionelle«, verfällt der Künstler entweder ins Schweigen oder in eine ekstatisch entregelte Privatheit, deren Ausdrucksversuche daran kranken, esoterisch zu bleiben.

229. – Es hat auch in der Moderne immer wieder Stimmen gegeben, die meinten, im Zeitalter der Säkularisierung werde die Kunst zur wahren Religion der ansonsten gottlosen Zeitgenossen avancieren. Daß dies eine Fehleinschätzung war, liegt wohl weniger am Verlust der Aura, die das Kunstwerk vor der Zeit seiner technischen Reproduzierbarkeit – also in der Ära des Originals – gehabt haben mag. Es liegt vielmehr daran, daß im Ästhetischen stets nur jener Teil des Religiösen *überzeugend* fortführbar ist, der mit den kognitiven Grundanforderungen der Zeit, das heißt für unsere Epoche: mit den Anforderungen des Universalismus in der empirischen Theorie wie in der moralischen Praxis, verträglich ist.

Die Ästhetik steht den anderen Gebieten der menschlichen Welterschließung und Weltzuwendung nicht neutral gegenüber. Sie ist ein Teil des »Projekts« der Neuzeit, und als solches kann sie den Verlust der mythischen und naturrechtlichen Denkweise nicht ersetzen. Sie kann die Desavouierung der rational nicht einlösbaren Anteile des Christentums, angefangen bei der Schöpfungsgeschichte bis hin zur Offenbarung der moralischen Gesetze, keineswegs ungeschehen machen: als ob in der Kunst plötzlich wieder zur Geltung kommen könnte, was ansonsten als ungültig oder ungerechtfertigt aus dem allgemeinen Wissenskorpus der Gesellschaft entfernt wurde!

Eine Ästhetik aber, die sich zur Hüterin des gekränkten religiösen Bewußtseins macht und darauf abzielt, die Kunst gegen die moderne Welt zu verschwören, treibt den Kunstschaffenden in eine reaktionäre Isolation. Eine solche Ästhetik erhellt und erhebt nicht, sondern zwingt jene, die ihr anhängen, unter dem geistigen Niveau der eigenen Zeit zu existieren. Der späte Hugo Ball gibt dafür ein Beispiel: Vom

Dadaisten zum Papisten geworden, erwartete er die scharenweise Konversion der künstlerischen Intelligenz zum Glauben und die Konversion der Kunst selbst zur Religion, ja er hoffte auf unzeitgemäße Dinge wie etwa die Wiedereinrichtung des Kirchenstaates. In Balls Schicksal zeigt sich kraß, was schon bei den Romantikern keine Seltenheit war. Für viele von ihnen stand außer Zweifel, daß die Religion der Nährboden und das Mittelalter die Heimat der wahren Kunst seien, und manchem lag schließlich das Heil im christlichen Dogma, namentlich im Katholizismus. Friedrich und Dorothea Schlegel konvertierten 1808, Zacharias Werner wurde 1811 Priester in Rom, Clemens Brentano kehrte 1817 zur Kirchentreue zurück. Novalis und Eichendorff fanden sich schließlich wieder bei einer vorreformatorischen Gesinnung, der reaktionären Aburteilung des Protestantismus. Es ist offensichtlich, daß eine solche Haltung, die sich immer nur im Widerstand gegen die Verlockungen und den Common Sense der herrschenden Kultur zu stabilisieren vermag, nicht frei sein wird von Gehässigkeit, Neid und schierem Unverstand.

Dennoch: Während das Christentum, auf dem Weg zur Ökumene, seine religiösen Energien immer mehr in den Dienst sozialer und karitativer Zwecke stellt und die christlichen Kirchen zusehends zu bloß noch moralischen Anstalten verkümmern, ist es die Kunst, die verstärkt dem religiösen Empfinden dient. Dabei handelt es sich um jene Art von inspirierter Kunst, die aufgehört hat – oder nie dazu bereit war –, den Weltnegativismus der Avantgarde mit sich fortzuschleppen. Diese Kunst widmet sich der »Darstellung des Undarstellbaren« im Leben, des eigentlich unaussprechbaren Substrats der sprachlich und konventionell präfigurierten Dinge unserer Welt.

Im Anschluß an eine forcierte Kant-Interpretation Jean-François Lyotards redet man gerne von einer Kunst des Erhabenen, doch eingedenk der schönen Charakterisierung von Robert Musil sollte besser von einer Kunst der »taghellen Mystik« die Rede sein. Deren Voraussetzung ist es geradezu, daß die Welt säkularisiert ist. An einer Stelle des Romans *Der Mann ohne Eigenschaften* heißt es über Ulrich, den Helden Musils:

Ohne Zweifel war er ein gläubiger Mensch, der bloß nichts glaubte: seiner größten Hingabe an die Wissenschaft war es niemals gelungen, ihn vergessen zu machen, daß die Schönheit und Güte der Menschen von dem kommen, was sie glauben, und nicht von dem, was sie wissen. Aber der Glaube war immer mit Wissen verbunden gewesen, wenn auch nur mit einem eingebildeten, seit den Urtagen seiner zauberhaften Begründung. Und dieser alte Wissensteil ist längst vermorscht und hat den Glauben mit sich in die gleiche Verwesung gerissen: es gilt also heute, diese Verbindung neu aufzurichten. Und natürlich nicht etwa bloß in der Weise, daß man den Glauben »auf die Höhe des Wissens« bringt; doch wohl aber so, daß er von dieser Höhe auffliegt. Die Kunst der Erhebung über das Wissen muß neu geübt werden.

An den späteren, nachgelassenen Stellen des Romans, dort, wo Ulrich und seine Schwester Agathe ihre mystischen Gespräche führen, wird deutlich, daß die Kunst der Erhebung über das Wissen bei den sanften Entrückungen landet, die ein stiller Garten an einem schönen stillen Sommertag zu gewähren vermag: Man schaukelt gleichsam vor den Dingen, und die Dinge schaukeln mit, und ohne aus dem Normalbewußtsein völlig herauszutreten, hat man doch den Eindruck, in die nun wunderbar namenlosen Dinge schwerelos einzugehen: »Das Verstehen macht einem unstillbaren Staunen Platz, und das geringste Erlebnis – dieses Fähnchen Gras oder die sanften Laute, wenn deine Lippen da drüben ein Wort aussprechen – wird unvergleichbar, welteinsam, hat eine unergründliche Selbstischkeit und strömt eine tiefe Betäubung aus...!«

Bei Musil, dem jeder Mystizismus zuwider war, lernt man freilich auch, wie wenig eine derart fragile und flüchtige

Kunst der Erhebung an die Tröstungen des alten Glaubens heranreicht. Die Kunst der taghellen Mystik ist eine der günstigen Augenblicke, sie spielt an zauberisch besonnten Plätzen. Gegenüber den schwarzen Mächten des Lebens jedoch, dem Schmerz, dem Tod oder der Bestialität, ist sie hilflos wie eine Glasmenagerie vor der Planierraupe. Auf Auschwitz weiß sie keine Antwort. Das ist ihr nicht anzulasten: Keine Kunst weiß darauf eine Antwort, es sei denn eine unangenehm verspielte, wie sie der ästhetische Gnostizismus bereithält, wenn er die Welt zur Hölle und Gott zum Teufel erklärt, ohne auch nur im geringsten an die Hölle, an Gott oder den Teufel zu glauben. In dieser Begrenzung wurzelt der Sinn des Arguments, die Kunst könne nicht einfach die Rolle der Religion übernehmen, auch nicht im Zeitalter des Säkularismus.

Daraus folgt jedoch keineswegs, daß das religiöse Empfinden heute beim Mythos und seinen Verwaltern, den Kirchen, besser aufgehoben wäre als in der Kunst. Denn, wie Musils Ulrich sagt, die alten Wissensteile, die einst dem Mythos und seinen irdischen Repräsentanten Bedeutung verliehen, sind längst vermorscht; ihre Autorität und ihre Tröstungen sind siech. Nicht mehr der mythische Begriff von Transzendenz läßt die Menschen erahnen, erschauen und erkennen, daß sie am Transzendenten teilhaben, sondern das gleichsam ortlose, weil dogmatisch ungebundene Erleben des Mystischen: das Erleben des Hineinragens der Dinge in eine Sphäre, wo sich die wie immer auch rationale Gewalt und das wie immer auch faktische Banale aller Innerweltlichkeit lösen. In dieser Sphäre der Erhebung scheinen uns die Dinge alles zu sagen und sagen uns doch gar nichts: Sie sind einfach *da*. Es ist dieses Erleben des einfachen, vorbegrifflichen Daseins der Dinge, dessen Kultivierung jener Art von Kunst obliegt, die der Wahrheit unseres religiösen Empfindens im Zeitalter der Gottlosigkeit nachspürt.

Denen, die meinen, das sei zuwenig, muß die Frage gestellt

werden: Ist in der Causa Religion unterdessen nicht alles, was mehr ist als dieses Fast-Nichts, bereits zuviel, nämlich ein Angriff auf die Fundamente unseres Wissens und unserer Gesittung – ein ideologisches Gift, dazu angetan, die Idee der Menschheit zu verderben?

Der Augenblick der Philosophie

230. – Einer der wichtigsten Texte der philosophischen Moderne ist keine Abhandlung, sondern ein Roman, nämlich Jean-Paul Sartres *La nausée* (*Der Ekel*), erschienen 1938. In diesem Roman schildert Antoine Roquentin, der fiktive Tagebuchschreiber, ausführlich, wie ihm im Park von Bouville anläßlich der gedankenlosen Betrachtung einer Baumwurzel – es handelt sich um die Wurzel eines sehr alten Kastanienbaumes – eine »Erleuchtung« zuteil wird.

Die Erleuchtung, um die es hier geht, hat freilich nichts mit der *visio beatifica* zu tun, dem hingerissen-staunenden Gewahrwerden der Göttlichkeit, und sei es der Göttlichkeit einer klobigen Baumwurzel unter einer profanen Parkbank. Jene Erleuchtung ist vielmehr eine in ihr Gegenteil verkehrte *visio beatifica*, eine – laut Stefan Matuschek – *visio horrifica*. Auf einmal gerät Roquentin in eine »gräßliche Ekstase«, und ihm »enthüllt« sich die Existenz der Baumwurzel (233).

Wenn man mich gefragt hätte, was die Existenz sei, hätte ich in gutem Glauben geantwortet, daß das nichts sei, nichts weiter als eine leere Form, die von außen zu den Dingen hinzuträte, ohne etwas an ihrer Natur zu ändern. Und dann, plötzlich: auf einmal war es da, es war klar wie Licht: die Existenz hatte sich plötzlich enthüllt. Sie hatte ihre Harmlosigkeit einer abstrakten Kategorie verloren: sie war der eigentliche Teig der Dinge, diese Wurzel war in Existenz eingeknetet. Oder vielmehr, die Wurzel, das Gitter des Parks, die Bank, das spärliche Gras des Rasens, das alles war entschwunden; die Vielfalt der Dinge, ihre Individualität waren nur Schein, Firnis.

Dieser Firnis war geschmolzen, zurück blieben monströse und wabbelige Massen, ungeordnet – nackt, von einer erschreckenden und obszönen Nacktheit. (145)

Was *sieht* Roquentin? Er sieht die Wurzel, so wie sie an und für sich ist; er wird ihrer objektiven, ihrer »nackten« Existenz gewahr. Dabei handelt es sich um kein gewöhnliches Sehen, und der ungewöhnliche Inhalt dieses ungewöhnlichen Sehens ist in der Sprache, die wir sprechen und verstehen, nicht ausdrückbar. Roquentin schlägt bei offenen Augen plötzlich die Augen auf. Nun erst liegen die Dinge vor ihm, unverschattet, perspektivelos, ohne Geheimnis; aber sie liegen nun auch jenseits des überhaupt Sagbaren. Und gerade dies: das Unsagbare der Baumwurzel, ist fortan die entscheidende Erkenntnis in Roquentins Leben; das einzige, von dem er glaubt, es sei noch wert, mitgeteilt zu werden.

Roquentins Bemühen um die unmögliche Mitteilung zeitigt literarische Folgen, die zum Teil neu und daher überraschend, zum Teil – und aus gutem Grund – konventionell bis zum Klischee sind. Erst das *Sehen* läßt für Roquentin die Baumwurzel als Individuum, als »*diese hier*« (147), erlebbar werden, doch gleichzeitig ist sie nun allen Begriffen inkommensurabel geworden und derart eigentlich vollkommen allgemein. Auf der Ebene der nackten Existenz fällt, technisch gesprochen, der Standpunkt des Genus maximum mit dem des Principium individuationis zusammen. Fragt man, welches Subjekt in der Lage sei, auf einer derart paradoxen Ebene Erfahrungen zu machen, dann lautet die Antwort: das ekstatische Subjekt, das aus sich herausgetreten und mit dem Objekt eins geworden ist. Dementsprechend notiert Roquentin in sein Tagebuch: »*Ich war* die Wurzel des Kastanienbaumes. Oder vielmehr, ich war ganz und gar Bewußtsein ihrer Existenz« (149). Es ist offensichtlich, daß die Erfahrungen eines solchen Subjekts – das freilich keines mehr ist – mit dem, was wir Erfahrung nennen, nichts mehr gemein haben; man könnte auch sagen: Es handelt sich hier nicht um Erfahrungen.

Solange Roquentin über sein Erlebnis der nackten Existenz in den paradoxen Kategorien einer transbegrifflichen Evidenz und eines absoluten Subjekts, das sein Objekt *ist*, räsoniert, verharrt die Schilderung tatsächlich im klischeehaft Konventionellen. Und sie leidet darunter, auf eine banale Weise abstrakt zu sein. Aber gerade deshalb erfüllt sie ihre Funktion: Sie bringt den Leser gewissermaßen geradewegs auf die eingefahrene Mystik-Schiene. Um so überzeugender kann er dann aus der erwarteten Bahn gestoßen werden.

Als Roquentin die nackte Existenz der Wurzel des Kastanienbaumes unter der Parkbank in Bouville *sieht* und dabei diese Wurzel *wird*, da wird er von keinem Stupor, keinem Staunen über die Pracht und Herrlichkeit des nun offen vor ihm liegenden und mit ihm eins werdenden Dinges erfaßt; nein, Roquentins Ekstase ist »entsetzlich«, und die Stimmung, der er verfällt, ist der Ekel. Das Wort deutet hier auf etwas Unbeschreibliches, zugleich etwas unbeschreiblich Widerwärtiges. Die üppige und zum Teil an der Grenze des schlechten Geschmacks angesiedelte Metaphorik, die Sartre via Roquentin entfaltet, um den Ekel zu umschreiben, soll besonders zwei Erlebnisinhalte verdeutlichen: erstens die Grundlosigkeit der Existenz jener Baumwurzel und überhaupt jeder Existenz einschließlich der des erlebenden Subjekts, und zweitens den sinnlosen Überfluß all der Existenzen, derart, daß schon eine einzige zuviel gewesen wäre. »Die Existenz überall, bis ins Unendliche, zuviel, immer und überall; die Existenz – die immer nur durch die Existenz begrenzt ist. [...] Dieser Überfluß wirkte nicht wie Großzügigkeit, im Gegenteil. Er war trübselig, kränklich, von sich selbst behindert« (151). Alle Existenzen, notiert Roquentin, sehen gleich aus, und alle sind sie verfehlt.

Überraschend an der Schilderung der Ekel-Ekstase ist, wie

sich in ihr das Motiv der ontologischen Grundlosigkeit von allem und jedem mit dem Gefühl würgender Enge, einem Ausbruch klaustrophobischer Emotionen, verbindet, und zwar in dem Augenblick, da Roquentin die Dinge *sieht*, das heißt, ihre Wahrheit sinnlich erkennt. Er erkennt, daß nichts, was existiert, einen Grund hat: daß – in Sartres Terminologie – das Kontingente und das Absolute ausnahmslos zusammenfallen. Und indem man sich dessen bewußt wird, so belehrt uns Roquentin, »dreht es einem den Magen um« (149). Vor jeder Existenz, deren Grundlosigkeit und Absurdität ersichtlich werden (die Absurdität ist eine Folge der Grundlosigkeit oder mit ihr identisch), will man fliehen, und doch weiß man, sobald man erst die Absurdität einer einzigen Existenz erkannt hat, daß alle Existenzen absurd sind, man selbst inbegriffen; man erkennt, daß zu existieren bedeutet, in der Absurdität ausweglos gefangen zu sein.

231. – Roquentin ist eine Kunstfigur, von Sartre ersonnen zum Zwecke der Demonstration einer philosophischen Idee oder These. Die These – erst nach dem *Ekel* explizit formuliert – lautet: Alles, was bloß da ist, ist absurd, und nur der Mensch kann kraft seiner Freiheit, eine existentiell bedeutsame Wahl zu treffen und einen Daseinsentwurf zu wählen, das sinnlose Universum mit Sinn begaben. Im Roman ist vom existentialistischen Freiheitspathos noch wenig spürbar, es dominiert das Thema der Absolutheit der Kontingenz und ihrer Absurdität. Dieses Thema scheint eine Analyse in metaphysisch-abstrakter Begrifflichkeit zu erzwingen. Statt dessen läßt Sartre seinen Helden ein ontopoetisches Erlebnis haben, das trotz seiner sinnlichen, seiner geradezu physischen Drastik nichts anderes ist als ein *schwarzer* Augenblick der Philosophie.

Hat schon jemals ein Mensch ein Erlebnis gehabt, das mit dem, welches Sartre seinem Helden zuschreibt, vergleichbar wäre? Vielleicht sind wir bereit, mit ja zu antworten, aber doch nur deshalb, weil Roquentins Außersichsein *formal* an eine Ekstase-Konvention anschließt, die uns wohlvertraut ist. Konzentrieren wir uns hingegen auf den *Inhalt* des Erlebnisses, dann melden sich sofort massive Bedenken an. Ekel und Klaustrophobie sind offensichtlich interpretative Gefühle, das heißt, sie treten infolge einer bestimmten Deutung – und das heißt auch: infolge einer bestimmten begrifflichen Charakterisierung – von Situationen auf. Demgegenüber ist die Ekstase genau jene Art des Welterlebens, bei dem die Deutungsaktivitäten des Subjekts stillgelegt sind. Unter dieser Voraussetzung können die Dinge als übermächtig erlebt werden. Darauf bezieht sich etwa Rudolf Ottos »Mysterium tremendum«, das als Gotteserlebnis zugleich ein »Fascinans« ist. Die Dinge, die nicht mehr durch das Zaumzeug der Begriffe gezügelt werden, mögen das ungeschützte Subjekt mit Auslöschung bedrohen. Wird allerdings die triumphale Präsenz der reinen Dinge als Durchbruch zur wirklichen Welt, weil als Befreiung vom Verstellwerk der Begriffe, erlebt, dann stellt sich das Außersichsein des Subjekts in der Form des Gefühls absoluter Geborgenheit ein: *Es ist, wie es ist, und es ist gut.* Beide Male handelt es sich um Evidenzen nicht infolge einer bestimmten Situationsdeutung, sondern infolge des Schwindens aller möglichen Situationsdeutungen und der in ihnen angelegten Möglichkeiten des Scheiterns, ob praktisch, moralisch oder theoretisch. Deshalb ist man berechtigt, die Sartresche *visio horrifica* für eine Mystifikation zu halten – eine irreale Konstruktion, ausgedacht mit dem Ziel, eine metaphysische These, die dem Alltagserleben ganz gegen den Strich geht (alles, was ist, ist sinnlos, zuviel, dem Wesen nach ekelhaft), scheinbar direkt aus dem weltnahesten Erleben, der *visio*, abzuleiten. Sartre simuliert den Augenblick der Philosophie, indem er dessen Erlebnis- und Erkenntnisgehalt manipuliert. Und so wird aus dem Augenaufschlag bei offenen Augen der Krampf einer Kehle, die verstopft ist und blindlings würgt: »der schwarze Baumstamm *ging nicht hinunter*, er blieb da, in meinen Augen, wie ein zu dicker Brocken in einer Kehle steckenbleibt« (150).

232. – Der Augenblick der Philosophie ist nicht nur nichts, woraus sich alle Philosophie speist, sondern darüber hinaus auch etwas, dessen Bedeutung für die Philosophie keineswegs von allen Vertretern des Fachs eingeräumt wird. Ja, vermutlich hält ihn heute der größere Teil der Profession für ein Relikt aus den Tagen, da Philosophie und Mystik noch ineinandergriffen und prominente Denker eine »Naturalisierung« der Philosophie, mithin ihren Betrieb ohne metaphysische Vorannahmen, für schlichtweg undenkbar hielten.

Gegen den philosophischen Naturalismus wird seit jeher eingewandt, er sei nicht imstande, die tiefsten und entscheidendsten Probleme der Philosophie zu fassen. Man denke etwa an das Problem des Seins: »das Sein« ist in der Tat ein Konzept, welches sich nicht empirisch konstruieren läßt. Das haben die Neopositivisten, allen voran Rudolf Carnap mit seinen *Scheinproblemen in der Philosophie* (1928), polemisch genug akzentuiert. Laut Carnap gibt es kein philosophisches Problem des Seins; was aber für ihn nicht ausschließt, daß es sich hierbei in Wahrheit um ein kategorial anderes Problem handelt, nämlich um eines, das angemessen nur einer künstlerischen Bearbeitung zugänglich ist. Wenn Peter Handke den Begriff des Seins einmal durch das Wort »Freudenstoff« charakterisiert, bringt er damit ein Lebensgefühl zum Ausdruck, eine enthusiastische Zuwendung zu den Dingen der Welt. Doch, so argumentieren die Naturalisten, aus einem Gefühl, wie umfassend es sein mag, auf ein die empirischen Dinge gleichsam tragendes Fundament – ein Sein des Seienden – zu schließen, stellt einen ungerechtfertigten Schritt dar und ist, leider, zugleich die Geburtsstunde der Metaphysik.

Man darf also nicht den Eindruck erwecken, Philosophie im Sinne dessen, was in der Profession als philosophisch identifiziert wird, erwachse, ob bewußt oder unbewußt, reflektiert oder spontan, aus dem Augenblick der Philosophie. Sonst hätte man keine Erklärung dafür, warum gewisse philosophische Strömungen – darunter höchst prominente – nicht einfach kontroverse Standpunkte vertreten, sondern, in zumeist aggressiver Abschottung, nicht verständig aufeinander reagieren können. Das ist zum Beispiel der Fall, wenn von seiten des deutschen Neo-Rationalismus (Jürgen Habermas *et alia*) dem französischen Dekonstruktivismus der Vorwurf gemacht wird, er betreibe eine unzulässige Vermengung der Gattung Literatur mit der Gattung Philosophie. Der Vorwurf gegenüber Jacques Derrida und anderen Neo-Irrationalisten lautet ungefähr: »Mit euch können wir nicht kommunizieren, denn ihr tut nur so, als ob ihr unser Spiel – das Spiel der Philosophie – mitspieltet. Ihr tut so, um über uns zu triumphieren, aber euer Triumph ist ein erschlichener. Unter dem Deckmantel von vielerlei Begriffsdrehereien legt ihr euer Spiel literarisch an, wogegen unsere Argumente, die analytisch und am vernünftigen Diskurs orientiert sind, nichts ausrichten, und selbstverständlich nichts auszurichten brauchen.«

Jedem geschulten Beobachter sollte klar sein, daß das einzige, was die heutigen Philosophien miteinander verbindet, außer ihrer Bearbeitung in philosophischen Institutionen und Fachzeitschriften nichts weiter ist als eine gemeinsame Problemgeschichte, die auf die frühen Ursprünge des spekulativen Denkens in der griechischen Antike zurückgeht; man hat einen *gemeinsamen Stammbaum*. Freilich, institutionelle und genetische Gesichtspunkte sind insofern ganz äußerliche Merkmale, als sie nichts über die Natur des Philosophischen verraten. Selbst Heideggers monumentaler Versuch, gegen die Verirrungen der abendländischen Metaphysik das historische Ursprungsereignis der griechischen Vorsokratik zu setzen, leidet darunter, daß in den Gedankenbewegungen jenes fernen Beginns noch systematisch Unklarheit herrscht über die prinzipielle Differenz zwischen Mythos, Erfahrungswissenschaft und dem, was späteren Zeiten als das spezifisch Philosophische gilt. So gesehen scheint es notwendig, sich über die *Natur philosophischer Probleme* Gedanken zu machen, auch wenn man weiß, daß auf diesem Wege das *existierende* philosophische Feld nicht hinreichend charakterisiert werden kann.

233. – Es soll vom *Augenblick* der Philosophie die Rede sein, und tatsächlich handelt es sich um einen Eröffnungsmoment. In diesem Moment schlägt man bei offenen Augen die Augen auf; und in diesem Moment sieht man die Dinge, *wie sie sind*. Man sieht sie, bevor ihr So-und-nicht-anders-Sein durch den Dazwischentritt der Sprache relativiert und gebrochen wird.

Im Augenblick der Philosophie fällt das Subjekt aus dem Netzwerk der Begriffe, Deutungen und Perspektiven heraus, ohne aber deswegen vernichtet zu werden – es verliert nicht das Bewußtsein, es erleidet keinen existentiellen Tod –, und es wird für die Dauer des Herausfallens ontologisch unschuldig. Dieses Herausfallen ist wie ein Auftauchen aus der Blindheit. Eben noch hatten die Dinge eine Hinterseite, ein Geheimnis, ihre Wirklichkeit zerfiel in eine unausschöpfbare Menge von Ansichten, die allesamt den Makel der Verzerrung, des teilweise oder ganz Falschen mit sich führten; eben noch herrschten bei vollem Tageslicht Entfremdung und Dunkelheit. Aber nun herrscht eine Stille, während es wie Schuppen von den ohnedies offenen Augen fällt, die auf- und übergehen vor lauter Fraglosigkeit, vor lauter Realpräsenz der Dinge: Es herrscht die Stille der Erkenntnis des Unbedingten. Der Augenblick der Philosophie ist stumm. Er läßt sich nicht in Begriffe fassen.

Was also ist, vor dem Hintergrund ihres *Augenblicks*, die Philosophie? Sie ist der beharrliche Versuch, die vorbegrifflich erlebte Wahrheit der Dinge in das Reich der Begriffe, in die Welt des Diskurses herüberzuholen. Warum? Um das Reich der Begriffe und die Welt des Diskurses, um den sensus communis, den Gemeinverstand, und damit alle gemeinverständig begabten Menschen an der Wahrheit der Dinge, ihrer Objektivität und Wirklichkeit, teilhaben zu lassen – wie auch immer nur der Tendenz nach, ahnungsvoll und schattenhaft.

Vom Standpunkt des Augenblicks der Philosophie aus hat die Ontologie eine *Vision*: die der unverschatteten Realität. Ihr soll der Raum des Seienden konfrontiert werden, über den allein sich im Rahmen des sensus communis diskursiv verhandeln läßt. Ohne jene Vision gäbe es nur die Wirklichkeiten, wie sie unter den gegenstrebigen Gravitationskräften der Kulturen und Subjekte entstehen. Und es gäbe keinen Grund, nach der einen Welt zu streben, in der die Fremdheit zwischen den Menschen aufgehoben wäre.

Demnach besteht das Kardinalproblem der Erkenntnistheorie darin, die Frage nach der Möglichkeit von Erkenntnis zu stellen, *obschon* es unmöglich ist, den Augenblick der Philosophie in einer kommunizierbaren Erkenntnissituation nachzubilden, sei sie nun unspezifisch alltäglich oder wissenschaftlich hochspezialisiert. Erkenntnistheorie in solchem Kontext bedeutet, aus dem Unbegrifflichen, Prädiskursiven schöpfend das Bewußtsein des Abstands wachzuhalten, der unüberbrückbar klafft zwischen dem, was wir intersubjektiv erkennen können, und dem, was Erkenntnis vom Standpunkt der ontologischen Vision, der absoluten Welt aus wäre.

Und die Moral? Gibt es denn eine Moral des Augenaufschlags bei offenen Augen? Nein. Im Augenblick der Philosophie existieren keine Regeln, weder Normen noch Prinzipien. Statt dessen vermitteln die Dinge im Zustand ihrer *ekstasis*, ihrer vollständigen Eröffnung und Geheimnislosigkeit, gerade weil sie trans-normativ sind und daher ethisch nicht mehr fragwürdig sein können, dem staunenden Subjekt das Gefühl absoluter Geborgenheit. Dieses Gefühl aber ist von größter ethischer Relevanz. Denn neben der ontologischen Vision gibt es auch eine ethische: den ewigen Frieden. Sein Gehalt freilich läßt sich in keinem moralischen Regelsystem zum Ausdruck bringen. Und eben daraus resultiert das philosophische Problem der Ethik: die Reflexion auf die Kluft zwischen *unserer* Moral und jener »Moral der Erlösung«, die, jenseits von Prinzipien, die unsere wäre, könnten wir bloß den Augenblick der Philosophie, die Apperzeption der Dinge im Zustand ihrer *ekstasis*, auf Dauer stellen.

234. – Das erste, was eingewendet wird, wenn man vorschlägt, einen mystischen Moment wie den Augenblick der Philosophie als Angelpunkt des Philosophierens zu betrachten, ist selbstverständlich, daß das sprachlose, begriffsenthobene Innewerden der Dinge notwendigerweise vollkommen privat bleiben muß. Dieser Moment ist unkommunizierbar; er läßt sich nicht mitteilen.

Der zweite Einwand besteht darin, daß dieser Moment einen privilegierten Augenblick im strengen Sinne darstellt. Wem das Privileg des Augenaufschlags bei offenen Augen zuteil wird, der ist über die anderen, denen es nicht zuteil wurde, erhaben. Indem das Privileg, das einer Gnade gleichkommt, einzelne auszeichnet, verneint es die Möglichkeit eines philosophischen Gesprächs, an dem alle vernunftbegabten Menschen teilnehmen können. Das Privileg negiert die Möglichkeit einer nicht-elitären Philosophie.

Derlei Einwänden liegt eine weitverbreitete Sorge hinsichtlich des friedfertigen Umgangs der Menschen miteinander zugrunde. Ist nicht das Unsagbare eine notorische Quelle der Macht, insofern es mit dem Anspruch einer singulären Wertigkeit (des Göttlichen, des Wahren, des An-sich-Seienden) auftritt und die Möglichkeit wahrer Erkenntnis, gegen jedwede demokratische Norm, an eine »Erleuchtung« bindet? Wie aber könnte sich eine Macht, deren Legitimationsgrundlage jedem verborgen bleibt, der nicht der Gnade teilhaftig wird, vor dem Tribunal der Vernunft und dem Ideal der Friedfertigkeit legitimieren?

Die Antwort darauf lautet: Nichts, was in der Philosophie *zur Diskussion steht*, hat mit Mystik etwas zu tun. Zur Diskussion kann nur stehen, was seinem Wesen nach diskursiv ist, also etwas, was sich durch Begriffe darstellen, in Aussagen formulieren und mit Hilfe von Argumenten prüfen läßt. Das Mystische aber entzieht sich prinzipiell der begrifflichen Darstellung und damit allen weiteren kommunikativen Modalitäten. Folglich kann kein Diskutierender seine Autorität jemals auf den mystischen Gehalt seiner Erfahrung stützen. Daraus folgt jedoch nicht, daß sich die Philosophie in dem erschöpfen müßte, was überhaupt zur Diskussion stehen kann. Und in der Tat: Sich darin *nicht* zu erschöpfen gehört, vom Standpunkt ihres Augenblicks aus gesehen, zum Wesen der Philosophie.

235. – Wer jemals einem Ding »sprachlos« begegnete, befreit gleichsam vom Firnis der Begriffe und Deutungsgewohnheiten, wird fortan von einer sprachlosen, aber unerschütterlichen Evidenz erfüllt sein: *Man hat das Ding an sich erfahren.* Das ist eine Erfahrung, die nicht folgenlos bleibt. Von nun an werden die Dinge in einem anderen Licht erscheinen. Man weiß nun, daß das, was einem, eingebettet in die Alltagsroutinen des Lebens, als unhintergehbare Realität entgegentritt, ein Wirklichkeits-Arrangement im Dienste praktischer Ziele ist. Man weiß das, ohne es mit den Begriffen, die im Rahmen des Arrangements gültig sind, sinnvoll sagen zu können. Man hat ein Wissen, das sich nur mittels einer *Deformation* des begrifflichen Rahmens darstellen läßt.

So ist ein großer Teil der Philosophie Heideggers Deformationsarbeit, die dem akademisch geschulten Publikum als philologisch angespanntes Abhorchen der Begriffe auf ihre Ursprungsbedeutung nahegebracht wird. Heidegger hat der

Kunst der Pseudo-Etymologie – auch sie ist natürlich ein Mittel der indirekten Kommunikation mit dem Zweck, die Dinge in ein neues Licht zu rücken – hohes Ansehen verschafft. Daß man heute der semantischen Beziehungsmanie Jacques Derridas ein geradezu ehrfürchtiges Interesse entgegenbringt, wäre ohne die sprachmystische Intervention Heideggers – der zufolge sich in der etymologischen Bewegung die Sprache selbst ausspricht – kaum erklärlich.

Der Augenblick der Philosophie ändert das Verhältnis des Philosophierenden zu seinen Begriffen: nicht in der Wittgensteinschen Akzentuierung, der zufolge bloß Schweigen angebracht wäre; jedoch so, daß der ganze philosophische Diskurs ein »ironisches« Gepräge annimmt. Denn stets ist das, was gesagt wird, nicht das, was gemeint wird, und ebendadurch soll das Gemeinte bemerkbar werden – und nur auf diese Weise kann es *in der Sprache* überhaupt zum Ausdruck kommen. Der philosophische Diskurs läßt durch die Art, wie er die sprachlichen Mittel einsetzt, den unheilbaren Bruch zwischen Gesagtem und Gemeintem erkennen. Die »Ironie« des Philosophen ist nichts, was sich durch nicht-ironische Ausdrucksmittel ersetzen ließe; die »Ironie« ist hier vielmehr notwendig, um zu sagen, was gesagt werden soll.

Deshalb mag man den Philosophen, dessen Legitimation aus dem Augenblick der Philosophie erwächst, als *nicht-kontingenten Ironiker* beschreiben. Dieser bedient sich sprachlicher Mittel, die weder wissenschaftlich noch, im weiteren Sinne, durchgehend akademisch sind (was den *forciert* akademischen Gestus Heideggers erklärt). Er muß sich einer Sprache bedienen, die an zentralen Punkten Ausdrucksformen ins Spiel bringt, welche gerne als literarisch und, in diffamierender Absicht, als verkappt oder schlecht poetisch eingestuft werden.

236. – Fragt man nach den Formen des Literarischen in der Philosophie, dann stößt man im unproblematischen Fall auf

solche, deren Vorkommen kontingent ist: Sie sind rein rhetorisch, daher könnte man sie ohne Informationsverlust durch andere Ausdrucksmittel ersetzen. Schwieriger gestaltet sich die Frage der Kontingenz des Literarischen dort, wo niemandem recht klar ist, ob eine philosophische Ausdrucksweise buchstäblich oder aber metaphorisch verstanden werden muß.

Legion sind die Texte, in denen das menschliche Bewußtsein als eine Art spiegelndes Medium in Erscheinung tritt, das uns mehr oder minder adäquate Bilder von den Dingen der wirklichen Welt zeigt. Die meisten dieser Texte verdanken ihre philosophische Relevanz gerade dem Umstand, daß sie die Metapher wörtlich nehmen und die Wörter metaphorisch. Selbstverständlich ist das Bewußtsein kein Spiegel, und doch könnte es uns keine Bilder der Welt offenbaren, wenn es die Dinge nicht spiegelte… Außer den Aporetikern wird niemand mit einer solchen Art von »Literarizität« zufrieden sein. Im allgemeinen wird man danach streben, das paradox schillernde Dunkel der Metaphern zu überwinden. An die Stelle der Spiegel-Metaphorik tritt dann die Rede vom Bewußtsein als einem Feld von Repräsentationen, und schließlich wird, wie im radikalen Konstruktivismus unserer Tage, auch noch der »Repräsentationismus« in der Erkenntnistheorie und in den Wissenschaften vom Menschen gebrandmarkt. Leider kommt bei derlei epistemologischem Großreinemachen die objektive Welt abhanden, also jene Welt, die ältere Theorien im Bewußtsein abgebildet oder repräsentiert sahen. Es ist daher nicht sicher, ob man auf die tradierte Bewußtseins-Metaphorik tatsächlich verzichten kann, wiewohl Klarheit darüber herrscht, daß eine zufriedenstellende Theorie des Bewußtseins bildlos formuliert sein müßte.

Das Metaphorische erscheint gegenüber dem Nichtmetaphorischen in kognitiver Hinsicht stets als das Zweitbeste, es sei denn, in der Unauflösbarkeit der Metaphorik zeigt sich eine *prinzipielle* Schranke des überhaupt Kommunizierbaren. Trifft das zu, so liegt ein Fall von nicht-kontingenter Literarizität vor. Nun ist aber die Philosophie voll von solchen Fällen. Räsoniert man beispielsweise wie Wittgenstein, Heidegger, Adorno oder Derrida über die Grenze des Denkens und der Sprache unter der Voraussetzung, daß eine Kenntnis beider Seiten der Grenze unmöglich ist, dann verwendet man eine Metapher, die sich nicht auflösen läßt. Eine Grenze ohne *andere Seite* ist keine Grenze. Mit dem Verständnis der Grenz-Metapher geht die Zerstörung ihres Gehalts einher, und gerade dies scheint der Zweck der Übung zu sein. Im metaphorischen Ereignis deutet sich etwas an, was akkurat und buchstäblich nicht sagbar, hier aber dennoch das Wesentliche ist.

237. – Am Schluß seiner *Winke* des Jahres 1941, die aus »Gedankengedichten« bestehen, gibt Heidegger eine Erklärung ab; sie soll den Philosophen vor dem Verdacht bewahren, er habe sich ins literarische Fach verirrt:

Die »Winke« sind keine Dichtungen. Sie sind auch nicht eine in Verse und Reime gebrachte »Philosophie«. Die »Winke« sind Worte eines Denkens, das zu einem Teil dieses Aussagen braucht, aber in ihm sich nicht erfüllt. Dieses Denken hat im Seienden keinen Anhalt, denn es denkt das Seyn. [...] Das Sagen des Denkens ist im Unterschied zum Wort der Dichtung bildlos. Und wo ein Bild zu sein scheint, ist es weder das Gedichtete einer Dichtung noch das Anschauliche eines »Sinnes«, sondern nur der Notanker der gewagten, aber nicht geglückten Bildlosigkeit.

Unbeschadet der literarischen oder philosophischen Qualität der *Winke*, stellt sich angesichts Heideggers Erklärung die Frage, was es denn dem Philosophen im Versuch, das Sein zu denken, so schwermache, dies bildlos zu tun. Was kann es Abstrakteres geben als jenes Etwas, das bei Heidegger das »Sein des Seienden« heißt? Die Antwort lautet wohl dahingehend, daß in einer *bestimmten* Hinsicht *alles* abstrakter ist als das Sein des Seienden, denn in einer bestimmten Hinsicht ist das Sein des Seienden das Konkrete schlechthin, gleichsam das *absolut* Konkrete. Es ist das, was sich durch alles »Verstellwerk« begrifflicher Art, durch alle unsere Lebenspragmatiken hindurch bemerkbar macht. Der von Heidegger so genannte Zuspruch des Seins ist die *ekstasis* des Seienden, unverhüllteste Phänomenalität für den, der den Zuspruch rein zu erlauschen vermag.

Das Eigenartige der Heideggerschen Konzeption von Phänomenalität besteht darin, daß sie die traditionelle Metapher der *visio*, das Bild des Augenaufschlags bei offenen Augen, mit Bildern überblendet, die der Sphäre des Hörens, des Aufnehmens von sprachlichem Sinn, entstammen. Heideggers Auge ist ein dem Sinn des Seins lauschendes, und dieses Hör-Auge ist natürlich ein schwindelerregend synästhetisches Organ. Ihm eröffnet sich in der absoluten Konkretion des sinnlichen Stoffs die Kunde des Seins: der absolute Sinn. Aber der absolute Sinn liegt wie das absolut konkrete Phänomen jenseits dessen, was überhaupt gesagt oder abgebildet werden kann; er liegt auch jenseits der Dichtung, welche zwar nach der Erfassung des Absoluten strebt, es aber niemals erreicht, solange sie menschliche Sprache bleibt.

Das Phänomen, das absolute Konkretion und absoluter Sinn in einem wäre, ließe sich, als vollkommen freigestellte Phänomenalität, weder durch Begriffe noch durch Bilder darstellen. Heideggers Bildlosigkeit ist in der Welt der Existenzen eine blanke Leerstelle; in der Welt der *ekstasis* müßte sie höchste Bildfülle sein.

Auge und Ohr des Philosophen reichen bereits über unsere Welt hinaus, wenn sie des Seins des Seienden innewerden. Doch ebendieses Ereignis des Über-die-Existenzenhinaus-Lauschens, des Hinausblickens auf die »Lichtung des Seyns«, läßt sich in der Welt des Seienden nicht anders bemerkbar machen als durch Gedankengedichte und ähnliche Hybridformen von Literatur:

Nichts, nirgend, nie,
vor jedem Etwas, vor dem Dann und Dort,
entragt das Wort
dem Abgrund, der verlieh,
was jedem Grund
mißglückt,
weil nur der Bund
mit dem Gesagten
jeglich Ding zum Ding bestückt
und die gejagten
Sinne, wirr verrückt,
erst wieder fängt
in einem Sinn,
der nirgendhin
mehr überhängt.

Ist das schlechte Dichtung? Ist das schlechte Philosophie? Man sollte die Frage nicht dadurch entschärfen, daß man versucht, sie zu beantworten. Das nämlich hieße bereits, die Schwierigkeit einer gerechten Antwort zu unterschätzen.

Der metaphysische Reaktionär

238. – Was ist das Eigentümliche der *visio* – der seligen Schau, der taghellen Mystik Musils –, des Augenaufschlags bei offenen Augen? Man wird der Dinge inne, wie sie an sich sind.

Aber wenn man derartiges behauptet, spricht man nicht unmittelbar verständlich. Wie wäre, so lautet der Einwand, jemals eine direkte Wahrnehmung der Dinge möglich, wo doch stets zwischen ihnen und uns, den Subjekten der Wahrnehmung, alle die Medien und Operationen stehen, welche von der Optik, der Neurophysiologie, der Wissenschaft vom Gehirn erforscht werden? Es ist offensichtlich, daß es von dieser Warte aus, nämlich vom Standpunkt des wissenschaftlichen Realismus, keine *visio* als Erkenntnis des objektiven

Wesens der Dinge geben kann. Indessen ist der Standpunkt des wissenschaftlichen Realismus nur sinnvoll, wenn es, an welcher Stelle der Welteröffnung auch immer, mehr gibt als bloß ein in seine Sinneseindrücke verkapseltes Subjekt. Irgendwo muß der Ort sein, an dem das Subjekt schon von Anfang an bei der Welt ist: draußen, beim An-Sich dessen, was eindrücklich wird. Es muß eine gleich ursprüngliche Erschlossenheit von Welt und Erkennendem geben, wenn dieser jemals etwas von einem Draußen, einem Jenseits seiner selbst, soll wissen können. Nur derart ist eine Wahrheit möglich, die nicht in der engen Höhle des Subjekts gefangen bleibt, sie vielmehr übersteigt und transzendiert. Das ist eine der Grundeinsichten der Phänomenologie, namentlich der Heideggerschen.

Doch können wir ernsthaft darüber hinwegsehen, daß uns die Dinge immer und notwendig in einer bestimmten Perspektive gegeben, daß bei weitem nicht alle Eigenschaften, die wir wahrnehmen, objektiv sind, sondern das illusionäre oder zumindest hochselektive Produkt einer Vielzahl von Bedingungen? Gewiß, die Dinge der Alltagswelt sind letztlich in einem ontologischen Bereich lokalisiert, dessen objektive Struktur uns für immer verschlossen bleibt, nämlich der vom Erfahrungssubjekt *vollkommen* unabhängigen Wirklichkeit. Wir können nur Modelle jenes Bereichs entwerfen, von denen einige sich als prognostisch und technisch wirkungsvoll erweisen. In der *visio* hingegen verwandeln sich die Dinge der Alltagswelt auf eine Weise, die man zu Recht mystisch nennen kann: Während die Dinge einerseits bleiben, was sie sind, werden sie andererseits den Begriffen und Interpretationen, die auf sie geläufig, ja mechanisch angewandt werden, unzugänglich. Ihre Einzigartigkeit und Präsenz verbieten es, sie theoretisch dingfest zu machen. Damit bricht die Unterscheidung zwischen Subjekt und Objekt zusammen, denn sie ist das Ergebnis einer dualistischen Kategorisierung der Welt. Der Mensch in der seligen Schau hat keinen Begriff von den Dingen, die er sieht; er hat auch keinen Begriff davon, wie sein Verhältnis zu ihnen beschaffen ist: das ist der Ort der gleich ursprünglichen Erschlossenheit Heideggers.

Doch nun folgt der Einwand, daß es ohne Kategorisierung und Begrifflichkeit auch kein Gewahrwerden, keine Wahrnehmung und schon gar keine Erkenntnis eines Dinges geben kann. Gerade als selige Schau, als *visio beatifica*, die den Ergriffenen ehrfürchtig staunen macht, hat die *visio* nicht irgendwelche rohen oder diffusen Sinneseindrücke, sondern Gestalten zum Gegenstand, deren Schönheit und Tiefe darin wurzeln, daß sie in hohem Maße vergeistigt sind. Und tatsächlich sind die Objekte der *visio* Gestalten, in denen das Oberflächenhaft-Phänomenale und das Begrifflich-Geistige, *das Sein und die Seele* mehr oder minder eins sind, sich zuneigen, konvergieren. Es ist der Sog der Einswerdung, der im Fortschreiten der gelingenden *visio* fühlbar wird. Der Schmerz des Distanziertseins wird geringer. Das Subjekt wird eingestimmt in die Zurücknahme des metaphysischen Risses, der unseren ganzen Alltag und unsere ganze Wissenschaft grundiert.

Diese Grundierung ist manifest, wenn von wirklichen Dingen gesprochen wird und dabei die Dinge gemeint werden, so wie sie unabhängig von allem Erkanntwerden und den dabei wirkenden Voraussetzungen existieren: eben »an sich« und nicht bloß »für uns«; das ist die ontologische Vision des alltäglichen und wissenschaftlichen Realitätsbegriffes. Und der verborgene Inhalt der Vision ist die Rücknahme der Entzweiung, das heißt die Einheit von Seele und Sein.

Es hat also seinen guten Grund, die *visio* als den »Augenblick der Philosophie« zu bezeichnen. Denn die Philosophie erwächst aus dem Bedürfnis – und entweder wird sie ihrem Urbedürfnis für alle Zeiten verpflichtet bleiben, oder sie wird schließlich nicht mehr wissen, wovon sie handelt –, das Wesen des Seins zu erkunden. Schon von Anfang an entdeckt sie, daß das Sein der Schau (*theoria*) nicht nur bedarf, um sich zu offenbaren; es braucht sie, um sich realisieren zu können. Ob das Sein als beweglich oder unbeweglich gedacht wird, ist von geringerer Bedeutung. Als Welt-Sein ist es maßgeblich dadurch bestimmt, daß es zugleich eine Seele gibt, die sich ihm »schauend« angleicht (griechisch: *theorein*, lateinisch: *contemplare*), um zu erkennen, daß sie ihrem Anderen, dem Sein, gleich ist.

Plotin sagt von der Natur: »Sie ist aber Schauen und Anschauung, denn sie ist Begriff. Dadurch also, daß sie Schauen und Anschauung und Begriff ist, dadurch schafft sie auch, insofern als sie eben dieses ist. Die schöpferische Tätigkeit also hat sich uns als ein Schauen erwiesen; denn sie ist das Resultat des Schauens und zwar eines in sich verharrenden Schauens, das nichts anderes tut als schauen und dadurch schafft, daß es schaut.« Plotin gehört zu jenen gewaltigen Stimmen des Anfangs, die versuchen, das visionäre Zentrum der Philosophie, das zugleich ein universell religiöser Ort ist, zu rationalisieren, statt es durch scholastische Begriffshandwerkerei und Analytik zu überdecken. Für Plotin haben die Dinge ein An-Sich, eine objektive Existenz nur, weil ihr Grund nicht sinnlose Körnigkeit, Strahlung und Mechanik, sondern das Materielle eine dunkle Konfiguration des Begriffs ist, der »geschaut« werden kann. Das Auge und die Seele bilden hier ein Organ, und der Blick, der ihm eignet, ist der einer vollkommen vergeistigten Phänomenalität. Die Gegenstände, die dieser Blick, der nichts anderes ist als die gelingende *visio*, erschaut, sind die Phänomene im Zustand ihrer Göttlichkeit – das Geistige hat sich mit dem Sinnlichen verschwistert, und alles liegt nun offen da: Gestalt des Absoluten, ganz Kosmos, ganz Oberfläche, aufgetane Wahrheit, welcher der Schauende zugetan ist. Es ist ja seine Seele, in die er eintritt als in einen unermeßlich weiten, hohen, sich vollendenden Raum, in den Dom der Entfaltung, der die Welt ist. Auch die Natur ist in ihrem Seinsgrund zugleich Schauen und Anschauung.

In der seligen Schau schaut die Natur sich selbst an, und um sich zu vollenden, wird sie schöpferisch: Sie strahlt aus, sie fließt über… – und in eben diese weltschöpfende Bewegung ist der Kontemplierende mit einbezogen: Seine Seele strahlt aus und fließt über, und ihre Begriffe entfalten sich zu neuen Sonnen, Welten, Mythen und Geschichten.

239. – Alles, was uns der Alltag und die Wissenschaften lehren, ist nur ein sehr dünner, spröder Abhub dessen, was vom Standpunkt der *visio* aus das Leben der realen Welt ausmacht – der Abhub trägt den Namen der Wirklichkeit. Da es sich bei der Realität um das Leben der Seele und ihrer Schau handelt, gehören ihr zuinnerst der Mythos, die Geschichte und eine Natur an, die sich der Kunst als dem hegend-schöpferischen Ort ihrer Urbilder zuneigt (so wie die einzig lebendige, weil »erhebende« Kunst in den Gestaltungen der Natur ihre Urbilder sucht). Die dünne Luft der Erhebung, wie sie für die reine *visio* kennzeichnend ist, dieses Fast-nichts-mehr-sagen-Können angesichts des Versagens aller konventionellen Begrifflichkeit, entspricht einer Logik der Reinigung und der einfließenden Fülle. Das Vakuum, das im Augenblick der Philosophie entsteht, ist nur eines relativ zu den erstarrten »Tatsachen« und »Erkenntnissen« rundum. Relativ zu der in ihm enthaltenen Geistigkeit gleicht es der Geburt einer neuen Welt, oder besser gesagt: Es bedeutet die Neugeburt der Welt, denn die Seele trifft auf sich selbst und entdeckt, daß alles, was da ist, lebt.

Wie aber davon sprechen? Der Plotinische Horizont ist weit weggerückt. Er mutet, solange wir uns im Rahmen der geläufigen Weltsicht bewegen, spekulativ, mythisch und daher irrational an. Unsere Vernunft ist im wesentlichen empirisch, pragmatisch und logisch orientiert. Wir können uns nicht auf »unsere Welt« berufen, wenn wir nach einem Medium suchen, in dem sich das Drama der *visio*, die Zuneigung und schließlich erkennende Durchdringung von Seele und

Sein, darstellen läßt. In »unserer Welt« gibt es, strenggenommen, weder das eine noch das andere mehr, sowohl das Sein als auch die Seele sind abgetan. Deshalb werden heute die Hellsichtigen, wieder einmal, zu metaphysischen Reaktionären. Sie begreifen, daß »unsere Welt« ein die Gegenwart umfassender und abschließender Machtkosmos ist. Von ihm muß man sich *radikal* distanzieren, wenn man die Freiheit seiner Seele – und damit seine Seele selbst – retten will. Weil aber »unsere Welt« gleichzeitig eine ontologische Größe ist, kann man sich von ihr mit »innerweltlichen« Argumenten *nicht* distanzieren. Die Distanzierung des metaphysischen Reaktionärs ist deshalb etwas ganz anderes als die Kritik des Utopisten, des Progressisten, des zukunftsgebannten Revolutionärs: alle diese Gestalten nützen nur die noch ungenützten Potentiale und Schubkräfte der Macht, sie argumentieren mit deren Kategorien; sie sprechen mit Engelszungen und verwenden dabei die Sprache des Teufels.

Man darf also das Ansinnen des metaphysischen Reaktionärs nicht mit einem politischen Programm verwechseln. Es gibt keine Politik der Seele; die Seele ist nicht die Psyche der modernen Humanwissenschaft. Es geht um Bewegungen, die keinen kollektiven Ansatzpunkt haben; sie berühren vorerst nur das Schicksal des einzelnen. Die Gesten des metaphysischen Reaktionärs sind samt und sonders intim. Ihre öffentliche Darstellung wirkt lächerlich, so wie die Medialisierung der *visio* und der ihr zugehörigen Erkenntnislage immer nur zu Travestien führt. Das hat Konsequenzen auch für die Aneignung der Geschichte und des Mythos, die den Zwangsraum des herrschenden Machtkosmos, der »unsere Welt« ist, aufsprengen soll. Die Aneignung wird nicht damit rechnen dürfen, im Feld der universalisierbaren Argumente und des allgemein verständlichen Redens eine gute Figur zu machen. Ihre Weltläufigkeit wäre ein Beweis für ihre Korrumpiertheit; sie gliche Unternehmungen wie den Mystikkursen für Wirtschaftstreibende.

Der metaphysische Reaktionär weiß, daß »unsere Welt« keine Zukunft mehr hat, *außer ihre eigene*. In dieser wird sie sich, falls die externe Katastrophe ausbleibt, immerfort wiederholen müssen, mögen die Dubletten im Design auch variieren. Die Distanzierung gelingt nur rückwärtsgewandt, durch eine inspirierte Bewegung hinein in den Tiefenraum der Geschichte, durch die Ankoppelung an die scheinbar abgelebten Welten der menschlichen Seele: Dort allein kann der einzelne unterdessen auf das Sein und damit wieder auf sich selbst treffen. Das Drama der *visio* wird erst ausdrückbar durch die Wiederbeseelung dessen, was da war und zu Geschichte erstarrte oder zu wissenschaftlicher Natur. Ja, die Wissenschaft muß entpositiviert werden, das heißt, ihr Gleichnis-Charakter, der zu den tieferen Quellen ihrer Wahrheit hinabführt, muß zutage treten. Dann erst wird es möglich sein, die Mythen zu vergegenwärtigen und *ihre* Wahrheit zeitlos zu stellen, besonders auch die jenes »Mythos«, zu dem, als einer scheinhaft toten Gestalt des menschlichen Daseins, die große abendländische, die jüdisch-christliche Religion unterdessen verflacht ist.

Erkenntnis und Lobpreis

240. – Bei aller Größe Pascals, es gibt auch eine Pascalsche Vernünftelei. Im Fragment 566 seiner *Pensées* sagt er, man müsse als Grundsatz annehmen, daß Gott die einen blind machen und die anderen erleuchten wollte. Denn nur, wenn man eine solche Annahme treffe, verstünde man etwas von den Werken Gottes.

Was zwingt Pascal, einen derart groben »Intentionalismus«, und damit einen theosophischen Unsinn, als Grundsatz anzunehmen? Daß Gott die einen blind machen, die anderen aber erleuchten *wollte*, deutet zwingend darauf hin, daß er dies wollen *mußte*, um ein *höheres* Ziel zu erreichen –

ansonsten wäre sein Wollen eine Laune und daher grausam gewesen.

Was indessen könnte jenes höhere Ziel sein, das die ewige Verdammnis der Ungläubigen, der Atheisten, der Heiden und Juden rechtfertigte? Man weiß es nicht. Wer die Verdammung des größten Teils der Menschheit akzeptiert, der hat dafür nichts als seinen Glauben. Er soll sich die Vernunft aus dem Kopf schlagen und keinesfalls darüber dozieren, was hier als »Grundsatz« anzunehmen wäre. Hier, in der Frage der Verdammnis und der Erlösung, bewegt man sich so weit außerhalb aller Logik, daß man *unansprechbar* geworden ist. Du zitterst, du glühst, du schreist, und deine Knochen verkohlen dir vor Angst zu Staub – so empfand es Luther in seiner Zelle; du jubilierst jenseits der Worte, jenseits der Moral. Du bist zugleich demütig und verrückt.

241. – Erlösung und Verdammnis sind keine Akte, die dem Reich des Menschlichen angehören. Man kann sich nicht freikaufen, man wird nicht belohnt. Das ist doch der Sinn der Gnadenlehre.

Aber wenn das ihr Sinn ist, dann ist die böse Tat nicht einfach eine Bedingung dafür, daß man verdammt sein wird. Es sei denn, in der bösen Tat selbst drückt sich etwas Unmenschliches aus: etwas Teuflisches, das die Verdammung mit sich führt, weil sie ihr Wesen ist.

Und so mag es auch gute Taten geben, die nicht bloß moralisch sind, sondern heilig. Sie lassen das Menschliche hinter sich und haben am Wesen der Erlösung teil. Freilich, woran könnte man sie erkennen? Ihr eigentliches Motiv wäre weder das der Neigung noch das der Pflicht. Es wäre vielmehr ein Ergriffensein, das die meisten von uns wohl für Beschränktheit oder Wahnsinn halten müßten. Denn mit einem, der so ergriffen wäre, ließe sich nicht mehr diskutieren. Er gliche dem Berg, der durch den Glauben versetzt worden ist.

242. – Über die Erkenntnislage des Menschen angesichts der fortwährenden Verborgenheit Gottes sagt Pascal:

Alles Wahrnehmbare zeigt weder völlige Abwesenheit noch eine offenbare Gegenwärtigkeit des Göttlichen, wohl aber die Gegenwart eines Gottes, der sich verbirgt. Alles trägt dieses Merkzeichen.

Sollte der einzige, der die Natur kennt [d. i. der Mensch], sie nur kennen können, um elend zu sein? sollte der einzige, der sie kennt, der einzig Unglückliche sein?

Es ist nicht nötig, daß er nichts sieht; es ist nicht nötig, daß er genug von ihm [Gott] sieht, um zu glauben, daß er ihn besitze; sondern nötig ist, daß er genug sieht, um zu erkennen, daß er ihn verloren hat; denn um zu erkennen, daß man verloren hat, muß man etwas schauen und es nicht sehen, und das ist genau die Lage, in der die Natur ist [sofern der Mensch sie erkennt].

Alles Wahrnehmbare zeigt die Gegenwart eines Gottes, der sich verbirgt. Warum aber sollte Gott sich verbergen? Laut Pascal geht es darum, daß der Mensch erkenne, daß er Gott verloren hat. Dazu sei die Natur da, wie sie eben da sei. Und deshalb auch sei sie unserer Erkenntnis in einem bestimmten Ausmaße zugänglich.

Im Juden-Christentum verlor der Mensch Gott, weil er sündigte. Der Akt der Sünde war der Akt der Erkenntnis, in der Bibel: der Akt der Erkenntnis von Gut und Böse. Die Schlange verspricht dem Menschen Eva, falls er vom Baum der Erkenntnis esse, werde er sein »wie die Götter« – wie jene, die um Gut und Böse wissen. Nachdem Adam und Eva von der Frucht des verbotenen Baumes gegessen haben, *erkennen* sie, daß sie nackt sind (und schämen sich ihrer Nacktheit). Daß die Menschen um Gut und Böse wissen »wie die Götter«, zwingt Gott fortan, sich zu verbergen. Denn träte er jemals noch hervor, würden ihn die Menschen *erkennen*. Sie würden sagen: »Er ist über alle Maßen gut«, und das heißt, sie würden ihn bei sich selbst vernichten. Denn er wäre bloß einer von ihnen, nur eben vollkommen.

243. – Aber was wäre das für ein Paradies gewesen, in dem der Akt der Erkenntnis (»der Sündenfall«) niemals stattgefunden hätte? Gewiß nicht der Garten Gottes. Hätte es dort nichts weiter gegeben als begriffslose Anschauung – wenn es so etwas überhaupt geben kann –, dann hätte niemals ein Blick sich den Dingen zuwenden und sie begreifen können. Und dann hätte es auch keine Erkenntnis des Wunders der Präsenz gegeben: daß etwas da ist und nicht mehr sein kann als – da! Im Sinne dieser Präsenz ist alles absolut vollkommen, und es gehört zu einer solchen Art von Vollkommenheit, erkannt zu werden. Es handelt sich dabei zwar um keine abstrakte Erkenntnis. Die Erkenntnis der Präsenz bedarf des Staunens, des Jubels der Sinne, jedoch nicht der begriffsunbegabten, gleichsam unschuldig animalischen Sinne.

Der metaphysische Riß zwischen Subjekt und Objekt muß sich ereignet haben, und er muß erkannt worden sein. Im Riß selbst steckt schon der Ansatz jener Schuld, deren Aktualisierung die Schlange, als ethischer »Katalysator«, betreibt. Die ersten Menschen *sehen* plötzlich, daß sie nackt sind, und indem es ihnen wie Schuppen von den Augen fällt, tritt ihnen der Unterschied von Gut und Böse ins Bewußtsein. Dieser Unterschied muß erst gemacht sein, damit man begreifen kann, daß die Präsenz der Dinge mit ihm *nichts* zu tun hat. Nur dadurch wird im Anblick der Dinge eine Unschuld festgehalten, die transmoralisch (absolut und göttlich) ist. Darauf verweist die Idee des Paradieses: Sie wäre nicht denkbar ohne den Sündenfall, das heißt ohne das Auseinanderfallen der Welt in Gut und Böse, Wahr und Falsch – in die großen Dualismen des Seins und der Werte. Präsenz entsteht, hell und fraglos, erst vor dem dunklen, unglücklichen Hintergrund der Entzweiungen.

244. – Wenn Gott in den Dingen nicht *präsent*, wenn seine Gegenwärtigkeit unserem Blick nicht faßbar ist – auch wenn hier nichts ergriffen und wissenschaftlich erkannt werden kann –, dann hat die Pascalsche Rede von Gottes Verborgenheit gegen die kalkulierte skeptische Blindheit keine Chance. Der nihilistische Versucher triumphiert: Warum sollten die Spuren für die einstige Anwesenheit Gottes nicht bloßer Tatsachen-Schotter sein, ohne Bedeutung?

245. – Der Ausdruck »Tatsachen-Schotter« stammt von Heimito von Doderer. In dieser Prägung schwingt ein fernes gnostisches Gefühl nach: Einer hat die Trümmer vor Zeiten aufgeschichtet, dann war aber nichts Schönes mit ihnen anzufangen; jetzt liegt alles ungeordnet herum, verlassen und vergessen.

So gesehen wird das Gefühl der Präsenz nicht schwächer. Auf eine Weise, die sich tief empfinden läßt, ist der abwesende Gott der präsenteste. Aber der Tatsachen-Schotter, von dem Doderer spricht, ist gerade dabei, sich zu emanzipieren. Er hat keine Lust mehr, einem Herrn, der ihn im Stich ließ, als Material zu dienen. Er will sich selbst genug sein. Jetzt erst verfällt die Welt dem Wahnsinn der Beziehungslosigkeit.

Das ist die Fehlhaltung der Gnosis überhaupt: Sie erzeugt eine Welt verlassener und *daher* überbedeutsamer Dinge, die schließlich, da sie ihre Bedeutung nicht zum Austrag bringen können, autistisch verkümmern. Am Ende des gnostischen Dramas steht der Gravitationskollaps, die schwarze Ballung allen Bedeutens. Daraus steigt das Licht des Wortes nicht mehr empor, und alles Seelenhafte stürzt ins bedeutungslose Außen, wird empirisch, psychologisch. Es verschottert.

246. – Eine Kultur, in der das Schweigen die redseligsten Fürsprecher hat und diejenigen, die nicht mehr zum Sprechen zu bringen sind, ins Irrenhaus kommen: Unerträglich scheint einer solchen Kultur – unserer – der Gedanke, daß einer etwas gesehen hat, was ihn für immer verstummen läßt. Worüber würden denn in diesem Fall die Fürsprecher des

Schweigens, die nimmermüde den Lärm der Moderne geißeln, schwadronieren? Was wäre denn der Gegenstand der Kongresse, die sie übers Schweigen abhalten? Wenn sie etwas wüßten, was unter den Lärm der Worte hinabreichte oder über ihn hinaus, hätten sie sich dann nicht schon längst zerstreut, ohne noch ein Wort zu sagen?

247. – Das beredte Schweigen: die Halbwahrheit.

248. – Momente der Verzagtheit angesichts der Forderung, der Glaube müsse von der höchsten uns erreichbaren Warte des Wissens *auffliegen*. Welche Zuversicht hält, zum Beispiel, die DNA für uns bereit? Oder der Vorgang der Einnistung einer Samen- in eine Eizelle? Was sind das für Plattformen, von denen aus die Erhebung stattfinden könnte, wenn ihnen doch alles fehlt, was an intimem Entzücken, Kindheitswinkeln und Kathedralischem, Flugträumen und tellurischen Gerüchen unsere Glaubenssehnsucht vorbereitet hat? Nun, da diese Sehnsucht, mit modernen Begriffen begabt, die Augen aufschlagen und unser Gemüt mit den Flügeln des wissenschaftlichen Intellekts ausrüsten, nun, da sie erwachsen werden sollte, wird sie von den Erkenntnissen wie von kalten Gespenstern abgestoßen. Vom Tanz und Spiel der Basenpaare, »aus denen wir alle bestehen«, zu reden ist doch nichts weiter als billige Metaphorik. Der Bildschund rund um die Chemie des Lebens macht uns erst so recht deutlich, wie weit wir hier von einer Welt entfernt sind, in der man vor lauter Seinsfreude immerfort vergehen möchte, bloß um allem, was wunderbarerweise da ist, möglichst nahe zu kommen.

249. – Präsenzverlangen: Wenn du erst ganz da sein wirst, da, »bei den Dingen«, dann wirst du den Tod nicht mehr fürchten, und zwar nicht deshalb, weil du dann auf ein ewiges Leben hoffen wirst, sondern weil dir auch dieses, als dem

Formenkreis der Abwesenheit angehörig, bedeutungslos geworden sein wird.

Man will nicht sterben heißt doch keineswegs, daß man ewig leben will. Es heißt, man will nicht noch mehr Dunkelheit, als ohnedies schon ist.

250. – Es gibt ein fraglos Gutes, aber kein fraglos Böses. Alle Fragen werden im Vorhof des Guten gestellt, in allen Fragen rumort das Böse. Es hat sich dahinein zerstreut, um sich unerkannt ausbreiten zu können. Die richtigen Antworten wären die, die in den Palast Gottes (*hekhalot*) hineinführten.

»Gibt es richtige Antworten?« – »Ja, sie werden erschwiegen.« Man kennt die Pointe bis zum Überdruß und wartet doch immer darauf, daß einer sie wieder einmal glaubwürdig setzt.

Das Eine des Plotin, der höchste Gott über Seelen- und Geisterwelt, ist das Gute. Das Gute denkt *nicht*. Unbeweglich und ewig ruht es in sich, und schon eine interne Trennung in Subjekt und Objekt, Reflektierendes und Reflektiertes (wie sie statthat, wenn der Geist über sich selbst nachsinnt), wäre der Vollkommenheit des Einen abträglich. Weil das Gute nicht denkt, weiß es von sich selbst nichts. Es ist der Schlaf höchster Fülle, der ihm eignet. Doch dieser einzigartige Vorzug ist zugleich ein Gebrechen. Zur Vollkommenheit gehört Selbstbewußtsein. Daher zeugt bei Plotin das Eine, indem es vor lauter Fülle überfließt, den in sich reflektierten Geist, und der ersten Spaltung folgen dann die Zeugungsakte, die zu den Seelen und, weiter nach unten, zur körperlichen Vielfalt führen. Indessen ist mit der ersten Zweiheit schon ein Schritt weg von der Vollkommenheit des Einen getan. Hier tut sich ein kapitaler Widerspruch auf. Das Gute *muß*, um vollkommen gut zu sein, das Böse gebären, nämlich die *Erkenntnis*, die dem Guten erst ein Wissen um sich selbst gestattet.

Bis zu Hegels Konzeption des »absoluten Geistes«, in dem schließlich, am Ende des Prozesses der Entzweiungen, alle Gegensätze als »vermittelte« (dialektisch synthetisierte) aufgehoben sein werden, wirkt die Plotinsche Irritation heftig weiter. Man kann nicht gut werden, ohne böse gewesen zu sein. Einer, der noch niemals böse war, wird auch nicht wirklich gut sein können. Die großen Denker des Abendlandes haben erkannt, daß sie hier am Rande eines großen Mysteriums operieren, eines Mysteriums, welches Theorie und Praxis umschlingt. Ihre Lösungsversuche sind samt und sonders vermessen und dennoch lebendigste Kultur: das Alte Testament der Juden und Christen, Gott Jahwe, sein Garten und seine Schöpfung, sie alle durch die Augen Plotins gesehen...

251. – Aufhören, ein Mensch zu sein, im Bösen zu existieren: ein Tier werden und wissen, warum man es geworden ist – das bedeutet die göttliche Metamorphose.

Das schrecklichste Mißlingen aber ist, als Mensch ein Tier zu werden, Gregor Samsas Schicksal zu erleiden – das Böse mit sich zu nehmen und es niemandem mehr bedeuten zu können; ein Opfer zu werden und trotzdem unerlöst zu bleiben.

252. – Karfreitag 1995. Für denjenigen, der glaubt, daß Gott an diesem Tage stirbt, und sei es nur für einen Augenblick lang, wird ein Spalt hin zur höchsten Irrealität geöffnet. Gott ist tot, aber die große Weltmechanik hat das gar nicht bemerkt. Gewiß, eine Verdunkelung findet statt, und die Erde bebt ein wenig. Aber das ist bloß wie ein Frösteln über dem Nichts. Entscheidend scheint doch für den Gläubigen, daß sein Gott tot ist und dennoch nichts aus den Fugen gerät. Alles läuft, wie es läuft. Ist das ein Zeichen für die Schwäche, für die Überflüssigkeit Gottes? Nein, sagt der Gläubige, das ist der Beweis dafür, daß der Mechanismus, das Weltgetriebe, alles, was läuft, wie es läuft, *nichts* ist. Es ist substanzlos und kann *deshalb* ohne Gott existieren; es kann so existieren, weil es nicht wirklich existiert. Der Tod, die Abnahme vom Kreuz, die Grablegung: das sind Schattenereignisse in einer Dimension des radikal Unwirklichen. Die Welt ist untergegangen, und nun putzt sich das Nichts heraus als geschäftiger Alltag. Darin finden sich nicht nur Henkersknechte, Schlächter und Wucherer. Auch die Philosophen treten eilig hervor, und die Wissenschaftler machen sich ans Werk: Der Geist blüht. Der Gläubige aber bleibt ungerührt. Er sieht jetzt lauter Untote. Das einzige, was ihn wieder zum Leben zurückführen kann, ist das Ereignis der Auferstehung. Dieses jedoch hängt nicht von ihm ab, nicht einmal von der Stärke seines Glaubens (und schon gar nicht vom Mummenschanz rund um ihn). Der Glaube an die Neuschöpfung ist etwas anderes als die Neuschöpfung selbst. In der Auferstehung werden die Dinge wieder präsent. Sie waren zwar nie verschwunden, die Räder des Mechanismus haben alles weitergedreht, doch erst jetzt sind die Dinge wieder *da*. Es ist ein Ankommen, das durch die Welt geht: »Fürchtet euch nicht, es ist euch nichts genommen worden.«

253. – Ein Fehler des Christentums ist es, die ganze Sache des Menschen der Moral zu unterwerfen. Über den ewigen Tod oder das ewige Leben wird aufgrund einer göttlichen Abwägung entschieden: Wiegt das Schlechte eines Lebens schwerer als seine guten Taten zusammen, dann bleibt kein Seelenfunke vorm Untergang verschont. Dagegen sträubt sich der religiöse Instinkt. Er kann in den Höllen immer nur Fegefeuer sehen, Stätten der Reinigung, die das Unzerstörbare des einzelnen Menschen aus der moralischen Schlacke befreien. Und dazu gehören im Grunde auch die »Flecken« des Guten. Jeder muß durchs Fegefeuer.

Diesen Gedanken bildet das Christentum in seiner Lehre von der Gnadenwahl – die nicht annehmbarer ist als die Höllendoktrin – nur sehr schlecht nach. Zwar signalisiert der

Gnadenakt Gottes, der gegen das moralisch offensichtlich Richtige stehen kann, daß es eine dem Moralischen übergeordnete Sichtweise der Welt und des Lebens gibt, eben die göttliche; doch dem Gnadenakt fehlt das Moment der Befreiung. Sein Ergebnis, ob Himmel oder Hölle, ist prinzipiell ärgerlich, weil es vollkommen tyrannisch ist. Da erscheint der moralisch wägende Gott noch als akzeptabler, freilich als ein Gott der Buchhalter, keiner, den man verehren oder sogar anbeten könnte.

254. – Anbeten läßt sich nur, was sich nicht erklären läßt. Deshalb verwandelt sich das Wesen Gottes, wenn seine Handlungen als Ausdruck eines moralischen Kalküls begriffen werden: Gott stirbt, und das Urbild des guten Menschen entsteht. Dieses aber wird bald vom Diskurs der um Aufklärung Ringenden erfaßt und auf seine empirischen Fundamente zurückgeführt. Dann wird über Maximen nachgedacht, unter welche die unterschiedlichen Interessen der einzelnen gefaßt werden könnten. Es ist evident, daß damit die Reste des Unbedingten aus dem Urbild getilgt werden, das der Gottheit nachfolgte. So wird auch der Glanz jenes Urbildes schwächer und schwächer. Er gründete in der Reststrahlung eines radikal Irrationalen: eines der Anbetung Würdigen.

Wenn wir wenigstens dies im Auge behalten könnten: daß unsere moralische Existenz die Verfallsform einer anderen ist, deren Grundlage Verehrung und Gebet waren. Versuchen wir also, so zu handeln, als ob es darum ginge, jene andere Existenz wiederherzustellen. Mehr können wir nicht tun.

255. – In einem Buch wie dem von Richard Dawkins über das »egoistische Gen« (*The Selfish Gene*, 1976) lernen wir, uns selbst für nichtswürdig zu halten. Wir sind der soziobiologischen Lehre zufolge nichts weiter als Überlebensmaschi-

nen im Dienste unserer Gene. Der Sinn unseres Lebens besteht, lange nachdem es keine Ursuppe mehr gibt, darin, unseren Genen eine Überlebensbasis und gleichzeitig einen möglichst effizienten logistischen Ort zu bieten, von dem aus sie sich im riesigen Feld der Konkurrenz, dem Genpool, behaupten und vielleicht durchsetzen können. Aber nicht nur unser Schicksal erscheint unter dieser Perspektive eher wie ein schlechter Witz denn eine Angelegenheit, die zumindest den Versuch lohnte, würdig gestaltet zu werden; vielmehr unterliegt ja die ganze lebendige Natur derselben trostlosen Teleonomie. Die Moleküle, die die Fähigkeit erworben haben, Kopien ihrer selbst herzustellen, haben bloß das eine Ziel: sich zu vermehren. Um dieses Ziel zu erreichen, ist jedes Mittel recht, besonders auch die Konstruktion von biologischen Hüllen, die schützen, nähren und den Austausch mit der Umgebung regeln, von der Membran bis zum tierischen und schließlich menschlichen Körper, der nicht nur ein Gehirn, sondern auch ein Selbstbewußtsein hat.

Daß wir – und das bedeutet: die ganze Kultur, die unsere Schöpfung ist – im Dienste unserer Gene stehen, ohne daß uns dies bis vor kurzem überhaupt hätte bekannt sein können, ist eine Offenbarung, die eines bösen Dämons würdig gewesen wäre. Sie wird uns jedoch von einem angesehenen Biologen mit englischem Humor und der Herablassung desjenigen vorgetragen, der aus dem mythischen Weltbild endgültig ausgetreten ist. Zur Realistik der neuen Biologie gehört auch, daß sie stets beteuert, die Natur und daher auch das Gen verfolgten selbstverständlich keine Absichten, und es sei jederzeit möglich, wenn auch in vielen Fällen sehr umständlich, die metaphorische Redeweise vom »selfish gene« durch eine bildlos chemische, quantitative und wahrscheinlichkeitstheoretische Sprache zu ersetzen.

Dawkins hat uns, über alle Metaphorik hinweg, etwas Wichtiges zu sagen: daß nämlich die biologischen Einheiten, welche im *struggle for life* gegeneinander operieren, weder die Individuen noch, im Sinne von Konrad Lorenz, die einzelnen tierischen Spezies bis hin zum Homo sapiens sapiens L. sind, sondern solche reduplikationsfähigen Moleküle, die ihre Identität über viele Generationen hinweg aufrechterhalten – eben die »Gene«. Was aber *bedeutet* diese Erkenntnis (falls es eine ist)? Darüber scheint uns dann doch Dawkins' *Metaphorik* zu belehren, die das dunkle heiße Herz der Welt klar benennt: Selfishness. Wir sind nur die Diener dieser Macht, die alles in Bewegung hält, bis hinunter zu den Atomen des Lebens.

Wer, wie Dawkins, die Metapher so nachdrücklich bemüht und trotzdem behauptet, sie sei nichts weiter als ein Kürzel, der hat weniger Einsicht, als er meint. Nicht, daß der Soziobiologe seine Sache nicht auch bildlos zur Sprache bringen könnte; doch er ließe sich und uns dann auf eigentümliche Weise im ungewissen, um welche *Sache* es sich denn handelt. Geht es hier letzten Endes um das Studium der Mechanismen, nach denen sich chemische Strukturen ausbreiten, um nicht mehr und nicht weniger? Nein. Es geht, auf der Basis des Studiums solcher gespenstischer Mechanismen wie Reduplikation und Mutation, darum, welche Bedeutung diese für den menschlichen Geist haben: Es geht um unser Selbstverständnis als Teil der lebenden Natur und der Welt überhaupt. Die Abwehr der Metapher läuft hier auf die Abwehr einer Kategorie wie der des Selbstverständnisses und damit eines deutenden Bezugs zu den Dingen hinaus. Was abgewehrt werden soll, ist in Wahrheit ein Grundbezug des Menschen zur Welt – und nicht bloß eine anthropozentrische Fixierung –, ein Bezug, der sich immer wieder Bahn bricht und von Dawkins immer wieder als »Metapher« diffamiert wird.

Die soziobiologische Metapher ist mehr als nur ein Darstellungsmittel. Sie ist in Wahrheit der Versuch, die wissenschaftliche Sprache außerhalb der Kontexte technischer Pragmatik und Prognostik *lesbar* zu machen. Die insistente

Frage des Geistes angesichts seiner Entäußerung, der abstrakten Theorie, die sich ihm schließlich bis zur Unverständlichkeit zu entfremden droht, lautet: Was hat das alles zu bedeuten? Man kann die Antwort verweigern und darauf pochen, Wissenschaftler zu sein; doch die Verweigerung ist nicht schon die Antwort.

Dawkins' Methode ist die vieler Naturwissenschaftler heute. Er wäscht seine Hände, nachdem er sich gegen das Gebot der wissenschaftlichen Reinheit gründlich vergangen hat, in Unschuld: »wenn ich will, kann ich metaphernfrei bleiben« – einer Unschuld, die aber keiner will und keiner brauchen kann. Wir wollen wissen, was das alles bedeutet, wir müssen es wissen, falls wir uns nicht selbst unverständlich werden sollen, auch um den Preis einer möglicherweise schlimmen Entdeckung: der Entdeckung etwa, daß wir nichts weiter sind als Überlebensmaschinen unserer eigensüchtigen Gene.

Wenn uns bewußt wird, daß Dawkins' Metaphorik ihrem Wesen nach nicht einfach eine Summe von Kürzeln, sondern Teil einer existentialen Hermeneutik ist, dann werden wir die Konfrontation mit ihr nicht mehr für nebensächlich halten. Wir werden einen anderen inhaltlichen Zusammenhang zwischen Theorie und Bedeutung suchen, einen solchen, der unserer *Anschauung* der Dinge besser entspricht. Das hat nichts mit Hochmut zu tun, im Gegenteil. Grundlage unseres Weltbezugs sind Gefühle des ehrfürchtigen Staunens und der Demut gegenüber einer Welt der unbeschreiblichen Fülle und Tiefe, des Lichtes und der Farben, der bewunderungswürdigsten Gestalten und Formungen im Kleinsten wie im Größten; und wir fühlen, daß es unsere Aufgabe ist, an der Vervollkommnung dieses Ganzen, wie gering unser Beitrag auch sein mag, mitzuwirken – und sei es nur, indem wir unser primäres Bedeutungserleben der Welt, das instinktiv religiös ist, nicht durch zynische »säkulare« Bilder der Selbstsucht und des Machtstrebens korrumpieren lassen. Wir sind keine

Überlebensmaschinen, sondern Teil einer Schöpfung, die zu verstehen heißt, sie zu lobpreisen. Der Lobpreis ist die rechte Art ihrer Erkenntnis.

256. – *Welt als Puzzle: Jeder soll »spielen«.* So faßt ein Zeitungsartikel schon in der Überschrift die Lehre des »Theologen und Philosophen, Mystikers und Schriftstellers« H. B. zusammen. Dieser sieht die Evolution nach dem Modell der Selbstschöpfung und Gott als einen Künstler, der sein Werk allmählich erfindet: »Er schafft es, und es schafft ihn.« Und wir alle spielen da mit, das ist die frohe Botschaft, die H. B. vom Vortragspodium aus verkündet.

Wir alle sind dabei, Gott zu erschaffen. Das ist die demokratisierte Variante der Idee, der zufolge der Künstler, als das geniale Individuum, eine Art Gott und seine Kunst eine Art Weltschöpfung sei. War jene Idee, die man von der Renaissance über die Romantik bis zur klassischen Avantgarde unseres Jahrhunderts findet, vermessen, so ist die Vorstellung, wir seien irgendwie Gott und würden dadurch, daß wir uns selbst verwirklichten, Gott und die Schöpfung mitentfalten, bloß noch degoutant. Der Mystiker, der das Podium besteigt, um coram publico die Weltevolution einer derartigen Tiefenanalyse zu unterziehen, ist ein hoffärtiger Narr. Die Menge klatscht ihm Beifall, wer möchte nicht gerne mitwirken an der Verbesserung der Schöpfung, statt sich nach Kräften an den eigenen Mängeln abzuarbeiten.

Demgegenüber ist das Wissen des Mystikers, der nicht bloß eine Schranze der Hoffart verkörpert, ein stammelnd demütiges und zugleich stammelnd freudiges. »Feuer, Friede.« Es ist das Wissen, das aus der Gewißheit radikaler, absoluter Abhängigkeit erwächst. Aber es handelt sich um die Abhängigkeit von etwas, das befreit, und nicht um die Abhängigkeit von den Tatsachen und Zufällen einer Evolution, die nach menschlichen Maßstäben grausam und absurd ist und die zu nichts weiter führt als zu dem grausamsten und, gerade wegen seiner Intelligenz und seines Sinnhungers, absurdesten Wesen – zum Menschen.

Nur vom Standpunkt Gottes aus ist die bewegte Welt gut. Kein Mensch, der einen Funken Moral im Leibe hat, kann an ihrer Entfaltung teilhaben wollen. Nur der Teufel, als der unvollkommene, unglücklich böse Gott, will das; er will Demiurg sein. Je mehr aber der Mystiker vom Standpunkt des wahren Gottes zu ahnen beginnt, um so weniger fühlt er sich berechtigt, fähig und willens, an der Evolution »mitzuwirken«, um so stockender, fragmentarischer wird seine Rede, um so größer sein Wunsch, mit der *Schöpfung* eins zu werden.

Nur von der Warte der Schöpfung aus fällt auf das Weltgeschehen ein heilendes Licht. Der Mystiker, der in der seligen Schau über die Limitierungen der menschlichen Moral hinausgehoben wird, sieht die Tatsachen als verklärte. Er sieht sie dann als Teile eines Ganzen, das währt, *weil* es vollkommen ist. So hoch hinauf aber reicht kein Vortragspodium, und kein Journal der letzten Dinge trägt so weit.

IV

Bemerkungen zur Theodizee

Der Aufstand gegen den Vater

257. – Der anfangs noch gläubige Versuch, die Schöpfung zu rechtfertigen, ist bereits der Aufstand gegen den Vater. Eine Theodizee kann es nur geben, sofern es eine Richtinstanz gibt, über die der Mensch autonom verfügt. Diese Instanz darf alles, was Gott geschaffen hat, in Frage stellen, ja sie darf und soll Gott selbst in Frage stellen: Diese Instanz ist die menschliche Vernunft.

Daß die Theodizee im ersten Anlauf, von Augustinus bis Leibniz, zu Gottes Gunsten ausfällt, ist in Wahrheit eine tiefe Erniedrigung des Vaters. Sein Prozeß ist zwar gewonnen, aber es konnte gezeigt werden, daß es eines Prozesses bedarf. Daß der Prozeß mit den Mitteln der menschlichen Vernunft »pro reo«, für den Angeklagten, entscheidbar ist, bedeutet den modernen Denkern, daß es auch anders hätte kommen können: »in dubio pro reo«, im Zweifel für den Angeklagten, und noch schlimmer. Schon bei Descartes hängt der Glaube an ein paar seidenen Fäden, nämlich an einer dünnen Erkenntnis: »ich kann nicht zweifeln, daß ich denke, also bin ich«, und an dem, was daraus angeblich folgt, nämlich die Existenz eines Gottes, der unendlich weise und gütig ist. Schnell wird sich zeigen, daß die Fäden zu dünn sind. Noch heute gilt Kants Demonstration der Ungültigkeit der Gottesbeweise als schlüssig: Sie alle überdehnen den sinnvollen Anwendungsbereich endlicher Begriffe. Daß Kant, nach eigenem Bekunden, die Demonstration anstellte, um die Grenzen der menschlichen Vernunft zu markieren und damit erst Platz zu schaffen für den Glauben, blieb der wirkungsloseste Teil seines Unterfangens. Denn die Stelle des Vaters, seine Autorität, hatte nun schon die Vernunft okkupiert, und zwar mit scheinbar guten, jedermann einleuchtenden Gründen.

Daher ist der metaphysische Kampf der Neuzeit auch einer gegen die bloß angemaßte Autorität der Vernunft. Der Aufstand gegen den Vater kann vor der vatermörderischen Vernunft, die nun ihrerseits Gott sein möchte, nicht haltmachen. Der Kampf kann listig geführt werden, wie bei Hegel. Dann vollendet sich Gott erst durch die Selbstentfaltung der Vernunft, und alle Selbstkritik der Aufklärung ist ein weiterer Schritt auf dem Weg zum »absoluten Geist«, zur Selbstvergottung des Menschen. Oder der Kampf wird direkt und jakobinisch geführt. Die Revolution frißt ihre eigenen Kinder, im Namen der Vernunft wird die Vernunft liquidiert, man endet im Nihilismus, im Dezisionismus, im Existentialismus. Wo auch nähme die Vernunft das Recht her, sich als oberste Autorität zu etablieren? Wer außer Gott könnte ihr ein solches Recht gewähren?

Die schwer errungene Freiheit bleibt also notwendig instabil. Die Vernunft, die ihr aggressives Potential gegen sich selbst richtet, strebt nach »Gewißheiten«, die ebenso absolut autonom wie absolut autoritär sind. Es gibt einen tragischen Helden der Moderne. Weder Gott noch die Vernunft können ihn binden. Er kann das Vernünftige wie das Gute jederzeit außer Kraft setzen, indem er gegen beides opponiert. Letzten Endes geht es um eine Entscheidung: Um autonom zu sein, muß der moderne Held sich radikal unterwerfen. *Er muß sich seiner absoluten Freiheit unterwerfen.* Dieser Akt erfordert, auf die Seite der Negation überzutreten, dem Falschen zu huldigen und das Böse anzubeten. Denn im Wahren und Guten gibt es eine Freiheit nur nach Maßgabe der Gründe, an die man sich als vernünftiges Wesen binden *soll* und *daher* bindet.

258. – Das Leben des modernen Geistes hängt an einer theologischen Prämisse. Sie besagt, daß seine Autorität keiner weiteren Begründung fähig ist und auch keiner bedarf. Die Prämisse ist das Ergebnis einer maßlosen Überhebung.

Gott soll im Zentrum, in der Sphäre des Logos, ausgelöscht werden. Dort soll nichts mehr herrschen außer menschlicher Geist, der dadurch göttlich wird. Dieser jedoch kann sich nicht aus sich selbst heraus begründen. Sein Leben hängt von einer Beseelung ab, die er nicht selbst stiften kann.

Ohne den Lichtsamen des Vaters wird der Geist zu einer Maschine, zu einem Naturmechanismus. Als Mechanismus gesehen sind seine Leistungen die kausale Folge – oder chaotische Resultante – neurologischer Prozesse in Abhängigkeit von einer physikalischen Umgebung. Der Mechanismus partizipiert nicht am Licht; auch der Geist als Mechanismus hat daran nicht teil. Als Mechanismus ist der Geist verfinstert, gleichsam von Materie absorbiert.

Der Aufstand gegen den Vater, seine Ermordung, führt nicht zur Befreiung und zum wahren Leben. Die einzige Autorität, die man schließlich anerkennt, sind die empirischen Tatsachen. Auch die Vernunft ist dann bloß eine Tatsache unter anderen. Ihre Gesetze sind nicht mehr vernünftig begründbar, sie sind zu Naturgesetzen geworden.

Jeder, der heute aufgeklärt lebt, lebt unter dem Druck, bis in das Innerste seiner Träume und seiner Intelligenz naturwüchsig zu sein und dabei doch zu einem beseelten Leben in Freiheit vorstoßen zu wollen. Das aber ist unmöglich. Unglück und Aggressivität des sich selbst entfremdeten Geistes sind die Folge.

Vom Wesen des Bösen

259. – Juni 1995, eine Nachricht über Geburtenregelung: Chinesische Ärzte durchbohren in Tibet den Bauch schwangerer Frauen mit einer Nadel. Die Nadel dringt in den Embryo ein, zerstört sein Gehirn und tötet ihn ab. Nachdem er aus dem Körper der Frau ausgestoßen wurde, wirft man ihn hungrigen Hunden zum Fraß vor.

Es ist evident, daß wir einen Begriff des Bösen brauchen, der keinen freien Willen zur Voraussetzung hat. Die Hunde, die ermordete, aus dem Bauch der Mutter herausgestochene Kinder auffressen, sind Teil eines Bösen, das keine Absichten benötigt, um sich zu realisieren und zu überdauern. Es wirkt durch die Naturgesetze und die gesellschaftlichen Institutionen hindurch.

Vielleicht sind die chinesischen Ärzte, die an der Dezimierung des tibetanischen Volkes mitwirken, nur Handlanger; ihr Wille ist von weit her gesteuert und gänzlich verdorben – wie jener der mißbrauchten Hunde. Teufel sind sie dennoch. Daß sie sich auch hätten entscheiden können, nicht zuzustechen, ist ein formales Argument. Ihre Handlungen sind derart böse, daß man ihnen, selbst wenn sie darauf bestehen sollten, keine Autonomie einräumen wird. Man kann einer Person Freiheit bloß zubilligen, sofern man bereit ist, sie am Lichtkreis der Vernunft teilhaben zu lassen. Das ist im vorliegenden Fall ausgeschlossen. Die Vernunft und das Böse konvergieren niemals, auch wenn das Böse »zweckrational« sein mag. Das Böse und das Irrationale aber bestehen zusammen, und sie vernichten die Freiheit.

In seinem Grunde kommt das Böse nicht aus der Freiheit, deshalb darf man es nicht darin wurzeln lassen. Der Abscheu vor den mörderischen Ärzten und den von ihnen mißbrauchten Hunden wird dadurch nicht geringer. Es stimmt, beide stehen nicht auf derselben Stufe. Doch in der Vernunftlosigkeit der Hunde zeigt sich weniger eine Art Unschuld als vielmehr das wahre Wesen der Tierheit: Sie tendiert zum Bösen, und sie kann nur durch vernunftbegabte Geschöpfe das eine oder andere Mal davor bewahrt werden, ihm zu verfallen. Die Ärzte wiederum sind vertiert. In ihrem Tun wirken sie, gerade als Bürokraten des Genozids, wie tödliche Insekten, vernunftlos und unfrei – und deshalb »bestialisch«.

Zusatz: Man sollte die Möglichkeit eines unschuldig Bösen nicht sogleich als mythisch verwerfen.

Selbst bei Philosophen, die ganz auf der Seite der Aufklärung stehen, findet man seit einiger Zeit wieder die Behauptung, es gebe Werte, welche gewissen Dingen inhärent sind. Ein gutes Beispiel bietet Tom Regan mit seinem Buch *The Case for Animal Rights* aus dem Jahre 1984. Da eine rein nutzenorientierte Ethik in jedem Fall zu unannehmbaren Ergebnissen führt, plädiert Regan dafür, allen Menschen, ob behindert oder nicht, und zumindest allen höher organisierten Tieren einen Wert an sich zuzuschreiben. Das hat zur Folge, daß die Frage des Lebenswertes nicht mehr daran hängt, ob der Beitrag des Individuums zum Gesamtnutzen höher zu veranschlagen sei als jene Nutzensumme, die aus der Tötung des Individuums resultieren würde. »Given the postulate of inherent value, no harm done to *any* moral agent [or patient] can possibly be justified merely on the grounds of its producing the best consequences for all affected by the outcome.« Es scheint: Wenn diese Limitierung von Nutzengründen durch die Berufung auf inhärente Werte gerechtfertigt werden soll – und offensichtlich ist das Regans Ziel –, dann müssen solche Werte etwas sein, das objektiv existiert. Das Leben eines Schwachsinnigen, eines Säuglings oder eines Hundes ist demnach wertvoll an sich, unabhängig davon, ob es, von einem unparteiischen Standpunkt aus betrachtet, »zu etwas gut ist« oder nicht.

Hat man sich der Erkenntnis, daß es inhärente Werte gibt, erst einmal geöffnet, so sollte es nicht schwerfallen, auch den Gedanken inhärenter Unwerte zu fassen. Es finden sich in der Natur Beispiele größter Grausamkeit, und daran ändert sich nichts dadurch, daß die Grausamkeiten im Dienste eines »ökologischen Gleichgewichts« stehen, also zum »Gesamtnutzen« des Systems beitragen. Im Gegenteil, ein System, das sich über den Mechanismus des Darwinschen Struggle for Life, über die Automatik des Fressen-und-gefressen-Werdens, mit anderen Worten: über die ständige gegenseitige Vernichtung von empfindungsfähigem Leben, unter Zufügung vielfacher und heftigster Leiden, stabilisiert, trägt vom Ansatz her Züge des Unwerthaften. Ein derartiges System steht dem Bösen nicht fremd gegenüber, auch wenn moralische Schuld in ihm erst auf der Ebene menschlichen Handelns zuzuschreiben ist.

Indem die erwähnten Ärzte bestialisch handeln, nähern sie sich einem Bereich des Bösen, wo keine moralische Autonomie mehr herrscht. Dennoch wird es uns weder in den Sinn kommen, ihr Tun für wertneutral zu halten, noch werden wir sie ins schlichtweg Animalische entlassen. Sie handeln nicht einfach unschuldig böse wie ein Tier, das dem anderen Schaden zufügt; denn sie *sind* vernunftbegabte Wesen. Ihre Abwendung vom Licht ist kein bloßes Naturereignis, sondern das Ergebnis einer Hinwendung zum objektiv Unwerthaften – einer, wie auch immer motivierten, Konspiration mit dem Bösen.

»Falls Gott nicht existiert, ist alles erlaubt«

260. – Zu sagen, es gibt eine Moral, heißt zu sagen, es gibt eine Bindungskraft, die stärker ist als jede mögliche Selbstbindung des Menschen. Alles, was der Mensch selbst bindet, kann er auch selbst wieder auflösen. Kein Mensch aber kann ein moralisches Gesetz autonom außer Kraft setzen.

Und die Menschheit als »Kollektivsubjekt«? Könnte die Menschheit insgesamt, kraft ihres gemeinsamen Willens, ein moralisches Gesetz aufheben? Nein. Alle könnten der Meinung sein, es sei rechtens, was die chinesischen Ärzte den tibetanischen Frauen antun – Unrecht bliebe es dennoch. Eine insgesamt vertierte Menschheit wäre böse, nichts sonst. Daß es sich dabei um die ganze Menschheit handelte, änderte nichts. Das liegt an der Idee des Moralischen.

Viele Ethiker neigen heute zu der Behauptung, moralische Wertungen müßten in jedem Fall eine »subjektive Stellungnahme« einschließen. Dieser Standpunkt entspricht einer verbreiteten Vorstellung vom Wesen der Moral. Demnach bestimmt der autonome Mensch eigenständig über seine – die menschlichen – Angelegenheiten. Der autonome Mensch ist sein eigener höchster Gesetzgeber. Doch bei genauerem Hinsehen erscheint der moralische Subjektivismus als schrecklich verworren. Alle unsere moralischen Prinzipien sind fundiert in der Erkenntnis von Werten, die wir den Tatsachen nicht einfach unterlegen. Einen Fötus gegen den Willen der Mutter abzutöten ist unter einigermaßen normalen Umständen eine böse Handlung. Das hat natürlich auch mit den aktuellen und potentiellen Interessen der Betroffenen, besonders der Schwangeren und ihres ungeborenen Kindes, zu tun. Aber deswegen, weil hier – wie in den meisten Belangen der Ethik – Interessen, Wünsche und dergleichen im Spiel sind, wird das moralische Urteil nicht notwendigerweise »subjektiv«. Wenn wir die zentralen Aspekte des Falls betrachten, *erkennen* wir, daß das, was die chinesischen Ärzte den tibetanischen Frauen zufügen, Unrecht ist. Wir nehmen *nicht* subjektiv Stellung, räumen also nicht ein, daß andere zu anderen Stellungnahmen gelangen könnten, die ebenso berechtigt wären wie die unsere. Wir urteilen vielmehr auf der Basis von Werten, die zwar durch die Existenz menschlicher Interessen aktualisiert, nicht aber durch einzelne moralische Akteure festgelegt werden. In Belangen der Ethik ist der Mensch *nicht* sein eigener höchster Gesetzgeber. Die Existenz inhärenter Werte fordert, wenn überhaupt, dann die Annahme eines »Gesetzgebers«, der über dem Menschen steht. Einzig diese Annahme macht es fernerhin möglich, auch Tieren und Pflanzen und allgemein den Dingen der Schöpfung einen Wert beizumessen, wie immer der jeweilige Zeitgeist gerade dazu stehen mag.

Der moralische Standpunkt verpflichtet uns darauf, die

Welt als *Kosmos* zu begreifen, das heißt als eine objektiv werthafte Ordnung. Dagegen macht der Aufstand gegen den Vater mobil, und zwar im Namen der menschlichen Autonomie, des Subjektivismus und »Nonkognitivismus« der Werte. Objektiv seien nur die Naturgesetze, nicht aber die Gesetze der Moral. So beginnt jene Epoche der tiefen ontologischen Wirrnis, von der wir heute nicht wissen, ob wir sie jemals zu Ende bringen werden.

Zusatz: Wenn einst selbst Philosophen wie Aristoteles denken konnten, die Sklaverei stünde im Einklang mit der Moral, so ist das natürlich kein Beweis für die Relativität der Werte. Wir *wissen* heute, daß es ein schweres Unrecht ist, einen Menschen in die Sklaverei zu verschleppen. Gerade deshalb sehen wir heute auch deutlich, daß der Schleier des Nichtwissens, der eine Kultur umhüllt, sehr dicht sein kann. Wer glaubt, die Sklaverei sei zu rechtfertigen, der hat kein klares Bild von der prinzipiellen Gleichheit der Menschen.

Nun ließe sich immerhin fragen, ob dieses Bild nicht selbst erst aufgrund bestimmter kultureller Wertungen zustande kommt. Die Antwort darauf lautet: Nein. Wenn wir beispielsweise begründen, warum die Hautfarbe oder Rasse eines Menschen keinen triftigen Grund für seine Diskriminierung bildet, dann führen wir keine Wertungen, sondern sachliche Gründe ins Treffen. Wir sagen etwa, daß die A-Leute weder dümmer noch weniger sozial sind als die B-Leute. Aber unterliegt einem solchen Argument nicht doch ein wertendes Prinzip, nämlich jenes, dem zufolge es moralisch falsch ist, eine Ungleichbehandlung von Menschen *ohne sachlichen Grund* vorzunehmen? Gewiß. Indessen kann das Gleichheitsprinzip, sofern man es überhaupt verstanden hat, nicht ernsthaft bestritten werden.

Angenommen, die A-Leute werden von den B-Leuten unterdrückt; als sich nun die A-Leute beklagen und nach Gründen für ihre Schlechterbehandlung durch die B-Leute fragen, antworten diese: »Wir tun es aus Spaß!« Es ist offensichtlich, daß eine derartige Antwort nur provoziert. Spaß an der Unterdrückung anderer zu haben ist das letzte Motiv, das als guter Grund tauglich wäre. Eine derartige Antwort gibt bloß zu verstehen, daß man zwar die Macht, aber eben *keinen* guten Grund für ihre Ausübung hat. Die B-Leute können sich nicht *entschließen*, das Gleichheitsprinzip (hier in der Form der Beweislast für den Fall der Ungleichbehandlung) außer Kraft zu setzen. Womit hat das zu tun? Wenn wir sehen, daß die A-Leute ohne triftigen Grund schlechter leben als die B-Leute, dann erkennen wir, daß die Situation ungerecht *ist*. Der Situation inhäriert dann ein Unwert, und es liegt nicht an uns, über das Vorliegen dieses Unwertes durch irgendeine »subjektive Stellungnahme« zu befinden. Das Unwerthafte der Situation ist vielmehr objektiv gegeben, weil keines ihrer Merkmale ausreicht, um einen sachlichen Grund der Diskriminierung zu bilden.

261. – »Falls Gott nicht existiert, ist alles erlaubt.« Das scheint unbezweifelbar, vorausgesetzt, moralische Prinzipien, die sich bloß menschlicher Willenstätigkeit verdanken, sind nicht geeignet, irgend jemanden wirklich zu binden. Und tatsächlich: Ich bin nicht wirklich gebunden, wenn ich mich selbst binde; denn dann kann ich mich jederzeit auch selbst entbinden.

Alles ist erlaubt, solange ich mich *bloß* selbst binde. Man kann das, formelhaft, so sagen: Unser Begriff von Moral schließt ein, daß Gott existiert. Daß Gott existiert, *bedeutet* unter anderem, es existiert eine Bindungskraft, die stärker wirkt als jeder Akt der menschlichen Selbstbindung.

Zu selten wird hervorgehoben, daß der Aufstand gegen den Vater zuinnerst auch ein Aufstand gegen die Moral ist – gegen ihre unbedingte Bindungskraft, die jeden endlichen Willen transzendiert. Max Horkheimer war einer der letzten großen Denker, der den anstößigen Sachverhalt offen aussprach, und er wurde dafür als Renegat verunglimpft. Tatsächlich formulierte er aber im Alter nur, was seine frühe *Eclipse of Reason* (1947) bereits impliziert hatte: Eine Moral kann es nur geben, wenn der Welt objektive Werte innewohnen, die Werte also nicht einfach menschlicher Subjektivität entstammen. Der Umstand, daß den Tatsachen Werte inhärieren, kann jedoch nicht verstanden werden als Ausdruck der empirischen Verfaßtheit dessen, was der Fall ist. Die »Empirie«, der Erfahrungsstoff im wissenschaftlichen Sinne, ist wertneutral. Daher kann es sich bei der Inhärenz der Werte nur um einen Tatbestand der religiösen Verfaßtheit der Welt handeln.

Die Argumentation Horkheimers war einfach. Im Bannkreis des Subjektivismus läßt sich die Geltung von Werten nur »zweckrational« rechtfertigen. Die Frage lautet stets, ob der jeweilige Wert zur Erreichung eines vorgelagerten Ziels brauchbar ist. Das Ziel seinerseits mag wiederum ein höherer Wert sein. Daraus folgt jedoch, daß sich die höchsten Werte niemals rechtfertigen lassen. Sie erscheinen zwingend als irrational, weil für sie nicht mehr »vernünftig« argumentiert werden kann. Man kann ihre Partei ergreifen, man kann sich aber auch gegen sie entscheiden. Mit den Worten Horkheimers in einer Notiz des Jahres 1966:

Ohne den Glauben an eine letzte Autorität werden alle moralischen Vorstellungen, selbst diejenigen des Atheisten, zu bloßen persönlichen Neigungen oder, wie manche Positivisten sagen, zu hobbies. [...] Man kann sich dafür entscheiden, einen der Religionsstifter zum Vorbild zu nehmen, aber das ist eine »private Angelegenheit«. Ein anderer mag sich einen der großen Gewaltmenschen und Mörder zum Vorbild nehmen. It is his business if he gets away with it.

Und das heißt eben, daß alles erlaubt ist, wenn Gott nicht existiert.

262. – Jede rein naturalistische Auffassung der Moral beruht auf einem Mißverständnis. Es gibt evolutionär herausgebildete Naturzwänge, die im Dienste des Überlebens der Art, des Individuums oder des Genoms stehen. Aber die daraus resultierende Bindung ist rein *faktisch*, auch wenn sie Effekte zeitigt, die moralisch anmuten. Hierher gehört das selbstlose Verhalten vieler Tiere bei der Aufzucht ihrer Jungen oder der Verteidigung ihrer Gruppe; ihr Verhalten ist »moralanalog«. Es könnte moralisch sein, wenn es nicht durch den Instinkt gesteuert wäre.

Oft wurde gesagt, das Faktische werde erst dadurch moralisch, daß es unter die Herrschaft – den »zwanglosen Zwang« – der Vernunft trete. Wenn das stimmen soll, dann muß die Vernunft etwas prinzipiell anderes sein als eine Naturgegebenheit. Sie muß die Evolution, und allgemein das Reich der Mechanismen und Zufälle, *übersteigen*.

Die Bindungskraft der Vernunft kann nicht aus dem Faktischen stammen. Sie verweist auf Transzendentes. Entweder ist die Stimme der Vernunft göttlichen Ursprungs, oder es gibt gar keine solche Stimme (und alles ist erlaubt).

263. – Was also heißt es, einen Wert als moralischen Wert zu akzeptieren? Glaube ich zu wissen, daß ich einer Regel folgen soll, weil sie das moralisch Richtige zum Ausdruck bringt, dann akzeptiere ich sie nicht aufgrund eines Aktes der Selbstbestimmung. Ich akzeptiere sie, weil sie richtig ist. Wenn der moralische Mensch überhaupt nach Gründen fragt, dann nach solchen, die absolut binden.

In einem wichtigen Sinne ist jede Moral rigoros. Nicht einmal die Menschheit insgesamt kann *beschließen*, was moralisch richtig ist. Wenn *ich* der Meinung bin, es sei moralisch verwerflich, Krieg zu führen, dann bin ich durch eine Autorität gebunden, die schwerer wiegt als die ganze Menschheit. Alle können sagen, es sei erlaubt, Krieg zu führen, und doch beeinträchtigt das mein moralisches Urteil nicht. Mag sein, ich werde umgestimmt. Achten werde ich mich weiterhin nur können, wenn ich ernsthaft glaube, meine Meinung aus guten Gründen revidiert zu haben und nicht bloß deshalb, weil es sich um die Meinung aller handelt.

Es gibt eine Verwendungsweise des Wörtchens »ich«, der zufolge ich, ohne blasphemisch zu werden, mich als Teil des Göttlichen bestimmen darf: *Ich bin ein moralisches Subjekt.*

Das Paradoxe des Gottesbeweises

264. – Willst du etwa die Existenz Gottes beweisen? Gegen die Frage gibt es nichts einzuwenden, wenn sie ähnlich gemeint ist wie die andere Frage: Willst du etwa die Existenz der Außenwelt beweisen?

Der Philosoph George Edward Moore bewies die Existenz der Außenwelt, indem er eine Hand hochhielt und sagte: »Hier ist eine Hand«, und dann die andere Hand hochhielt und sagte: »Hier ist noch eine.« Die Demonstration zeigt, was unter normalen Umständen nicht gezeigt zu werden braucht. Die Gewißheiten des Alltags sind ins Rutschen gekommen, und nun hebt Moore seine Hände. Dadurch wird in unser Bewußtsein gehoben: Die Außenwelt existiert *fraglos*, wie konnten wir jemals daran zweifeln? Uns wird bewußt, daß unser Zweifel sinnlos war. Denn er setzte sich an Tatsachen fest, die ihn immer schon, man könnte sagen prinzipiell, ausschlossen.

So funktioniert auch der Gottesbeweis. Die Frage ist nur, was man hier vorzeigen soll. (Man kann das Wesentliche an der Moral nicht vorzeigen.)

265. – Das Paradoxe des Gottesbeweises ist nicht so sehr darin zu sehen, daß er das Unbeweisbare, der menschlichen Vernunft Unzugängliche »beweisen« will. Daß er »analogisch« verfährt, gehört zu seinem Wesen, und die theologi-

schen Denker sind sich dessen bewußt. Das Paradoxe des Beweises liegt darin, daß er das Höchste, Letzte, Gewaltigste ans Licht zu bringen hofft und dabei doch weder die Vernunft erschüttert noch das Herz aufrührt. Statt dessen läßt er uns kalt. Die absolute Ursache, als die Gott im Beweis gedacht wird, ist ein papierenes Konstrukt: Weil sie unendlich vollkommen ist, ist sie notwendig real usf.

Selbst wenn die Gottesbeweise ausnahmslos stimmten, ließen sie uns Gott gegenübertreten wie der Humeschen Billardkugel. Alles bliebe kalte Analytik, Berechnung und Mechanik. Vergegenwärtigung Gottes ist etwas anderes. Man weiß, daß man Gott nicht ins Angesicht schauen kann, und man will doch nur eines: Gott ins Angesicht schauen.

Wir müssen uns mit den Vorhöfen des Palastes begnügen und über die Schatten der Herrlichkeit gebeugt bleiben. Die Gottesbeweise sind eine sinnlose Anmaßung. Gleich toten Knöchelchen rasseln die Wörter und Deduktionen. Von Gott zu reden wie von einer Billardkugel, deren Radius unendlich groß ist und die einst die Welt in Bewegung setzte – das ist Vermessenheit, Selbstblendung; es führt zur Austrocknung des Geistes.

Der menschliche Geist lebt nur an den fernen Rändern des Absoluten. Dort sind seine Oasen, dort finden sich die Quellen der Vergegenwärtigung. Dort leben auch die Philosophen. Sie beweisen nichts, sie staunen.

Unser Verhältnis zu Gott ist ein sittliches

266. – Über das Wesen des biblischen Monotheismus heißt es bei Julius Guttmann, *Die Philosophie des Judentums*:

Er ist kein Monotheismus einer abstrakten Gottesidee, sondern der Monotheismus einer göttlichen Willensmacht, die als lebendige Realität die Geschichte beherrscht. Dieser sittliche Voluntarismus schließt den persönlichen Charakter der Gottesvorstellung unmittelbar in sich und gibt ihm seinen spezifischen Sinn. Mit der gleichen Unmittelbarkeit erwächst aus ihm die Eigenart der Beziehung von Gott und Mensch. Sie ist nur als sittliche Willensbeziehung möglich und kann als solche nur als ein Verhältnis von Ich und Du, von sittlicher Person zu sittlicher Person erfaßt werden. [...] Die Gemeinschaft mit Gott ist sittliche Willensgemeinschaft.

Aber dann hätte Gott Auschwitz nicht zulassen dürfen. Er hätte Auschwitz selbst dann nicht zulassen dürfen, wenn sich die Juden schwerster Sünden schuldig gemacht hätten. Nichts kann die Gaskammern rechtfertigen. Für den Holocaust gibt es kein denkbares sittliches Argument.

Unsere Beziehung zu Gott kann nicht ohne weiteres als »sittliche Willensbeziehung« gedacht werden. Was den Gott betrifft, der Auschwitz zuließ, den persönlichen Gott, dem Auschwitz zugerechnet werden muß – und sei es nur, weil er den Mördern die Freiheit zu handeln ließ –: ihm gegenüber wird der moralisch Denkende sofort Atheist.

Das bedeutet, daß unsere Demut vor Gott erfordert, sein Verhalten uns gegenüber nicht als ein schlicht sittliches zu begreifen. Die Juden und Christen wissen das wohl. Sie sprechen vom unerforschlichen Ratschluß Gottes. Aus aufklärerischer Perspektive sieht mancher darin einen Widerspruch. Für die anderen wird hier der Glaube akut, und es entsteht die lebenslange Aufgabe, ihn zu befestigen.

267. – Wäre Gott ein einfaches sittliches Du, gäbe es einen Haufen Rechnungen, und wir hätten unseren Teil schon längst beglichen. Unsere vergangene, gegenwärtige und zukünftige Schuld – sie wäre bereits restlos getilgt. So groß sind die Grausamkeiten der Welt gegen den Menschen.

Wahr ist jedoch auch, daß wir *unser* Verhältnis zu Gott als ein sittliches denken müssen. Dem widerspricht nicht die Auffassung, der zufolge der Standpunkt Gottes im Unerforschlichen verharrt, »jenseits« der Moral. Gesagt wird bloß, daß das Wesen der moralischen Bindung erfordert, sie als eine vor Gott zu begreifen. Vor Gott sind wir zur Makellosigkeit angehalten. Deshalb fühlen wir uns schuldig, auch wenn unsere Schuld niemand kennt außer uns selbst und sie nach allen Regeln des Subjektivismus eigentlich gar nicht besteht.

Die Wahrheit des Kreationisten

268. – Am Hingerissensein von etwas wahrhaft Großem, zum Beispiel von der Entstehung und Entwicklung des Kosmos, wollen möglichst alle Sinne beteiligt sein. Die Sinne tendieren zum Mythos. Dennoch wurden uns die grenzenlose Dramatik und Schönheit des Weltalls durch die Erkenntnisse der modernen Kosmologie einprägsamer als je zuvor. Aber der wissenschaftliche Geist neigt auch dazu, das Wahrheitsmoment des Unbegreiflichen zu verkennen: Man wisse eben noch nicht genug. Diese schnöde Haltung macht glauben, die Entdeckung einer Naturgesetzlichkeit *erkläre* schon die unter sie faßbare Gruppe von Phänomenen, so daß dann keine sinnvolle Frage mehr bliebe.

Die Begeisterung lehrt etwas vollkommen anderes. Was uns der immer tiefer dringende wissenschaftliche Blick aufschließt, ist die unausschöpfbare Tiefe, das Mysterium der Welt. Und vor dem Mysterium nimmt der Begriff der Erklärung eine radikale Bedeutung an: Um wirklich zu verstehen, müßte man selbst alles neu schaffen können, man müßte aus eigener Machtvollkommenheit zu einer *creatio ex nihilo* fähig sein! Man müßte Gott sein, um zu verstehen. Die menschlichen Erklärungen hingegen *akzentuieren* nur das Problem des Verstehens.

Deshalb ist der Spott, mit dem die Biologen gerne die Kreationisten bedenken, unangebracht. Denn gegen den Erklärungsanspruch der Evolutionisten darauf zu insistieren, daß die Wesen »Geschöpfe« sind, hat einen guten Sinn. Was könnte es nämlich bedeuten, daß sie bloß Produkte der Mechanik und des Zufalls sind? Wenn wir darüber nachdenken, müssen wir unsere Ahnungslosigkeit eingestehen. Ja, wir haben nicht einmal den Schatten einer Ahnung, wie aus physikalischen Gegebenheiten so etwas wie Empfindung und Bewußtsein, und schließlich gar Selbstbewußtsein, entstehen können sollte. Um das zu begreifen, müßten wir verstehen, was es heißt, dem Stoff Leben *einzuhauchen*.

Aber das Problem liegt noch tiefer: Gesetzt den Fall, wir wären fähig zu einer *creatio ex nihilo*, dazu, dem Stoff Leben einzuhauchen. Wüßten wir dann, was passiert? Nein, alles bliebe weiterhin ein Rätsel. Wir könnten die Dinge selbst machen, das Universum neu erschaffen und uns in ihm noch einmal. Doch unsere eigene gottgleiche Fähigkeit zur Weltschöpfung bliebe uns innerlich ebenso fremd und undurchdringlich wie der Umstand, daß wir den Arm heben können, wenn wir es wollen. Wir tun es blindlings, wir sind blind. Und alle wissenschaftlichen Erklärungen begaben uns nicht mit dem Licht, das aus der Schöpfung erst mehr macht als einen okkulten Mechanismus ohne Ursache.

Immanenzverdichtung

269. – Die heute vorherrschende Weise, das »Innerweltliche« zu erschließen, geht einher mit einem Gefühl der ontologischen Beengung, einer geistigen Raum- und Atemnot: als ob wir dabei wären, an der Immanenz zu ersticken.

»Da die Ameisen ganz ihrer Geruchs- bzw. Geschmackswelt verhaftet sind, nehmen sie unsere menschliche Existenz gar nicht wahr.« Dieser Satz aus dem Ameisen-Buch von B. Hölldobler und E. O. Wilson handelt von der radikalen Fremdheit zwischen den Geschöpfen. *Sie* können nichts von *uns* wissen, und was wir von ihnen wissen, rückt sie uns nicht näher, im Gegenteil. Das Automatenhafte an ihnen wird schließlich der dominierende Aspekt unseres Blicks auf sie. Die Automaten haben keinen Blick; und ihre Existenz stellt den unseren in Frage. Vielleicht haben wir gar keinen Blick? Vielleicht sind wir unfähig, etwas zu verstehen, unfähig, die Immanenz durch Erkenntnis aufzuschließen? Man muß sich sehr festigen, um auf die Kräfte der Anverwandlung – Einfühlung, Verstehen, Mimesis – mehr zu vertrauen als auf die stählernen Engführungen der modernen wissenschaftlichen Methode.

Aber auch von einer bestimmten Art metaphysisch ambitionierter Dichtung geht in der Moderne ein eigenartiger Druck aus: der einer Immanenzverdichtung. Wenn an die Stelle der Inspiration das Gemachte und Gekünstelte tritt, das Stickwerk aus erlesener Bildung und hochfliegender Ambition, dann bewegt sich der Leser plötzlich wie in einem Alp, der rundum mit Tapisserien voll toter mythologischer Szenen ausgeschlagen ist. Die Welt schließt sich dann vor lauter Jenseitspreziosentum. Es gibt eben auch eine Transzendenz, die Atemnot macht. Je feiner ihr Stoff und ihr Bildwerk sind, um so quälender wird die Evidenz, daß hier alles nur *gemacht* ist, nur von hier. Für mich gehören, zum Beispiel, T. S. Eliots *The Waste Land* und auch ein Teil seiner *Four Quartets* in dieses bedrängende Genre (obwohl ich weiß, daß andere das anders sehen).

In einem US-Film dieser Tage ist der Held ein junges Schwein, das sprechen kann und denkt, es sei ein Schäferhund. Zu allen Zeiten war das Thema der Metamorphosen der Ausweg durch das Fleisch hindurch. Man ist begraben im Dunkel, und nun entzündet sich das Dunkel an sich selbst, bis es fast schwerelos wird und das Sterbliche sich leichthin in den Äther erhebt, dort weltenferne Gestaltungen bildet und verweilt. Jenes Schweinchen namens Babe ist der amerikanisierte Traum von der Metamorphose. Die Transzendenz wird zur Komödie der Immanenz.

270. – Der Prozeß der Zivilisation, unserer Art von Zivilisation, bedeutet, daß die Welt dichtgemacht wird. Ein Tor nach dem anderen, das bisher nach draußen führte, hinaus aus der Gesellschaft, der Geschichte, der Politik, der Rationalität, wird geschlossen. Zum sinnvollen Raum möglicher Negationen wird schließlich das vollkommene Rund der universalen Diskursgemeinschaft und ihrer Intersubjektivität. Das ist zugleich die Intersubjektivität der einander endlos bespiegelnden endlichen Träger von Interessen in einem fugenlosen Raum der Empirie. Die einst schwindelerregende Flucht der Vergangenheit über die Grenzen der Welt hinaus ist zur Museumsstraße verflacht und entschärft, der Mythos zur Moral eingeebnet und auf den handelsüblichen egoistischen Nenner gebracht.

Man soll sich nicht beklagen. Aber der Philosoph sollte versuchen, den Abschließungsprozeß, der die Welt beherrscht, aufzuhalten. Der Türsteher bei Kafka schließt am Ende das Tor, er ist ein Agent jener grausam geballten Machtsphäre, die dem Menschen einen Ausweg und eine Freiheit bloß vorspiegelt, um ihn um so besser in die Gefangenschaft der Welt bannen zu können. Der Philosoph hingegen sollte versuchen, Welttüren aufzumachen und offenzuhalten.

Das scheint freilich eine Aufgabe zu sein, der man in unserem Jahrhundert kaum nachgekommen ist. In ihm überwiegen Gefängniswärter mit einem zum Teil zwanghaften Faible für das Ab- und Wegsperren. Dieses Faible umspannt den Bogen von Rudolf Carnap bis Martin Heidegger: Der eine wie der andere erklärten die großen Themen der *philosophia perennis* – das Problem der Existenz einer Außenwelt, die Frage nach dem Fremdseelischen, die Scylla des Solipsismus und die Charybdis der Skepsis – zu Scheinfragen. Ludwig Wittgenstein apostrophierte die Philosophie als eine Krankheit der Sprache, deren Heilung ein langwieriges Unternehmen sei. Ernst Topitsch, der mit seinem dem Geiste des Neopositivismus verpflichteten Buch *Vom Ursprung und Ende der Metaphysik* (1958) bekannt wurde, pflegte seinen Studenten gelegentlich zu sagen, er fühle sich als Verwalter einer Konkursmasse, eben der Philosophie.

In Wahrheit sind derlei Abkanzelungen der Metaphysik selbst Symptome eines tiefliegenden Degenerationsprozesses. Der Aufstand gegen den Vater führt, über eine Reihe scheinbar zwingender Rationalisierungen (Wissenschaft, Technik, Autonomisierung des Subjekts, geschichtlicher Fortschrittsglaube), zu einer Umpolung des religiösen Instinkts: Wie besessen, und tatsächlich paranoid, werden alle Schlupfwinkel der Transzendenz aufgestöbert, um sie alle argumentativ zu verstopfen und moralisch auszuräuchern. Die Kultleidenschaft bemächtigt sich eines neuen Absolutums, der Innerweltlichkeit. Es kommt zur Totalisierung der »Immanenz«, die in den Rang des gestürzten Reiches der Metaphysik, des Transzendenten und Transzendentalen, erhoben wird. Die Immanenz herrscht fortan total, und sie beherrscht uns ganz und gar. Außer ihr gibt es keinen Sinn, was hierorts nicht besteht, ist vertan. Das »Realitätsprinzip« ist nun der Götze, gegen den aufzubegehren mit einem Rückfall in die schlimme archaische Unvernunft gleichgesetzt wird.

Dieser Abschließungsprozeß wird durch die neueste Berufung auf *metaphysics* nicht korrigiert, im Gegenteil. Die anglo-amerikanischen Philosophen unserer Tage neigen zu einem ontologischen Pluralismus. Dahinter verbirgt sich oft eine strukturelle Unernsthaftigkeit. Die religiöse Haltung wird kokett als eine Möglichkeit zitiert, aber in Wahrheit ersetzt durch den Glauben an die Möglichkeit vieler Welten. Es ist nicht wahr, daß ich an keinen Gott glaube, sagt der Postmodernist, ich glaube an alle Götter. Dadurch wird unsere Weltverfallenheit nur potenziert. Alle Welten sind letzten Endes Spiegelungen der einen: der ausweglosen, unwandelbaren. Alles ist Kultur. Alles endet bei der liberalen »Positivierung« – das heißt Vernichtung – von Transzendenz, bei ihrem sie zerstörenden Einbau in das Gefängnis.

271. – Ernst Jüngers Werk ist dem Leben zugetan, und dabei ist sein Leben eine einzige lange, nun schon mehr als hundert Jahre während Vorbereitung auf den Tod. Jünger will aus der vielgestaltigen Vitalität und, wie er denkt, Hintergründigkeit des Lebens all das Einverständnis keltern, das es zum Sterben braucht. Im Stand der Altersfülle, des Altersglänzens, froh, vom Leben im Leben gesättigt worden zu sein, will er die »Große Passage« durchqueren.

Und nun warten wir mit ihm, wie er es machen wird. Vielleicht wie sein Freund Heidegger. Der erwachte am Morgen noch einmal, um dann, wieder in den Schlaf zurücksinkend, sich dem Sein zu ergeben. Man möchte aber nicht, daß ein Ernst Jünger bloß friedlich geht. Man möchte Gewißheit, daß, vom Ende her betrachtet, nicht jedes Leben gleich ist. Man möchte sehen, wie Jüngers Schritt sich für die Ewigkeit spannt. Nun weiß man freilich auch, daß man nichts sehen wird. Die glatte Oberfläche des Todes bedeutet uns, daß sich der Übertritt jeder Zensur durch die Lebenden entzieht. [Wir warten nicht mehr: Jünger starb am 17. Februar 1998.]

»Schopenhauer ist im Vergleich zur klassischen Philosophie ein bedeutender Rückschritt gelungen«, notiert Jünger in *Siebzig verweht IV*, »er hört die Brandung, doch auch die Melodie.« Das ist es, worauf es ankommt: der bedeutende Rückschritt.

Der Tod ist in jedem Fall ein bedeutender Rückschritt gegenüber dem Leben. Jeder Schritt nach vorne verstärkt das Automatenhafte und zugleich den Druck der Anomie. Die Versteinerung *und* Verstrahlung des Seelischen sind beides Prozesse, die zum Wesen der heutigen Progression gehören. Schopenhauers Wille ist das blinde Urherz unserer Welt. Er ist der demiurgische Apparat, der ein Universum produziert, indem er zunächst die helleren Gestalten verschlingt. Alle Prozesse der Wiederbeseelung der Welt streben ins Gegenläufige: hin zur ästhetischen Kontemplation, zum Mitleiden und endlich zum Tod. Zum Tod hin strebt der Weltwille auch, sobald er sich seiner selbst bewußt geworden ist.

Zusatz: Daß im Tode alle gleich seien, ist nicht nur eine Warnung für die vom Leben Begünstigten; diese Sentenz ist vor allem Ausdruck eines revanchistischen Gelüsts. Weil man selbst nur herzlich wenig hat, mit dem man abtreten kann, sollen die, die etwas haben, schließlich doch nichts vorweisen dürfen. Ein freier Geist aber wird im Sterben eines Menschen ehren wollen, was jenem im Laufe seines Lebens an Tugend, Würde und Einsicht zugewachsen ist. Paradigmatisch bleibt der Tod des Sokrates. Heideggers Abgang, an einem Morgen nach ruhig durchschlafener Nacht, wirkt enttäuschend. Hat der Denker des »Vorlaufs zum Tode« über seine Verhältnisse philosophiert? War die Philosophie des Seins, die sich der ganzen geistigen Bewegung der Moderne entgegenstellte, zu einem Teil eine Inszenierung der Tiefe, geboren aus kleinbürgerlichem Mißmut, der nun, am Totenbett, seine hausbacken entspannte Seite zeigt: ein Nickerchen zum Tode? Vor Gott mögen wir alle gleich sein, die uns zugewandte Seite des Todes jedoch deutet und befestigt den Wert eines Lebens noch einmal; sie befestigt auch, daß das Gute, das erreicht wurde, nicht umsonst war.

Nicht alle sind gleich im Angesicht des Todes. Dagegen stemmt sich der Technizismus unserer Zeit, der den Egalitarismus als Machtmittel einsetzt. Vor den Schranken der Medizin, die mit ihren tausenderlei Apparaturen auf den Sterbenden eindringt und ihn seines Eigenwertes vollständig entkleidet, sind – wie vor Gott – wieder alle gleich. Keiner stirbt seinen eigenen Tod. Erst kürzlich forderte ein österreichisches Fachblatt, *Arzt im Einsatz*, Nummer 4, 1995, man solle aus seinem Tod »das Beste machen« und Organspender werden. Das ist struktureller Zynismus, der von denen, die sich ihm ergeben haben, als Ausdruck hoher Humanität begriffen wird. So, als rationaler Organspender, soll sich in Zukunft der Mensch sehen, der seinen eigenen Tod ohne abergläubische Furcht im Stande der Mündigkeit selbst verwaltet. Hinter dem Technizismus des Todes (und dem damit einhergehenden Wechselspiel von prinzipieller Gleichheit und leistungsbetonter Kooperationswilligkeit der Morituri noch in der grauesten Anonymität) verbirgt sich der Haß auf den göttlichen Vater, den Schöpfer des Menschen. Nicht er allein soll gleichmachen können, was vor uns und der uns zugewandten Seite des Todes verschieden ist; vor den Technikern des Todes sind wir schon hierorts alle gleich: Nochlebende mit Prognose, Hirntote mit pulsierendem Herz, Organteillager für andere Organteillager usw. Der Aufstand gegen den Vater ist ein weites Feld. Er schließt ein, daß keiner mehr seinen eigenen Tod stirbt, sondern den Tod, den »man« stirbt; oder wenn den eigenen Tod, dann in bösartiger Abweichung von der Norm, als tragische oder pathologische, als mißlingende Figur.

Es ist, dagegen bleibt das ganze System machtlos, die uns abgewandte Seite des Todes, auf die es ankommt: *quietum cor nostrum!*

Die Fremdheit der Welt, die sich uns zuwendet

272. – Manchmal wünschst du dir, nach dem Tode die Weiten des Alls zu durchstreifen; damit einher geht das Gefühl einer großen, unabwendbaren Traurigkeit. Die Stationen des Wegs, der dich das wahre Ausmaß der Schöpfung erahnen ließe, wären doch keine Zeichen. Der schwerelose Flug, hin über das Geglitzer der entferntesten Spiralnebel, würde dich nicht nach Hause führen, sondern bloß dein Alleinsein vertiefen. – Auf das Problem des Lebens antwortet keine Phantasie des Lebens nach dem Tod, außer die ganz kindliche: »Wir werden bei unserem Vater im Himmel sein.«

Worin das Problem des Lebens besteht, läßt sich sagen. Wir wollen wissen, wie wir nach Hause kommen. Aber wir spüren, daß alle unsere Bilder des Zuhause rasch ernüchtern und einen Kältestrom an Fremdheit nach sich ziehen. Der selige Flug wird eingeholt von der eisigen Beklemmung durch ein Außen, das, wie rasch auch durcheilt, wieder und wieder nur ein weiteres Außen hat. In solchen Räumen gibt es keinen Ort der Heimkehr. Bloß im kindlichen Bild des Vaters verschwindet die kalte Zone. Die Aura des Vaters, die uns unwiderstehlich anzieht, *ist* die Fremdheit der Welt, die sich uns *zuwendet*.

Der Aufstand gegen den Vater erlöst uns nicht von der Gewalt. Er liefert uns der Fremdheit der Welt aus. Er überantwortet uns der Verzweiflung darüber, daß es ist, wie es ist.

Zusatz: Alt ist die Idee der Heimat als einer Ferne, der es wesentlich ist, verlorengegangen zu sein. Man war schon einmal zu Hause, freilich ohne den tieferen Sinn des Beheimatetseins zu kennen. Er erwächst, wie die Erzählung vom Garten Eden zeigt, erst aus der Perspektive des Heimwehs. Das Paradies wird der Ort, an den zurück man möchte, während man sich auf der Erde, wo man als Exilwesen mühselig leben und sterben muß, fremd fühlt. Erst das Heimweh rückt ins Bewußtsein, daß es eine Heimat gibt und wie es sie gibt, nämlich nicht hier. Adam und Eva waren im Paradies der Heimat zu nahe, als daß sie sie hätten bemerken können.

Evas Liebe zu Gott ist die Liebe einer Tochter *und* einer Frau. Im Gegensatz zu Adam, der im Akt des Sündenfalls eher täppisch agiert, hat Evas Verlangen, durch den Genuß der verbotenen Frucht Gott gleich zu werden, eine – darf man so sagen? – authentische Qualität: Durch die vollkommene Angleichung will sie alle trennenden Schranken zwischen sich und Gott niederreißen und kommt ihm dabei zu nahe. Eva tötet die Liebe durch übergroße Nähe. Erst die Vertreibung aus dem Paradies stellt eine Fremdheit her, durch welche die Liebe zu sich selbst kommen kann: Fortan ist der eine liebende Teil befähigt, die Transzendenz des anderen zu achten.

Die Lehre der Paradiesesaustreibung lautet: Es gibt kein Paradies für den, der in ihm lebt; es gibt es nur als verlorenes, so aber für alle Menschen – für alle, die ahnen oder wissen, daß sie nicht bloß Wesen des Mangels, sondern auch Wesen des Exils sind.

273. – Spätestens seit der Aufklärung gerät das Beheimatungsereignis in den Sog einer streng allgemein gedachten, der universalistischen Idee der Menschheit. Wenn die Menschheit über alle Differenzen hinweg im Grunde *eine* und als solche unterwegs ist zu einem Ort, der rechtens die Heimat aller genannt werden dürfte, dann ist »Heimat« gleichbedeutend – ja, womit? Mit »unserer Erde«, lautet die Antwort. Aber die Erde ist schon längst zum »Weltdorf« geschrumpft.

Die Metapher von der Schrumpfung ist Ausdruck eines Gefühls globaler Beengung. Im Raum des Allvertrauten stellt sich quälend die Frage nach *der* Fremde, die eine Bedingung der Möglichkeit wäre, sich zu beheimaten. Der universalistisch frei- und mobilgemachte Mensch droht in eine ausweglose Situation der Übernähe zu sich selbst zu geraten. In der Moderne tauchen daher sowohl in der Wissenschaft als auch in der Philosophie »Expansionsmodelle« auf, vor allem das kosmologische und das phänomenologische.

Das kosmologische Modell: Wer die Geschichte der modernen Naturwissenschaft auch nur ansatzweise zur Kenntnis nimmt, wird bemerken, daß sich ihre Faszination zu einem erheblichen Teil der Eröffnung neuer Fremdheitsräume verdankt. Die physikalischen Räume, ob im Größten oder Kleinsten, übersteigen unser Vorstellungsvermögen bei weitem. Gerade dieser Umstand kommt dem Bedürfnis entgegen, auf die uns allzu nahen Weltverhältnisse das Licht von etwas ganz anderem fallen zu lassen.

Aber wir sind keine »Kinder des Weltalls«. Wenn vom ursachenlosen Beginn des Universums über die Bildung komplexer Moleküle bis zum Auftreten von Hominiden, als deren krönenden Endpunkt wir uns gerne betrachten, eine geschlossene Kette von Ursachen und Wirkungen führt – eine Kette, die bald schon über uns hinaus- und hinwegführen wird –: dann geschieht das alles aufgrund von abstrakten Kräften und Prozessen, die uns, sobald wir sie kennen, unser Dasein als etwas sehr Fremdes vorführen – im Grunde so fremd wie das kosmische Getriebe in erdfernen Regionen. All das ist uns unbegreiflich, dem menschlichen Verlangen nach Bedeutsamkeit nicht mehr assimilierbar. Für uns hat die physikalische Welt, aus der wir nicht bloß herstammen, sondern die wir auch *sind*, kein Gesicht mehr.

Die Fremde, die der Mensch bei seiner Suche nach der Wirklichkeit hinter dem Schleier sinnlich zentrierter Gestalten als die sein Dasein fundierende erkennt, zeigt gegenüber den früheren Fremdheitsräumen eine neue Qualität. Sie ist die Fremde, die niemandes Heimat sein kann. Sucht man in ihr nach einer Heimat des Menschengeschlechts, dann bleibt das Blickfeld leer. Keine ontologische Schichten-, kosmosophische Sphären- oder evolutionäre Fulgurationstheorie täuscht auf Dauer darüber hinweg, daß der Bruch zwischen den naturwissenschaftlichen Fremdheitstatbeständen und jenen Sinngehalten, die aus den Dingen der Anschauung eine Heimat entstehen lassen, absolut geworden ist.

Möglicherweise ist das prometheische Programm bereits abgewickelt. Seine technische Megalomanie war dem Ziel einer Welterweiterung verpflichtet. Heute wissen wir, daß selbst Kernfusionsreaktoren und Raumsonden noch jenseits des Jupiter an unserer grundsätzlichen Mißsituiertheit in dem Ganzen nichts zu ändern vermöchten. Die moderne Welt hat weder einen makrokosmischen Tiefen- noch einen mikrokosmischen Innenraum, von dem her sich das Beheimatungsereignis in Gang bringen oder auch nur denken ließe.

Das phänomenologische Modell: Das Denken Martin Heideggers und ihm verwandter Geister kreist, im Gegensatz zur naturwissenschaftlichen Abstraktion, um eine tiefe Anschauung des Seienden und letztlich der Welt. So gibt es Augenblicke, in denen die Dinge allen Gefügen der Lebenspraxis entglitten zu sein scheinen. Ein Glockenturm, ein Feldweg, eine Türschwelle, ein Krug offenbaren mit einem Mal, jenseits jeder begrifflichen Zergliederung, dem Betrachter ihr Sein. Innestehen und Ekstase fallen zusammen. Diese Offenbarung ist, laut Heidegger, nur möglich für ein kontemplatives Bewußtsein *sub specie mortis.* Es muß ein gleichsam windstilles, allen Stürmen der Lebensgier enthobenes Einverständnis mit der unverrückbaren Tatsache des eigenen Todes geben, damit sich im angeschauten Ding ein Glanz auftut, der anmutet, als sei er ein Zeichen von Unvergänglichkeit: damit eine Anschauung des Dinges *sub specie aeternitatis* möglich wird. Solches Nahwerden durch Fremdwerden ist Heideggers Beheimatungsereignis.

Es gibt einen kleinen Text von Heidegger mit dem Titel *Der Feldweg* (1949). Der Text behandelt Heimatliches. Man liest über die *Sprache* der Eichen am Weg, über den *Zuspruch* des Weges, über die *beredte* Stille rund um den Weg bei nächtlicher Heimkehr. Und schließlich heißt es da:

Das Einfache verwahrt das Rätsel des Bleibenden und des Großen. Unvermittelt kehrt es bei den Menschen ein und braucht doch ein langes Gedeihen. Im Unscheinbaren des immer Selben verbirgt es seinen Segen. Die Weite aller gewachsenen Dinge, die um den Feldweg verweilen, spendet Welt. Im Ungesprochenen ihrer Sprache ist, wie der alte Lese- und Lebemeister Eckehardt sagt, Gott erst Gott. [...] Alles spricht den Verzicht in das Selbe. Der Verzicht nimmt nicht. Der Verzicht gibt. Er gibt die unerschöpfliche Kraft des Einfachen. Der Zuspruch macht heimisch in einer langen Herkunft.

Man ahnt, was Heidegger sagen will. Aber sagt er tatsächlich das, was die Dinge sagen? Nein, denn die Dinge, die nicht sprechen, sprechen nicht. Die Eiche spricht nicht, der Feldweg spricht nicht, die Stille spricht nicht. Wenn im Akt meditativer Anschauung die Dinge beredt zu sein scheinen, derart, daß ihr »Zuspruch« heimisch macht »in einer langen Herkunft«, dann auf eine Weise, die unausdrückbar ist. Was Heideggers Dinge sagen, ist nichts weiter als das, was Heidegger sagt, daß sie sagen – und geht uns insofern nichts an.

Heideggers Sprache der Beheimatung hat keine Bindungswirkung für uns. Sie ist ein von jeder Sachbezogenheit losgelöstes Spiel der Worte: eine Ausdrucksgebärde zwar, aber eine ganz und gar subjektive, im Extremfall unverständliche. Dahinter steckt mehr als ein schlichtes Versagen des Philosophen. Die öffentliche Sprache ist zu dicht geworden, sie erzeugt eine Art von allseitiger begrifflicher Übernähe, man könnte sagen: eine Bedeutungswelt ohne Horizont. Sie verweigert sich dadurch ebenjener Transzendenz, ohne die es keine lange Herkunft und keine Rückkehr ins Zuhause gibt. Deshalb wirkt die Ausflucht in die Leere, hin zur »Sprache« der Dinge, die keine Sprache haben, so suggestiv. Im Zeitalter der Massenmedien, des pausenlosen weltweiten »öffentlichen Diskurses«, wird das Schweigen zum Grundbild für die Heimkehr in die letzte Geborgenheit – zu Gott.

Es läuft, wie es läuft

274. – Die Idee Gottes schließt ein, daß die Schöpfung keiner Rechtfertigung bedarf. Hier, und nicht an den Mythen, scheiden sich die Geister, trennt sich das gläubige vom ungläubigen Herzen. Im Glauben zu verweilen heißt, es als *natürlich* zu betrachten, daß es einen erhöhten Punkt der Erkenntnis gibt, von dem aus die Welt und das Gute zusammenfallen. Daher ist für den Gläubigen das absolut Gute nichts, was sich auf die Befriedigung menschlicher Interessen zurückführen ließe. Die Welt befriedigt unsere Interessen *nicht*.

Wer an Gott glaubt, der glaubt daran, daß die Welt keiner Rechtfertigung bedarf. Er glaubt, daß die Welt, vom göttlichen Standpunkt aus betrachtet, das absolut Gute ist. Der innerste moralische Antrieb des Gläubigen besteht darin, dem göttlichen Standpunkt zuzustreben. Der Gläubige strebt vom Utilitarismus, von der Moral der Nützlichkeit, weg. Er will sich in der Welt so einrichten, als ob er zu einem Einverständnis gelangen könnte. Er weiß zwar, daß er ein Mensch und daher begrenzt ist: Vom Standpunkt einer jeden menschlichen Moral aus betrachtet, ist ein Einverständnis mit der Welt unmöglich; das aber soll an der Richtung seines Strebens nichts ändern.

Der moralische Aktivist will die Welt ummodeln, damit er, seine Kinder, sein Volk und die ganze Menschheit in Zukunft besser leben können. Der gläubige Mensch will die Welt nicht ändern. Er will helfen, wo Hilfe not tut, da und dort. Und er hofft, sich dabei selbst, in Richtung des Einverständnisses, zu verändern. Er möchte irgendwann ungebrochen ja und amen sagen dürfen. Es ist allerdings nicht klar, ob das in den praktischen Ergebnissen einen großen Unterschied macht zu dem, was der moralische Aktivist, von einem weiten Reformkonzept aus agierend, schließlich erreicht. Man soll die innere Distanz zwischen dem Aktivisten und dem Gläubigen nicht zur »Weltanschauungsfrage« aufbauschen. Denn der moralische Mensch, ob gläubig oder nicht, erkennt eine Bindungskraft an, die über alles Menschliche hinausreicht.

Ein zunehmendes Einverständnis mit der Welt, so, wie sie ist, ohne Abwehr der Tatsachen, ist ein untrügliches Zeichen für das Erstarken des Glaubens. Alles drängt im Gläubigen, Gott als den Vater, den Schöpfer von Himmel und Erde, zu lobpreisen. Die Rückkehr zum Alten Bund, auf einer neuen, geistig verwandelten Stufe, ist die wahre Utopie des Gläubigen. Er möchte nicht verdummen, sich nicht blenden, aber er möchte zurück.

Soweit ist es nicht, und vielleicht wird es, unter den herrschenden Bedingungen, niemals soweit sein. Der Aufstand gegen den Vater war eine Bewegung des Geistes und nicht etwa bloße Anmaßung oder Ideologie. Wie sehr es uns auch danach verlangt, wir dürfen Gott nicht als den Vater denken. Wir leben nicht im Einverständnis mit der Welt.

Deshalb müssen wir pfleglich mit unserer Vergangenheit, den Mythen und Zeugnissen unseres Glaubens umgehen. Gerade das Kindliche an ihnen – oder das, was wir heute so nennen – spricht zu uns wie von weit her und als etwas tatsächlich tief Versunkenes. Dort, in der Tiefe des Abgelebten, schlummert eine andere Geistigkeit. Von dort her muß die Befreiung kommen, aber wir müssen durch unsere Enge, unsere Wüste, durch unsere Intelligenz und unseren Kleinmut hindurch. Diese sind nicht Ausdruck einer Schwäche, die sich abtun ließe, sondern das Ergebnis eines erweiterten und geschärften Blicks für die Tatsachen. Der Realismus des Sehnsüchtigen – er bleibt, obwohl der wahre Zutritt zur Welt, vorerst Romantik.

Zusatz (Abtötung der Sehnsucht, bis ins Mark der Kunst): Immer vorausgesetzt, unsere hochtechnologisierten Gesellschaften werden aus ihrer eigenen Flugbahn nicht abgelenkt: dann wird die Säkularisierung zu Ende geführt werden. Es wird weniger Sinn denn je haben, an Gott oder sonst eine dem Menschen übergeordnete Autorität zu appellieren. Es wird keine obersten Werte mehr geben. Sinn als objektive Kategorie wird ganz verschwinden. Das alles muß einer neuen Naturwüchsigkeit Vorschub leisten. Die Menschen wollen glücklich sein, sie wollen »Bedeutung« haben. Das Glück aber wird nicht mehr aus einem Leben in Sinnbezügen erwachsen können; ebensowenig die persönliche Bedeutung aus einer übergeordneten Idee des gelingenden Lebens. Das Glück wird wieder eine pure Empfindung werden; und die Bedeutung eine Funktion purer Macht. Der neue Freiheitsgrundsatz kann dann nur lauten: So viel Glück und Macht für jeden, wie mit derselben Summe von Glück und Macht für jeden anderen vereinbar ist. Dieser Grundsatz definiert die Utopie der durch und durch säkularisierten Gesellschaft.

Die durch und durch säkularisierte Gesellschaft hat einen Pferdefuß. Sie ist eine Gesellschaft der Masse. Ihre Selbstverwirklichungsangebote sind vielfältig, aber sie füllen das Leben des einzelnen nicht aus. Sie geben ihm nicht das Gefühl der Einzigartigkeit. Sie geben ihm nicht das Gefühl, an einer Sache teilzunehmen, die ein ganzes Leben lohnt. Die Angebote unterscheiden sich qualitativ nicht. Schnell verliert alles seinen Glanz, führt zur Sucht, wird ritualistisch. Phantasien der Systemzerstörung kommen auf, des Amoklaufs, der anarchischen Umwendung aller Dinge.

Hier muß der Apparat ansetzen, müssen neue Wirkstoffe und Techniken zum Einsatz kommen. Die Menschen müssen chemisch und notfalls durch gehirnoperative Eingriffe auf ihrem Glückslevel gehalten werden. Und sie müssen ihre Bedeutungssehnsüchte, ihre Machtgelüste durch den Anschluß an Computer befriedigen können, die die bestehende Welt ins Unendliche ausdehnen. Dazu bedarf es der Virtual Realities. Die Attrappen, in deren Rahmen man schließlich über die Welt wird herrschen können, werden prachtvoller sein als alle byzantinischen Kirchen und alle Paläste der Renaissancefürsten. Am Ende werden die letzten realen Berserkereien, die einer biologischen Fixierung entstammen und nicht ins System integrierbar sind, durch genetische Manipulationen über die Generationen hinweg aus der Welt geschafft werden.

Welchen Sinn wird das Ganze haben? Es wird immer weiter funktionieren, und es wird den einzelnen mit einer Vielzahl positiver Stimuli versorgen, so daß sich Fragen weiter zielender – etwa metaphysischer – Art erledigen. Das ist, von ganz weit außen gesehen, natürlich eine vollkommene Täuschung. Aber von innen her betrachtet, ist die Täuschung absolut real; nicht einmal der subversive Hang zur Nostalgie wird mehr ausgebildet werden können. In der virtuellen Welt ist die Vergangenheit reiner Bildermüll und jederzeit, Punkt für Punkt, wiederherstellbar.

Innerhalb der geschilderten Flugbahn wird vieles, was für die Menschen unter früheren Lebensumständen, unter den Bedingungen der Lebensnotdurft und des Leidens, von Bedeutung war, abgestoßen werden. Insbesondere wird die Kunst, wie wir sie kennen, zu existieren aufhören. Kunst, wie wir sie bisher kannten, war ein Medium der Wahrheit: nicht der wissenschaftlichen, aber einer dennoch fundamentalen – einer existentiellen und ontologischen Wahrheit. Daher die Nähe der Kunst zur Religion auch noch dort, wo sie anscheinend schon ganz auf die Seite der Welt übergegangen war: sie verlieh den Dingen einen Glanz, der unmöglich nur aus ihnen selbst stammen konnte, sie tauchte sie in ein Schweigen, das sie von den innerweltlichen Diskursen »erlöste«. Diese künstlerische Wahrheit wird verschwinden. An ihre Stelle treten der Reiz und dessen Erhöhung: das Design.

Und so gibt es auch keine tiefe Computerkunst. Keine computergenerierte Szenerie ist fähig, einen Schein von Transzendenz zu erzeugen, mag sie auch die Bildwelten der *pittura metafisica* so genau wie möglich simulieren, ja an Intensität überbieten. Darum aber geht es innerhalb des Systems – und das System wird dann alles sein – gar nicht. Es geht vielmehr um die Abstoßung von Transzendenz. Es geht um die totale Mobilmachung von Innerweltlichkeit unter der skizzierten Prämisse: Herstellung eines sensorisch definierten Glücks und einer Welt künstlich generierter, sich laufend ablösender Größenphantasien – einer Welt, die keine religiöse »Hinterwelt« mehr braucht und alle Fragen nach dem Sinn des Ganzen als anachronistisch verwirft: *Es läuft, wie es läuft, und es läuft gut.*

275. – Wenn der hartgesottene Gläubige, der Glaubens-
profi, behauptet, es käme beim Glauben nicht auf die »Stimmung« an, dann irrt er. Schlimmerenfalls verdeckt er bloß
seinen Hang, ganz in der Profanität aufzugehen. Wahr ist,
daß es nicht im Vermögen der Menschen steht, andauernd religiös gestimmt zu sein. Die meiste Zeit des Lebens harrt man
in den Vorhöfen aus, wartet ohne inneren Zuspruch, zerstreut sich und ist voller Langeweile. Eine schöne Stelle in
den *Four Quartets* lautet:

> For most of us, there is only the unattended
> Moment, the moment in and out of time,
> The distraction fit, lost in a shaft of sunlight,
> The wild thyme unseen, or the winter lightning
> Or the waterfall, or music heard so deeply
> That it is not heard at all, but you are the music
> While the music lasts. These are only hints and guesses,
> Hints followed by guesses; and the rest
> Is prayer, observance, discipline, thought and action.

Der Rest, das ist die Zeit des kategorischen Imperativs. Das
moralische Gesetz wird zum Platzhalter des Glaubens, der
nicht empfunden werden kann. An die Stelle der Stimmung
treten der Gedanke und die Aktion. Wir fühlen uns, als moralisch Handelnde, *nicht* absolut geborgen; deshalb denken
und handeln wir. Doch wir handeln im Namen eines Absoluten, des moralischen Gesetzes. Dessen fernster, gültigster
Horizont ist es, die Dinge des Lebens so zu regeln, daß ein
vollkommenes Einverständnis – und damit die Geborgenheit
des Glaubens – möglich wird. Natürlich kann diese Möglichkeit niemals Wirklichkeit werden, es sei denn durch die Verwandlung des Menschen, die eine Folge seines gläubigen
Herzens ist.

Der ethische Beharrungstrieb des Gläubigen darf nicht
mit Fanatismus oder jener Militanz verwechselt werden, die

der Verfolgung eingefleischter Interessen entspringt. Es geht vielmehr darum, in den Vorhöfen die Idee des moralischen Gesetzes zu wahren. Nicht die Interessen definieren die Friedensordnung; das moralische Gesetz gilt bei wechselnden Interessen. Aber wir kennen das Gesetz niemals zur Gänze, sein Horizont ist uns unerreichbar fern. Und so stehen wir oft vor den Interessen wie vor einem Letzten, das sie freilich nicht sind.

Weihnachten 1995

276. – Anfälle von Verständnislosigkeit: *Alles ist ein Wunder!* Alles, was da ist, ist ein Wunder, mit Ausnahme der Dinge, die wir selbst hergestellt haben. Je umfassender wir die Naturgesetze in den Dienst unserer Bedürfnisse zwingen – und dabei schließlich eine »zweite Natur« aus lauter Artefakten erzeugen –, um so mehr werden wir durch ein trügerisches Verständnis irregeführt. Alles scheint nur noch technisch zu sein, auch technisch erklärbar. In allem scheint sich uns die Größe unseres Geistes zu offenbaren, statt daß uns zunehmend klar würde, in welchem Ausmaß wir blind sind.

Wir leben nicht deshalb im Licht, weil es Glühbirnen gibt. Die Tatsache des Lichtes ist unerklärlich; die Dinge, die im Licht gedeihen, sind ein Wunder. Die Physik bleibt im Unanschaulichen, sie hat keinen Begriff vom Licht, das uns aus der Nacht und dem Nichts emporhebt zur Gestaltenfülle, zum Farbenkosmos – dem Licht, das Goethe dem menschlichen Auge eingesenkt wußte: »Wär' nicht das Auge sonnenhaft, die Sonne könnt' es nie erblicken.«

Aber die Sonne, unsere Sonne, ist fast nichts, gemessen am Ganzen und seiner Tiefe. Um das zu erkennen, sind wir mit Licht begabt.

Die Wunder, die Jesus wirkt, sind Demonstrationen seiner Macht; zugleich sind sie wesentlich mehr. Sie zeigen uns, daß die Gesetze der Natur bei weitem nicht das Letzte sind. So wie sie aufhebbar sind durch den göttlichen Willen, so sind sie auch von ihm abhängig. Der göttliche Wille ist der wahre Grund der empirischen Ordnung. Wer diese analysiert, braucht vom Grund nichts zu ahnen. Wer das Gekräusel der Wellen über den Tiefen des Meeres beschreibt, könnte denken, es sei das Gekräusel, auf das es ankommt. Ganz den Oberflächen hingegeben, denkst du, es gibt nichts außer dem Spiel der Oberflächen. Die Wunder, die Jesus wirkt, sollen uns schlagartig klarmachen, daß noch unsere profundesten Erklärungen nichts ausrichten gegen die Blindheit, die zu unserer Ausstattung gehört. Am Schluß allen wissenschaftlichen Forschens wird, hoffentlich, unsere Verständnislosigkeit *inniger* geworden sein. (So, wie man nach langem Mühen erkennt, daß das angestrebte Lebensziel unerreichbar ist, dann aber auch weiß, daß es des langen Mühens bedurfte, um das eigene Dasein durch das eigene Scheitern zu bereichern.)

Wir sollten an den Naturgesetzen verehren, daß sie uns *gewährt* sind. Das ist die Lehre des Wunders. Sie besagt: Die Ordnung ist ein Ausfluß der Gnade. Es ist *unsere* Ordnung, doch es ist nicht die einzige; es ist nur eine von unendlich vielen möglichen, und sie bindet Gott nicht.

277. – Der Stall von Bethlehem (23. Dezember 1995): Es gibt Ereignisse, die aus ihrem historischen Kontext herauswachsen. Sie wachsen tief in eine Kultur ein und bleiben doch am Rande ihres rationalisierenden Betriebs. Sie widerstehen jeglicher Logik und historischer Kritik, so wie Träume ihrem eigenen »Gesetz« gehorchen. Sie werden schließlich zu den Quellen, aus denen sich das tiefere Leben der Kultur speist. Wie soll man, am Ausgang des zweiten Jahrtausends nach Christi Geburt, der Frage gegenüberstehen, ob in jenem Stall in Bethlehem ein Gott als Mensch geboren wurde? Wenn wir uns dem Ereignis durch das beseelte, inspirierte Gewebe unserer Kultur hindurch nähern, in der das Beben der Aufklärung nur eine epizentrische Position einnimmt, dann verliert die Frage an Dringlichkeit. Schließlich hört sie überhaupt auf, einen guten Sinn zu haben. Denn das heilige Geschehen markiert den *absoluten* Sinn, die heiligen Schriften *sind* der Primärtext. Alle anderen Bedeutungen hängen von diesem Text und seinem Sinn ab. Beide können verfinstert sein, aber sie bleiben das Zentrum, solange die Kultur nicht abstirbt und ein lebendiges Gedächtnis behält.

Wir wissen heute vielleicht weniger denn je, was es bedeutet, daß im Stall von Bethlehem ein Gott geboren wurde. Die messianischen Zeichen, deren eines der Stern war, dem die Könige aus dem Morgenland folgten, sind unserer Zeit fremd geworden. Die Ankunft des Erlösers und die mit ihr verbundene Erwartung der Endzeit (des »jüngsten Gerichts«) sind dem herrschenden Wissen über den Lauf der Dinge nicht assimilierbar. Und doch ist das geheime Zentrum unserer Kultur noch immer der Gott, der im Stall von Bethlehem zur Welt kam. Dort, in jener nunmehr fast undeutbaren Ferne, träumen und leben wir. Dort warten wir, den Begriffen des Zeitalters entsunken. Wir staunen über das Licht in der Nacht und sind getröstet.

Dann, plötzlich, bemerken wir, daß wir an einem Scheintag gelebt haben. Die Welt, die der endliche Verstand aus dem Traumgewebe herausisolierte, ist kein Kosmos. Sie ist so fremd, daß sie eigentlich nichts ist; wir können sie uns nicht anverwandeln. Wir müssen zum Stern über dem Stall zurück, um uns wieder mit Wirklichkeit zu begaben.

»Alles ist so ganz anders geworden«, schreibt Trakl an Erhard Buschbeck. »Man schaut und schaut – und die geringsten Dinge sind ohne Ende. Und man wird immer ärmer, je reicher man wird.«

278. – Mitten in der Nacht beginnt ein Hund zu heulen. Sonst herrscht ringsum Stille, in kaum einem Fenster der

Siedlung brennt noch Licht. Die Menschen ruhen, der Hund aber, der ihnen nahe ist, heult laut, seine Klage ist groß. Ja, sie umspannt gleichsam die ganze Welt. Es ist der 24. Dezember 1995.

Das Geheul des Hundes stöbert den Schläfer in seinen Träumen auf. Es sind, wieder einmal, Flugträume. Doch sie führen nicht, wie sonst, in die Weiten des Himmels, beseelt von Ortlosigkeitsverlangen und Heimweh, sondern durch einen Bildertunnel. Darin spielen heidnische Szenen. Alles ist voll von blutenden Göttern, manche scheinen gerade erst geboren worden zu sein, andere ziehen, mitten am Leib auseinandergerissen, schreiend vorbei, andere wieder sinken schweigend nach unten, mit Wundmalen übersät. Sie alle deuten in eine undeutbare Ferne. Von dort her dringt das Geheul des Hundes in die Festung des Traums. Was ist jenseits der Götter, was macht sie bluten? Der Träumende hört die Klage der Kreatur, durch sie hindurch tut sich etwas Unerlöstes und zugleich Letztes kund, mitten in der Welt. Die Götter sind nur Provisorien, die die Welt umstehen. Sie harren der Erlösung. Da öffnet sich der Tunnel der Bilder, und in der Ferne geht der eine Gott glühend auf. Aber dem Schlafenden tönt noch immer die Klage durchs Herz.

Der Hund weiß nicht, daß seine Einsamkeit *endlich* ist. Vielleicht hat er Schmerzen, oder er ist verlorengegangen. Von irgendwoher wird Hilfe kommen. Doch jetzt, in diesen Momenten, ist die Verlassenheit, die von dem Tier Besitz ergriffen hat, alleserfüllend. Das ist ein für Menschen kaum vorstellbarer Zustand der Entbehrung. Jene, die eine Ahnung davon beschleicht, tasten nach dem anderen oder ducken sich wie vor einem Schatten ohne Kontur.

Als ob alles liegen- und stehengelassen worden wäre! Es ist nicht das erste Mal. Man steht im hellen Zimmer, die Sonne scheint zum Fenster herein, und plötzlich spürt man ein *Zehren*, das aus den Dingen selbst strömt. Man bemerkt, daß man einsam ist, bis an den Punkt, an dem die Einsamkeit subjektlos zu werden beginnt. Man versucht, das abzuschütteln: »Ich muß unter Leute gehen ...« Jetzt, beim Heulen des Hundes, weht die Einsamkeit wieder aus der Tiefe, die Welteinsamkeit durchdringt den Lauschenden; die Dinge, die im Dunkel ausharren, ihre Stille ebenso wie ihr nächtliches Rumoren, werden zu Resonanzen dieser Einsamkeit, dieses anonymen Verlassen-worden-Seins.

Dagegen hilft keine Art der Zerstreuung. Entweder alles wird mit einem Schlag erlöst, oder nichts kann jemals wieder einem anderen begegnen. Im Stall von Bethlehem kehrt Gott zu den Dingen der Welt zurück. Er kehrt zu den Menschen zurück, indem er selbst Mensch wird, sich selbst der tiefen Einsamkeit überantwortet. Eines Tages wird er dann, am Kreuz, die Worte ausstoßen: *Eli, Eli, lema sabachtani.* »Mein Gott, mein Gott, warum hast du mich verlassen!« So schwer ist es, zum anderen hinüberzureichen, so umfassend ist die Fremdheit zwischen den Wesen. Es scheint, der Riß des Verlassen-worden-Seins geht durch die Gottheit hindurch, und Bethlehem ist das Versprechen seiner Rücknahme und Heilung.

Zusatz: Man hat es hier mit theologischen Extremlagen zu tun. Der Gott, der aufgeht über dem heidnischen Himmel, kommt aus der letzten Tiefe. Er nimmt alle Welteinsamkeit in sich auf. Als Triumphator erstarrt er so in klirrender Ferne. Die Menschen erfahren durch seine Hoheit erst, wie schrecklich verlassen sie sind. Der eine Gott, der im Triumph die Tiefe aufnimmt und sich alles Fremde der Welt bis auf den Grund anverwandelt, wird dadurch zum versteinerten Absoluten. Im Furor der Erlösung petrifiziert er sich selbst. Das ist schließlich der Vater, der sich dem Menschen nicht mehr zuneigen kann. Der christliche Gott hingegen tötet das Unerlöste nicht ab; er läßt es als Wunde in sich zu, und das heißt, er bejaht das endliche Leben. Um den Menschen zu trösten, muß er selbst einsam werden. Fortan hat er mit dem Menschen etwas gemeinsam, das über beide hinausreicht: jenes aus den Dingen herströmende Zehren, durch das die Liebe möglich und das Heimweh unstillbar wird.

Der Versucher freilich deutet auf den liebenden Gott am Kreuz und fragt: Wovon will *er* uns erlösen? Sein Blut ist eine heidnische Barbarei – und mag es in Strömen vergossen werden, was kann es *uns* helfen, die wir nach dem Absoluten streben?

Der Vater muß auf alle Fälle geopfert werden. Sein Blut mobilisiert die Meute. Dafür steht schon der Bethlehemitische Kindermord: Er gilt dem kleinen Gott, der sich töten lassen wird.

Die Stimme des Fundamentalisten in uns

279. – Das liberale Element seiner Kultur, dem er letztlich seine Bildung verdankt, bewirkte gleichzeitig, daß er ihr nun keine Autorität beizumessen vermag. Er hat viel gewonnen und fühlt sich dennoch betrogen.

Er lernte nie, überzeugt feste Überzeugungen zu haben. Die Umsetzung der liberalen Strategie ins Geistige ist der Skeptizismus. Für den Skeptiker sind die Bildungsinhalte austauschbar. Es ist nicht wichtig, welche Überzeugungen man hat. Jedermann kann jede der verfügbaren Überzeugungen haben, und zwar mit gleichwertigen Gründen und der gleichen Dignität wie alle anderen. So sind heute viele Gebildete Skeptiker und dabei innerlich verdorben, verachten im Grunde die Bildung. Sie können gar nicht anders, als von den Mächten des Tages fasziniert zu sein. Sie sind, auch wenn sie »systemkritisch« sind, Opportunisten.

Was ihm bleibt, ist immerhin, dies zu erkennen. Denn auch im Erkennen des objektiv Falschen, zu dem man selbst neigt, meldet sich eine Autorität zu Wort, die der liberalen Unverbindlichkeit widersteht. Es *ist* objektiv falsch, sagt die

Autorität, bei den Mächten des Tages zu antichambrieren, wenn man sich dabei auf geistige Dinge beruft – oder das, was einst solche Dinge waren.

Die Erinnerung daran, daß die geistigen Dinge heilig sind, überdauert den Liberalismus. Der Liberale aber ortet hier ein Weiterglosen der religiösen Militanz von einst.

280. – Seitdem die Industrialisierung, der wir im Augenblick noch unsere Sicherheit und unseren Wohlstand verdanken, unter Anwendung schonungslosester Gewalt den Rest der Welt niederhält und bis auf die Knochen ausbeutet, sind wir zutiefst besorgt über die Militanz der Religion. Wir sind objektiv schuld daran, daß die Welt heillos überbevölkert und ein großer Teil der Menschheit zum Hungern verurteilt ist. Wir haben im Namen der Zivilisation und des Fortschritts ganze Völker ausgerottet und Tausende andere um ihre Heimat, ihr Glück, ihre Kultur gebracht. Aber das »Wiedererwachen des religiösen Fundamentalismus« macht uns große Sorgen. Wir fühlen, daß der Fundamentalist ein Recht hat, sich gegen uns zu empören. Die Sache, in deren Namen er den heiligen Krieg führen will, haben wir preisgegeben, um besser herrschen zu können.

Wir wissen, daß wir ohne unsere Maschinen nichts sind. Wir haben uns von der göttlichen Quelle des Lebens abgeschnitten. Wir wollten uns selbst mit Geist begaben. Nun sind wir tot und doch das Unglück des Planeten. Von außen gesehen, von dort her, wo der Ruf nach Vernichtung der Gottesfeinde ertönt, sind wir schrecklicher anzuschauen als die Ungeheuer der biblischen Apokalypse. Denn unser obszöner Glanz hat einen unfaßbaren Schatten: die qualvoll hungernde Erde, die sterbende Natur. Von jenem Außen aus war Auschwitz bloß ein Familiendrama, und unsere höchsten Werte sind, von außen gesehen, ein Hohn. Wir scharen uns um einen blasphemischen Autor, der von islamischen Extremisten zum Tode verurteilt wurde. Wir scharen uns um die Freiheit unseres Worts, während wir schon längst nichts mehr zu sagen haben.

Was wir die Freiheit des Wortes nennen, ist ein Teil jener raschen Beweglichkeit unseres Systems, die es gegen seinen Schatten – all das vom System Unterdrückte und Verwüstete – absichert. Kein Wort soll dem System mehr gefährlich werden können. Alle Reden haben Widerreden, alle sind sie Momente des universellen Diskurses, des höchsten Ausdrucks der Freiheit unserer Worte. Im System hat das Blasphemische den Stellenwert einer Widerrede, nicht mehr und nicht weniger. Das bedeutet aber, daß auch das Heilige nur noch innerhalb des Diskurses – als »Diskursfähiges« – existiert oder ausgeschlossen bleibt.

Und dort, vom Ausgeschlossenen her, erhebt sich die Stimme des Fundamentalisten. Sie fügt sich dem Diskurs nicht, sie will die Zerstörung des Systems. Sie will das Wort seiner ständigen Profanierung entreißen. Sie will den Tod des skeptischen Blasphemikers, des nihilistischen Versuchers. Vom System aus gesehen, ist das die Stimme des religiösen Wahnsinns. Von außen gesehen, geht es freilich darum, das Wort wieder an seinen göttlichen Ursprung zurückzuführen. Es muß endlich wieder etwas *gesagt* werden, sonst ist alle Rettung dahin!

Zusatz: Soll das heißen, die planetarische Alternative zur technischen Militanz sei die religiöse, alles andere sei nur scheinheiliges Gerede hinter den Barrikaden, auf den Planken der Boote, die immer schon voll sind?

281. – Alle Religionen sind in ihrem Kern primitiv und gewalttätig. Sie entspringen nicht der Liebe und nicht dem Frieden. Ihr Entstehungsort liegt dort, wo die Vernunft kapituliert, sei es wegen der Größe des Schreckens, der Tiefe der Not oder der Stärke des Empfindens im Angesicht dessen, was *ist*. Religionen entstehen, weil die menschlichen

Vermögen an der Wirklichkeit zu scheitern drohen oder weil sie tatsächlich scheitern. Der religiöse Instinkt wittert, daß selbst noch das friedliche Landidyll die rasch vorübergehende Erscheinungsform von Gewalten ist, die aus dem Herzen der Welt kommen. Im christlichen *ubique daemon* lebt diese Witterung fort, als freilich paranoisch zugespitzte.

Im Ursprung aber ist Gott auch der Herr des Bösen. Er ist nicht nur der Erretter, er ist auch gewalttätig. Und der Mensch erkennt ihn in dieser Dimension an. »Ich erschaffe das Licht und mache das Dunkel, ich bewirke das Heil und erschaffe das Unheil. Ich bin der Herr, der alles vollbringt.« Das sind die Worte aus *Jesaja* 45, 7.

Der Gott des Alten Testaments war herrschsüchtig, rachsüchtig und grausam. Vor dem Auszug seines Volkes aus Ägypten erschlug er dort alle Erstgeborenen, »vom Erstgeborenen des Pharao, der auf dem Thron saß, bis zum Erstgeborenen des Gefangenen im Kerker, und jede Erstgeburt beim Vieh« (*Exodus* 12, 29). Das ist ein Beispiel unter vielen, und es mutet nicht weniger anstößig an, wenn man erfährt, daß Gott so handelte, um den Widerstand des Pharao gegen den Auszug der Israeliten zu brechen.

Im Laufe des sogenannten Zivilisationsprozesses wird dann das Bild Jahwes um- und umgeformt, bis es gar nicht mehr erkennbar ist. Gott, so wird es schließlich heißen, ist die Liebe, und die Gestalt des Jesus von Nazareth wird dafür einstehen. Doch man darf sich nicht täuschen lassen. Der Gott der Liebe ist ein ganz schwacher Gott. Er präsidiert einer Welt, die sich dem Unglauben ergeben hat und deren Theologen »negativ« denken. Gott erscheint der ungläubigen Welt am überzeugendsten in der Realform seiner Abwesenheit.

282. – »Die Pazifizierung der Gesellschaft zum Zwecke konsequenter Schmerzvermeidung kulminiert heute in ihrer Effeminierung, bewirkt durch Konsum-Hedonismus und

die kulturrevolutionären Umtriebe des Feminismus.« Der Lobpreis des Schmerzes, wie er unter den neuen Reaktionären beliebt ist, wirkt deplaziert. Man riecht Seminarluft. Nicht wenige derer, die den Schmerz auf dem Papier preisen, können kaum an den Bohrer ihres Zahnarztes denken, ohne zu frösteln. Sie phantasieren von einer neuen heldenhaften Männlichkeit, ohne Karies, errungen gegen pazifistische Machenschaften.

Man sollte den Schmerz nicht auratisieren. Statt dessen sollte er unsere Sinne dafür schärfen, was die verborgenen Kosten unserer Schmerzfreiheit sind. Um sie zu erreichen, mußten wir uns die Welt durch den Einsatz jedweder nur denkbaren technischen Gewalt untertan machen. Das war auch ein umfassender Prozeß der Selbstillusionierung. Da wir nicht zu jenem großen Teil des Erdganzen gehören, der, ob Mensch, Tier oder Pflanze, unserem Sicherheitsbedürfnis zum Opfer gebracht wurde und wird, leben wir in dem Glauben, unsere Gewalt, die weithin schon strukturell geworden ist, sei eine Art von Rationalität. Wir blicken auf die Dinge und sehen in ihnen unsere Vernunft widergespiegelt. Den Schmerz und die Verzweiflung hinter der Spiegelung, das Blut und den Tod jener, durch deren Opfer die Technisierung unseres Lebensraumes erst möglich wird, sehen wir kaum (oder doch nur aus der Perspektive dessen, der zu »Kompensationen« bereit ist). Wir wissen wenig von dem Drama, in dem wir die Rolle des Täters und Nutznießers spielen. Alles geschieht, bei teilweise hoher Wachheit der Akteure, wie im Schlaf.

Ein Kennzeichen des Dramas ist es, daß sich die Ungeheuer nicht mehr als solche erkennen. Im Gegenteil, wir sind, was die Moral betrifft, extrem empfindlich geworden. Unsere Prinzipien sind Prinzipien der Menschheit. Es käme uns grotesk vor, ein Wesen anzubeten, das auch nur im entferntesten dem Gott des Alten Bundes ähnelte. Dabei haben wir uns, als die »weißen Götter«, in die Leidensgeschichte der

Welt eingeschrieben wie noch niemals eine dämonische Macht zuvor. In dem Maße aber, in dem wir das taten, entängstigten wir unsere Religion und zivilisierten unseren Gott. Wir machten aus ihm den Gott der Liebe. Und während wir uns in seiner Freundlichkeit spiegelten, verblaßte sein Bild. Eine immer wieder neu einsetzende Erinnerung an diesen Prozeß provoziert den seit Nietzsche immer wiederkehrenden reaktionären Lobpreis des Schmerzes, so auch den neuesten.

283. – Aus einer Grube sinistrer Träume aufsteigend, leidet er beim Erwachen darunter, überernüchtert zu sein. Er findet alles nichtig und bedeutungslos, er *weiß* – und zweifellos befindet er sich in einem Zustand der Erkenntnis –, daß alles nichtig und bedeutungslos ist, und nicht nur das: Auch diese Erkenntnis ist nichtig und bedeutungslos. Er leidet unter ihr, statt aus ihr Kraft zu schöpfen.

Daß nichts, was hier geschieht, wirklich eine Bedeutung hat: das sollte die Prämisse sein. Alles, was hier getan wird, ist vergeblich. Nichts wird bleiben, der Tod ist nahe, die Menschheit hat keinen Halt im Universum. Das gläubige Herz kennt die Tatsachen und ist froh: *So ist es!* Das ist die Konsequenz, die es zieht. Die Frage, ob Gott der Welt und dem menschlichen Leben auch eine Bedeutung hätte geben können, stellt sich nicht.

Man mag die Frage dennoch stellen, und die Antwort lautet dann: Jede Bedeutung, die Gott der Welt und dem menschlichen Leben geben könnte, würde ihn seiner Schöpfung zu nahe rücken. Sie würde ihn, den Schöpfer, diskutierbar machen und die Not des Daseins zu einem Skandal: »Warum ist überhaupt etwas und nicht vielmehr nichts?« So gesehen erscheint jede Form echter religiöser Militanz immer auch als ein Bedeutungsfieber, eine Folge unausgetragener Anfechtungen vor dem Faktum der Verborgenheit Gottes. Jede hohe Form von Religiosität hingegen ist um den Gedanken versammelt, daß die Welt, statt mit Sinn zu begaben, zu *verklären* sei.

Das wichtigste Medium der Verklärung – und damit das Gegenmittel zur drohenden Überernüchterung – war in der ungläubigen Moderne bisher die Kunst. Deren Wirkung aber beschränkt sich auf den Raum des Imaginären. Das gläubige Herz strebt weiter. Es strebt zur Verklärung der realen Welt, ohne sein Ziel jemals zu erreichen.

Der Gott unter der Schädeldecke; kein Gleichnis

284. – Wenn man, wie der radikale Konstruktivist, sagt, die Welt werde erst im Gehirn komponiert, so ist das keine »Rehabilitierung des Menschen«, sondern eine des Gehirns. Und was für eine! Das Gehirn ist demnach etwas, was erst im Gehirn komponiert wird, und zwar durch das Gehirn selbst. Unverkennbar wird hier der Neokortex in den Rang Gottes erhoben. Die Selbsterschaffung ist das Thema, und ihr Mysterium wird wissenschaftlich gelichtet.

Am Gedanken des sich selbst komponierenden Gehirns alarmiert nicht nur das Bild vom Gott unter der eigenen Schädeldecke. Irritierend ist auch die Vorstellung, daß wir Gott sein sollten und ihm dabei doch ganz äußerlich wären. Wir sind nicht unser Gehirn.

285. – Die Unvollständigkeit der Naturwissenschaft ist offenkundig. Wie tief sie auch in die Strukturen der Welt eindringen mag, sie erfaßt nichts von der Existenz des Bewußtseins. Wenn die Naturwissenschaft die Welt vollständig erklärt hätte, wäre dabei immer noch keine Rede vom Bewußtsein, geschweige denn vom Selbstbewußtsein. Die Tatsache des Bewußtseins ist jedoch für den Menschen, und nicht nur für ihn, wesentlich. Man kann daher sagen, daß in der Welt der Naturwissenschaft der Mensch gar nicht auftauch. In dieser Welt gibt es zwar Organismen, die *tatsächlich* die Körper von Menschen sind. Weil sie aber den Menschen nicht kennt, weiß die naturwissenschaftliche Theorie nicht, daß wir nicht unser Körper – oder unser Gehirn – sind.

Was liegt uns also daran, daß die »wissenschaftliche Weltauffassung« mit den religiösen Ideen nicht vereinbar ist? Sie macht sich ja überhaupt keinen Begriff davon, wer wir sind. So kann in der Welt der Naturwissenschaft, die aus Mechanismus und Zufall besteht, auch nichts Göttliches vorkommen.

Der naturwissenschaftliche Realismus ist haltlos. Wenn die Welt der Naturwissenschaft unabhängig von uns existierte, dann wären wir nur denkbar als ihre Produkte oder Funktionen. Wir wären nur denkbar als Körper, als Mechanismen, als Zufallsgeneratoren. Das heißt aber: Wir wären gar nicht vorhanden.

Hat der Idealismus also recht? Ja, aber nur der objektive. Bewußtsein ist nichts bloß »Subjektives«. Die *Gegenstände* des Bewußtseins sind sowohl allgemein als auch intersubjektiv. Ihr Insgesamt ist die Welt, in der wir leben. Und doch sind es Gegenstände des *Bewußtseins*.

In der Welt der Naturwissenschaft kann nichts zum Gegenstand eines Bewußtseins werden. Einfach gesagt: Dort gibt es keine Gegenstände. Um die Welt der Naturwissenschaft in die Existenz zu heben, muß man aus ihr heraustreten und sie – ihre Elemente – zum Gegenstand des Bewußtseins machen. Erst dann kann man sich fragen, was es bedeutet zu existieren, ohne jemals zum Gegenstand eines Bewußtseins zu werden.

286. – Bleibt uns gegenüber der Allmacht nur Unterwerfung oder Vergessen? Nein, diese Alternative beschreibt unseren Spielraum nicht. Wir haben nach wie vor einen rationalen Ort für die Idee eines Schöpfers. Wir wissen, daß der Geltungsbereich der Naturgesetze beschränkt ist. Er umfaßt

die empirische Welt, das Universum seit dem Urknall (falls die Theorie stimmt). Wie weit die Naturwissenschaften auch die Grenze des Erklärbaren hinausschieben mögen, es bleibt eine Grenze. Ihre Faktizität erfordert einen Akt der Schöpfung, vom Standpunkt alles innerweltlichen Geschehens aus gesehen eine *creatio ex nihilo*.

Freilich ist uns damit noch keine irgendwie faßbare Gestalt eines Schöpfers gegeben. Im Gegenteil wird der Kreationist heute gut daran tun, einer »Vergestaltung« des Höchsten zu widerstehen. Wir wissen zwar, daß es Gott gibt, aber wir stehen ihm beziehungslos gegenüber. Zwischen ihm und uns liegt die ganze Welt, und was jenseits der Welt liegt, hat keinen Zusammenhang mehr mit unseren verwirrten kultischen Leidenschaften.

Wir leben im Zustand metaphysischer Distanziertheit. Man mag das darauf zurückführen, daß wir der Welt der Naturwissenschaft eine ungehörig große Rolle im Geflecht unserer Erkenntnisse und Gefühle eingeräumt haben. Wir haben diese Welt ins ontologische Zentrum gerückt, obwohl in ihr kein Bewußtsein auftreten kann – nichts, was die Schöpfung *als* Schöpfung, als ein geistiges, bedeutungshaftes Geschehen im Weltinneren aufbewahren und weiterführen könnte.

Man muß aber sehen, daß auch eine Goethesche Inthronisierung der Anschauung den Distanzierungseffekt nicht wirksam beseitigen würde. Auch wenn uns aus den sinnlichen Gestalten *eine* Stimme anspricht, so ist es doch wahr, daß diese »Stimme« für uns keine Botschaft bereithält. Es ist eine letzten Endes praktisch belanglose Stimme. Nicht, daß wir sie nicht hörten oder sie uns kaltließe. Sie kann uns tief entzücken und in namenlose Sehnsucht einhüllen, aber sie führt weder eine tiefere Bedeutung noch einen Auftrag mit sich.

So stockt unser Entzücken schließlich, und unsere Sehnsucht wird blind und kalt. Unser Herz beginnt sich zu ver-

schließen, denn hier sind weder Licht noch Nahrung – keine
Transparenz. Gott ist da, doch wie die Schrift vor dem ge-
lähmten Auge.

In Goethes Gedicht *Prooemion* heißt es:

> So weit das Ohr, so weit das Auge reicht,
> Du findest nur Bekanntes, das ihm gleicht,
> Und deines Geistes höchster Feuerflug
> Hat schon am Gleichnis, hat am Bild genug...

Aber was soll es in einer vom Mythos gereinigten Welt heißen, daß die Dinge ein Gleichnis Gottes seien? In einer solchen Welt, mag sie auch pantheistisch genannt werden, haben
wir kein Bild von Gott. Ob die Dinge ihm gleichen? Nein, sie
sind, was sie sind, und in den schönsten Augenblicken uns
geheimnislos offenbar. Das freilich ist zuwenig, um nieder-
zuknien. Wir schmachten nach dem anderen, dem beleben-
den Du.

Der Gott der Wunder und des Gefühls

287. – Der Bedachtsame lehnt es ab, Gott mit Absichten
auszustatten. Jeder absichtsvoll handelnde Gott ist der Welt
schon zu nahe. Er wird befragbar, er verfällt der Theodizee.

Die Folge davon ist, daß Gott sich in der Welt nicht mehr
zeigt. Das Verschwinden Gottes ist fundamentaler als die
Abwesenheit des Königs von seinem Reich. Im Reich des
Königs gelten die königlichen Gesetze weiter, der Wille des
Königs ist bekannt und wirksam. Im Gegensatz dazu bedeutet die Abwesenheit Gottes, daß dieser sich in der Welt nicht
mehr offenbart. Keine handfesten Spuren seines Willens oder
seines Gesetzes sind mehr zu finden. Jede solche Spur würde
die Göttlichkeit Gottes kompromittieren. Daher kann Gott
heute auch keine Wunder mehr wirken. Täte er es, es läge unter seinem Niveau, wäre »kindisch«. Er würde dadurch be-

weisen, daß er nicht Gott ist, sondern höchstens ein eitler, vielleicht mit der Not der Menschen spielender, bestenfalls mitfühlender Dämon.

Wie soll man sich also den biblischen Wundern gegenüber verhalten? Daß sie Zeichen für die Menschen der damaligen Zeit gewesen seien, macht die Sache nicht weniger anstößig. Das Argument besagt ja: Wären die Menschen damals klüger gewesen, dann hätten sie die Zeichen verworfen. Denn dann hätten auch sie das Wirken von Wundern als eine zweitklassige Agitation erkannt, als eine Inszenierung, die unter der Würde Gottes ist.

Daß sich Gott im Wunder zum Dämon, Zaubergeist oder Götzen erniedrigt, hat Buber in seinem Buch *Moses* zu einem Kommentar veranlaßt. Das Wunder, um das es geht, ist der Zug der Israeliten durch das rote Meer. Hat Jahwe dazu die Naturgesetze für kurze Zeit geändert? Nein, sagt Buber, das trifft nicht den Kern des Wunders. Wir sollten davon ausgehen, daß die Ereignisse am Roten Meer sehr außergewöhnlich, aber doch nicht gegen die Gesetze der Natur waren. Nicht der Hokuspokus kann das Wunder sein.

Das wirkliche Wunder bedeutet, daß im staunenden Erfahren des Ereignisses die geläufige Kausalität gleichsam transparent wird und den Anblick einer Sphäre freigibt, in der eine einzige, nicht durch andere beschränkte Macht handelt. Mit dem Wunder leben heißt diese Macht Mal um Mal als die wirkende wiedererkennen. Das ist »die Religion Moses«, des Mannes, der die Nichtigkeit des Zaubers erfuhr ...

So gesehen ist dann *alles* ein Wunder, vorausgesetzt, die laufenden Ereignisse werden staunend als Ausdruck der Allmacht erfahren. Bei der Gotteserfahrung kommt es demnach auf das rechte Erfahren der Dinge, *so, wie sie sind*, an und nicht darauf, daß Gott in die Dinge eingreift, um sich bemerkbar zu machen. Diese vergeistigte Auffassung des Wunders hat ihrerseits zur Folge, daß die Präsenz Gottes in der Welt mit der Präsenz der Dinge, so, wie sie sind, zusammenfällt. Genau das ist es aber, was manche von der »Abwesenheit Gottes« sprechen läßt.

Das Sehen Gottes und seiner Boten ist bei Buber auch nicht das Erblicken einer Gestalt, oder zumindest gewisser Gestalteigenschaften. Es ist für ihn nicht so, daß Moses im brennenden Dornbusch eine göttliche Gestalt sieht. »Mose sieht tatsächlich den ›Boten‹ *in* der Lohe, er sieht nichts von dieser Unterschiedenes; indem er das Wunderfeuer sieht, sieht er, was er zu sehen hat.« Die Netzhaut des inspiriert Schauenden fängt nichts anderes auf, als was auch unsere aufzufangen vermag. Wenn uns der Entzückte dann von seinem Gotteserleben berichten will, schildert er nichts weiter als das, was zu sehen uns selbst im Prinzip möglich war. Bestenfalls tut er es in lyrischer Erhebung, als Dichter.

Gerade hier liegt eine der Wurzeln des ästhetischen Subjektivismus. Nicht in den Tatsachen differieren wir, bloß im Gefühl, das heißt in der Art und Weise, wie wir das Erfahrene »erleben«. Und auch das ist, recht bedacht, ein Zeichen für die Abwesenheit Gottes. Je weniger Gottes Präsenz einen Unterschied in den Tatsachen macht, desto »gefühliger« wird sie, und um so weniger *Gehalt* hat das Gefühl von der Präsenz Gottes.

Der Gott als reines Gefühl (der Gott, der in den Tatsachen gar keinen Unterschied macht) *ist* schon der abwesende Gott.

»Spiritualität« – Selbstvergottung vom Feinsten

288. – Das Wort »Spiritualität« klingt nach Verrat. Der spirituelle Mensch hat einen besonders feinen Glauben. Ja, er geniert sich ein bißchen dafür, daß seine Spiritualität vom Glauben abstammt. Religion und Mythos sind etwas Rohes. Deshalb muß man sich ganz auf die geistige Dimension konzentrieren. Dann ist man auch mehr bei sich selbst, und man ist frei für Gott. Aber der spirituelle Mensch spricht nicht

gerne von Gott. Man scheut die Verdinglichung, auch im Namen des Höchsten. Das Höchste ist positive Strahlung, reine liebende Energie. Man ist ein Teil des Ganzen, Partner.

Und das ist man vor allem: keiner, der sich einfach unterwirft. Unterwerfung ist etwas Rohes. Spiritualität jedoch bedeutet Teilhabe an der Allmacht. Gegen Gott, den allmächtigen Vater, spricht, daß man als spirituelles Wesen selbst göttlich ist.

Spirituell zu sein heißt, die eigene Subjektivität an das ontologische Zentrum der Macht heranzurücken, es mit ihm zu identifizieren. Die tiefe Empfindung ist dabei der Schlüssel. Sie ist Nachahmung Gottes in der Sphäre des Subjektiven. Die Mimikry Dei macht das endliche Subjekt allmächtig. So gipfelt die Spiritualität im autonomen Menschen – dem Ungläubigen, der sich vergöttert.

Der himmlische und der irdische Vater

289. – Der sexuelle Mißbrauch des Kindes durch den eigenen Vater beginnt eine Phantasie zu werden, die unsere Gesellschaften behext. Nicht nur die väterliche Gewalt ist verdammenswert; auch die väterliche Zärtlichkeit wird als Ausdruck der väterlichen Sexualität zunehmend suspekt. Besonders verdächtig sind die Zärtlichkeiten des Vaters, der monogam, religiös und national gesinnt ist. Die liberale Welt nimmt kein Blatt mehr vor den Mund. Die Bilder geschändeter Mädchen begleiten uns von nun an. Sie alle deuten in eine Richtung: Weg mit dem Vater! Der Mann kann bleiben, sein Kind aber wird ihm erst anvertraut, wenn er den Vater in sich besiegt und ausgemerzt hat.

290. – »Ich liebe in Gott den Vater des Menschen.« (Hermann Cohen)

Hier werden die zentrale Limitierung und Fülle des jüdisch-christlichen Denkens ausgesprochen: Die Liebe zu Gott ist die Liebe zum himmlischen Vater. Darin liegt beschlossen, daß das grundlegende, grundlegend erstrebte Verhältnis des Menschen zu Gott die Liebe ist, mögen auch Furcht und Zittern das Verhältnis begründen.

Und darin liegt auch beschlossen, daß die göttliche Liebe zugleich die väterliche sein muß. Gemeint ist nicht die Liebe zu einer Idee, zu etwas Abstraktem. Im Gottesbezug der Juden und Christen ist das persönliche Moment entscheidend. Dieses ermöglicht eine große Intimität zwischen Gott und dem gläubigen Menschen. Die Autorität des Vaters wird zeitweilig als Zorn und Strafe in Erscheinung treten; wesentlich aber scheint, daß sie die liebend-schützende ist. Der Vater handelt zum Wohle seiner Kinder. Er will ihnen nichts Böses, im Gegenteil.

Es ist dem aufgeklärten Bewußtsein unmöglich, Gott *unmittelbar* als den Vater zu denken und zu lieben. Gott ist zu groß und zu fern, um in menschliche Begriffe gefaßt zu werden. Das gilt freilich nur, solange man den Blick gleichsam direkt auf Gott richtet. Der Blick des Philosophen, zumal desjenigen, der an einer Theodizee arbeitet, kann im Absoluten nichts Persönliches erblicken. Aus Gründen der »Rechtfertigung« Gottes wird man Atheist, ein Leugner des persönlichen Gottes.

Aber gerade weil wir keinen unverstellten Begriff der göttlichen Allmacht haben, halten wir uns instinktiv an vermittelnde Instanzen. Es ist die Liebe zum eigenen Vater, die die Liebe zu Gott vorbereitet und im kindlichen Kern aktualisiert. Wehe also den Vätern, die keine sind oder ihre Autorität mißbrauchen! Unter dem Walten des grausamen oder lieblosen Vaters wachsen dämonische Ängste heran. In den Geschöpfen, die einem solchen Vater unterworfen sind, regt sich die Lust, ihn zu töten. Der abwesende Vater wiederum hinterläßt eine Leere, die schließlich für jene, die unter ihr leiden, alles durchdringt, die Mitgeschöpfe, die Welt.

Der Aufstand gegen den Vater ist, vor dem Hintergrund seiner historischen Rolle, verständlich. Die Abschaffung des Vaters ist motiviert. Doch wenn es keinen Vater mehr geben wird, wird auch die Liebe zu Gott erloschen sein. Dann wird die Liebe, Schritt um Schritt, überhaupt aus der Welt verschwinden.

Und die Mütter? Die Mütter allein können zur Allmacht hin nicht vermitteln. Die Mutterreligionen sind uns *sehr* fremd. Denn was *wir* mit dem Bild des weiblichen Gottes, der Göttin, mitdenken und -fühlen, ist eine ganz andere Welt als die unsere. Jene Welt wäre frei von den schrecklichen Gewalten, die die unsere prägen. Es wäre eine Welt der Mutter- und Gattenliebe. Die Evolution wäre befreit vom Mechanismus des Fressens und Gefressenwerdens. Es gälte als Sakrileg, die Schwachen zu opfern, damit die Angepaßtesten, die Leistungsfähigsten triumphieren. Würde unsere Welt von einer Göttin regiert, so wäre das eine alptraumhafte Fehlbesetzung: Die Göttin müßte blind und taub sein, sie dürfte nicht wissen, worüber sie herrscht. Sonst käme es zu einer Sintflut der Tränen – die Welt würde untergehen im Mitleidsmeer der Göttin.

Bedingtheit, Blindheit, Vertrauen

291. – Wir wissen, daß wir bedingt sind. Aber all unser Starren auf unsere Bedingtheit führt bloß dazu, daß wir merken, wie wenig wir von ihr einen Begriff haben. Es handelt sich weder um eine empirische noch um eine logische Bedingtheit.

So verhält es sich mit dem Sinn des Lebens. Wir sind endlich, und davon hängt der Sinn unseres Lebens ab. Doch wir kennen gleichsam nur die uns zugewandte Seite unserer Endlichkeit – die uns zugewandte Seite des Todes. Man kann sagen: Der Tod ist der Sinn des Lebens. Indessen sagt man damit auch, daß der *wahre* Sinn des Lebens etwas sein muß, wovon wir nicht einmal eine Ahnung haben können. Der Tod ist der Statthalter einer Bedeutung, die sich in der Welt nirgendwo festmachen läßt.

Um den Sinn zu verstehen, müßten wir erst ganz andere geworden sein. Als die, die wir sind, können wir nicht verstehen. Aber wir haben auch keine Garantie, daß wir einst in den Stand versetzt werden, zu verstehen. Warum sollten wir nicht sterben, ohne jemals zu erfahren, worin der Sinn unseres Lebens bestand?

Diese Frage unterstellt allerdings, daß uns etwas – das Wichtigste – entzogen bleibt. Sie rechnet mit einer Macht, die uns etwas – das für uns Wichtigste – vorenthält. Das immerhin läßt erkennen, daß die Frage falsch gestellt ist. Jeder böse Gott wäre selbst Teil der Welt und damit selbst ohne Verstehen.

Zur Existenz Gottes gehört, daß wir *vertrauen* können. Doch man kann Gott nicht ohne weiteres als Person denken. Auf Gott zu vertrauen heißt, welteinverständig zu leben: »Es ist, wie es ist, und es ist gut.«

292. – Die buddhistische Lehre von der Seelenwanderung ist keine Antwort auf die Frage nach dem Sinn des Lebens. Sie verschärft die Frage vielmehr. Das Bild der Seele, die von Körper zu Körper wandern muß, ist ein Bild der Einkerkerung. Es zeigt, daß das Problem des Todes durch Überleben nicht beseitigt werden kann. Der Buddhist strebt also danach, vom Rad der Wiedergeburten erlöst zu werden. Sein Ziel ist das Aufgehen in seliger Unbewußtheit.

Der Empfindliche, der intensiv wünscht, dem Leiden der Welt entrückt zu werden, wird zum Unbewußten hinstreben. Der Hochempfindliche leidet schon am Bewußtsein an sich, er kann das Licht des Tages nicht ertragen. Aber indem er die Dämpfung sucht, verlangt er nach einer Minderung des Daseins. Die Seligkeit des Verlöschens ist jedoch nicht die des Paradieses, eher die des Uterus, der vorgeburtlichen Existenz.

Ein Gott, der in seliger Unbewußtheit verharrte, wäre zugleich einer, dem die Schöpfung wesensmäßig fremd wäre. Ein solcher Gott wüßte nichts von der Welt, aus seiner Existenz könnte der Mensch kein Vertrauen schöpfen. Alle Macht läge beim Demiurgen.

293. – Die blutigsten, menschenfresserischsten Ideologien sind verkappte Religionen der Vaterlosigkeit. In ihrem Zentrum wächst rasch der Demiurg – der Vatermörder, der sagt: »Ich bin dein Herr und Gott!«

294. – Geborgenheit im Schlechten:

Denn der Jude, sofern er nicht vom Ursprung getrennt ist, auch noch der exponierteste Jude, also Kafka, ist geborgen. Alles geschieht ihm, aber es kann ihm nichts geschehen. Wohl vermag er sich nicht mehr »im Versteck deiner Flügel« (Psalm 61, 5) zu bergen, denn der Zeit, in der er lebt, und mit ihr ihm, ihrem exponiertesten Sohn, verbirgt Gott sich; aber in der Tatsache des Nurverborgenseins Gottes, um die er weiß, ist er geborgen. (Martin Buber)

Es gibt Fragen, die in der Verzweiflung statthaft sind: »Wieso, Gott, läßt du all das zu?« Das ist aber keine theoretische Frage und auch keine moralische. Es geht hier nicht um irgendeine Art von Rechtfertigung, zu der Gott verpflichtet wäre. Das Vertrauen des Gläubigen will keine Rechtfertigung. Diese wäre nur ein Beweis dafür, daß gar nicht Gott selbst spräche, sondern ein Dämon, zum Beispiel jener, der die Theodizeen zum Blühen bringt. Wie immer auch für den Menschen verborgen, spricht Gott dadurch, daß alles so ist, wie es ist. Deswegen kann alles geschehen, und dem Gläubigen geschieht deswegen doch nichts.

Gewiß, Jahwe hat mit dem jüdischen Volk, »seinem Volk«, einen Bund geschlossen. Aber der Bund ist universal. Er betrifft die ganze Menschheit. Sonst wäre er nicht göttlich, sondern dämonisch.

295. – Wie weit er vom Glauben entfernt ist, merkt er an dem verquälten Cartesianismus, von dem er nicht loskommt. Die Welt *ist* bedingt, und wäre das Bedingende, das er »Gott« nennt, nicht *vollkommen*, dann wäre es selbst bloß Teil der Welt, ein Demiurg, ein Dämon, eine endliche Ursache.

Nun scheint ihm nicht dieser Gedanke das Wesentliche, sondern die Vermittlungen, durch die er ins Leben eintreten und lebendig werden kann. Wie aber soll das geschehen können, wenn die Kultur rund um ihn die Züge tiefster Glaubenslosigkeit trägt? Und am meisten zu fürchten sind doch jene, die der Sache der Religion aus dem »Vertrauen« heraus zu dienen vorgeben. An der Falschheit ihres Glaubens droht sich jeder religiöse Gedanke zu infizieren. Bei einem, dem er nur zu gerne vertrauen möchte, liest er den Satz: »Die heitere Gemütsruhe ist der Seelenzustand desjenigen, der ein für allemal sämtliche Dinge in Gottes Hände gelegt hat.« Er sieht dazu die Scheinheiligen nicken und wie sie zusammen eine schreckliche Karikatur der heiteren Gemütsruhe bilden.

Es hilft nichts, seine eigene Position ist nicht weniger prekär. Die Dinge in Gottes Hände zu legen ist keine Frage der Deduktion, aus welchen Verstandesprämissen auch immer.

Noch einmal: Die Rückkehr der Götter

296. – Die Rückkehr der Götter, die manche Philosophen (Ernst Jünger, Martin Heidegger) für möglich halten, ist ein Gedankenspiel mit der Barbarei. Man kann das Spiel verstehen, wenn man die Blutleere des westlichen Christentums betrachtet. Aber der Schritt hin zum Monotheismus markierte einen geistigen Wendepunkt in der Menschheit.

Vom Standpunkt des einen und einzigen Gottes aus muß

der Gedanke der Transzendenz neu gefaßt werden. Der Himmel, in dem einst die vielen Götter wohnten, wird als mythologisch erkannt. Der polytheistische Himmel erscheint von nun an bloß noch als der erste Stock über der ebenen Erde. Es handelt sich fortan um einen weltlichen Himmel, und deshalb ist er der Erde – der Endlichkeit – zu nah.

Daran kann die Unsterblichkeit der Götter nichts ändern. Ihre Gefühle, Handlungen und Schicksale sind endlich. Ihre Moral ist endlich. Deshalb auch waltet in ihrem Rücken stets eine gesichtslose, abstrakte Macht, die noch das bunteste olympische Treiben in ein gespenstisches Licht rückt: Ist letzten Endes nicht alles ein Kreis ohne Ausweg? Beides gehört zusammen: die Weltnähe der Götter, ihre Weltlichkeit, und das *blinde Schicksal*, das heißt der Mechanismus als höchste ontologische Instanz.

Die Vergeistigung des Höchsten und damit die Schaffung wahrer Transzendenz werden erst im Monotheismus möglich. Dabei muß der eine und einzige Gott allem Weltlichen ferngerückt werden. Dem Menschen zugewandt bleiben nur die abgestuften himmlischen Wesen, die Engel und die Dämonen. Und auch sie werden schließlich dem Mythos überantwortet.

Der Monotheismus *strebt* zur Bildlosigkeit, wohl wissend, daß sich über Gottes Wesen einzig in Bildern (die aber bloß Bilder dem Scheine nach sind) reden läßt. Für dieses Streben ergibt die Rückkehr der Götter keinen Sinn. Geschähe sie, so wäre sie gleichzusetzen mit der Invasion Außerirdischer. Wir würden den »Göttern« aus dem All entgegentreten wie einst die Inkas den spanischen Eroberern, nur ohne die Kindlichkeit des frühen Glaubens.

297. – In der polytheistischen Welt sind die Götter nicht allmächtig. Während hinter ihnen noch ein abstraktes Schicksal waltet, liegt vor ihnen eine Welt der Abstufungen, der Halb-

götter und Zwischenwesen, die bis zum Menschen herabreicht. In der monotheistischen Kultur herrscht ein anderes Klima. Ihr wird zur metaphysischen Grundbefindlichkeit, daß der eine Gott sein eigenes Schicksal – und damit das der ganzen Welt – *ist*. Hinter dem einen Gott steht nichts mehr, er umfaßt nun alles, gleichzeitig jedoch wird sein Abstand zum Menschen unendlich groß. Während sich sein Wesen mit menschlichen Begriffen nicht mehr fassen läßt und seine Vollkommenheit aller Moral inkommensurabel bleibt, ist andererseits seine Existenz notwendigerweise Omnipräsenz. Nichts in der Welt kann außerhalb Gottes sein, aber Gott scheint mit der Welt, die die unsere ist, kein Prädikat gemeinsam zu haben. Dieses interne Spannungsmoment des Monotheismus droht ihn jederzeit zu sprengen.

Es bedarf eines neuen Mittlertyps, wie ihn einzigartig Jesus von Nazareth verkörpert; es bedarf kirchendogmatischer Flankierungen wie der Trinitätslehre und schließlich der Theodizee. Letztere entwickelt sich, ihrer Logik gemäß, zusehends zu einem Paradierplatz der theologischen Gläubiger: Die Wechsel werden präsentiert und können von der Allmacht nicht eingelöst werden. Die metaphysische und ethische Hypothek, die auf dem einen Gott lastet, wiegt zu schwer. Das erklärt einen Teil des modernen Heimwehs nach dem Heidentum, der polytheistischen Welt.

Aber man darf sich hier keiner billigen Illusion hingeben. Die Götter des alten Griechenlands, denen sich Hölderlin, Nietzsche oder Jünger verbunden fühlen, sind ein für alle Mal zu Kunstgestalten geworden. Wer sich auf sie beruft, um die Geschicke der Welt oder des Menschen zu beleuchten, tut dies mit ständigem Durchblick auf die Erklärungen der Naturwissenschaft. Diese sind fundamental, die des Mythos höchstens allegorisch.

Im übrigen ist das Verständnis der Welt für den Gläubigen wie für den Ungläubigen an den Monotheismus geknüpft. Wenn wir nach dem Anfang suchen, dann suchen wir nach dem Einen, wie viele Zwischenlagen auch durchdrungen werden müssen. Tief im Schoße der Wissenschaft regt sich, bei jeder neuen Sondierung, der neuplatonische Stachel: Am Ende kann die Welt nicht von einer Pluralität von Kräften regiert werden, sondern nur von einer einzigen; aber wenn nur von einer einzigen, wie hat dann jemals überhaupt etwas entstehen können? (Vom Standpunkt der einzigen Kraft aus ist die reine Potenz schon das Höchste, jede Verendlichung und Aufspaltung ein Niedergang.)

Noch einmal: Das unschuldig Böse

298. – »Ich bin der Geist, der stets verneint! / Und das mit Recht; denn alles, was entsteht, / Ist wert, daß es zugrunde geht...« Das ist die Stimme des Goetheschen Mephistopheles. Der Teufel will sich rechtfertigen für das, was er ist. Denn er weiß um die Bosheit seines Tuns, und er weiß, daß man das Böse lassen soll. Der Teufel kann die Moral nicht außer Kraft setzen, das ist seine Schwäche. Und er kann das Böse nicht lassen, das ist seine Not. Goethes Mephistopheles versucht, aus der Not eine Tugend zu machen. Das Böse ist im Recht, wenn es hilft, die Welt vom Übel zu befreien. Außerdem kann es nicht wirklich schaden, denn es ist »ein Teil von jener Kraft, / Die stets das Böse will, und stets das Gute schafft«. Auf mysteriöse Weise bleibt der Teufel, bei allem Ringen um Autonomie, ein Instrument der göttlichen Allmacht.

Wir verstehen den bösen Menschen erst, wenn wir begreifen, daß ihm die Autonomie der moralisch Handelnden versagt bleibt. Um sie zu gewinnen, brauchte er einen untadeligen Grund für das, was er tut. Einen solchen Grund hat er nicht. Hätte er ihn, sein Handeln wäre nicht böse, sondern gut.

Die besten Rechtfertigungen, die der Teufel hat, lassen erst erkennen, wie unfrei er ist. Goethes Mephistopheles gibt offen zu, daß alle seine bösen Taten durch höheren Einfluß unabdingbar in ihr Gegenteil umgemünzt werden. Und wenn man den großen und kleinen Bösewichten der Menschheit zuhört, dann wird man immerfort mit der gleichen Litanei konfrontiert: Sie mußten es tun, es mußte getan werden, es gab keine andere Möglichkeit... Das ist nicht die Art, auf die der moralisch handelnde Mensch argumentiert. Er ist sich dessen bewußt, daß es eine andere Möglichkeit gibt und daß er sie hätte ergreifen können.

Das böse Leben ist unfrei.

Es steht uns frei, die Unfreiheit zu wählen. *Das* ist die Möglichkeit des moralischen Lebens, während es keine Möglichkeit des bösen Lebens ist, die Moral in seinem Sinn zurechtzurücken. Teufel sind Mechanismen in einer trügerischen Glorie von Transzendenz.

299. – Das Böse ist ursprünglicher als die Freiheit, ursprünglicher als die Moral. Es kommt mit der Spaltung in die Welt, das heißt, es kommt mit der Welt in die Welt. Von der ersten Spaltung an herrscht eine ontologische Krise. Gott ist nicht mehr Eines. Der Kosmos selbst ist Ausdruck einer Störung, und sein Charakteristikum ist die Entwicklung des Ganzen hin zu Irritabilität und Bewußtsein. Anfangs ist das Böse noch unschuldig, aber es ist da. Mit der anfänglichen Krise kommt der Überlebenskampf. Die Tiere fressen einander; schließlich essen die Menschen die Tiere. Es gehört zu den tiefen Erkenntnismomenten des moralischen Bewußtseins, *davor* zurückzuschaudern.

Das Böse wurzelt tiefer als die Schuld.

Aus der Tiefe des Bösen steigen die Dämonen, steigt der Teufel auf. Sein größtes Unglück ist es zu wissen, daß er im Bösen unschuldig ist: daß ihm die Freiheit fehlt, gut zu sein.

300. – Der Gedanke an Gott schließt ein, daß das Leben einen Sinn hat. Und die Gewißheit, daß Gott existiert, impliziert die Gewißheit, daß das Leben einen Sinn hat. Es ist schon richtig, daß der Sinn des Lebens nicht ausdrückbar ist. Aber deswegen ist er ebensowenig eine Mystifikation wie Gott, der auch nicht ausdrückbar ist.

Daß das Leben einen Sinn hat, heißt, daß die Sinnhaftigkeit hier nicht an eine Zweck-Mittel-Beziehung des Realisierens von Werten oder Erreichens eines Nutzens gebunden ist. In einer praktischen Weise mag eine Tätigkeit von mir bloß deshalb sinnvoll sein, weil sie zum Erreichen eines wertvollen Ergebnisses beiträgt. In dieser Perspektive hängt dann die Werthaftigkeit des Ergebnisses wiederum davon ab, ob es ein Mittel zur Realisierung eines noch höheren Wertes darstellt. Nun kennt die Ethik aber seit alters her auch Dinge, Zustände und Verhaltensweisen, die ihren Wert in sich selbst tragen.

Beispielsweise kann man den Glauben, die Liebe oder die Moral mit Bezug auf ihre Absichten bewerten. Man kann sagen, daß der Glaube dazu dient, das ewige Leben zu befördern, die Liebe dazu, das Glück eines anderen zu mehren, die Moral dazu, das friedliche Zusammenleben der Menschen zu gewährleisten. Doch ein derartiges Verständnis bleibt oberflächlich. Denn Glaube, Liebe und Moral sind Phänomene, die ihren Wert in sich tragen. Ihre Werthaftigkeit bemißt sich letzten Endes nicht daran, ob sie irgendeinen besonderen Nutzen im Leben haben. Vielmehr ist es ihr Wert, zum Sinn des Lebens beizutragen, zu einem »Sinn« also, der sich nicht auf lauter kleine – oder auch große, olympioneske – Nutzenepisoden reduzieren läßt.

Der Wert des Lebens liegt in ihm selbst, er ist mit der Existenz Gottes wesenhaft verknüpft. Glaube, Liebe und Moral sind Ausdrucksweisen des Sinns, der allem menschlichen Leben innewohnt.

301. – Viele Philosophen denken heute, daß man auf die Frage »Warum überhaupt moralisch handeln?« mit dem Argument des Nutzens antworten muß, der langfristig für alle daraus resultiert, daß sie die Pflicht, moralisch zu handeln, anerkennen. Das mag ein gutes Argument sein, solange allgemeines moralisches Handeln tatsächlich den allgemeinen Nutzen maximiert. Was aber, wenn nicht? Oder wenn, was wahrscheinlicher ist, der Gesamtnutzen-Vorteil des allgemeinen moralischen Handelns nicht zu demonstrieren ist? Man muß es deutlich sagen: Die strenge Nutzenbindung mißversteht das Wesen der Moral.

Beides gilt:

Wer unmoralisch handelt, zerstört den Sinn des Lebens.

Der Sinn des Lebens ist unabhängig vom Nutzen, den es hat.

Der Fall Leibniz

302. – Wirkt Gott das Gute, *weil* es gut ist? Oder ist das Gute gut, weil Gott es *wirkt*? Die erste Auffassung begrenzt den Handlungsspielraum Gottes. Wenn er so handelt, wie es seinem Wesen gemäß ist – und Gott kann gar nicht anders als seinem Wesen gemäß handeln –, dann wird er stets und notwendig das tun, was gut ist. Die zweite Auffassung limitiert den Handlungsspielraum Gottes nicht. Ihr zufolge kommt das Gute durch Gottes Wirken erst in die Welt.

Leibniz optiert für die erste Auffassung. »Denn warum soll man ihn [Gott] für seine Werke loben, wenn er bei entgegengesetztem Tun genau so lobeswürdig wäre?« Man ist geneigt, dieses Argument als schnöde zu bezeichnen. Denn es impliziert, daß wir nicht unter allen Umständen bereit sind, Gott zu loben. Darauf würde Leibniz erwidern: Gott handelt seinem Wesen gemäß, also notwendig so, daß er unser höchstes Lob verdient. Doch auch dieses Argument ist schnöde. Denn es kettet Gott an sein Wesen. Über sein Wesen hat Gott, wenn das Argument funktioniert, keine Macht. Die Theodizee will aus dem absoluten einen konstitutionellen Monarchen machen. Sie verpflichtet Gott darauf, den Regeln der Vernunft und der Moral zu gehorchen, ja, Gott ist in der wenig souveränen Lage, ihnen gehorchen zu müssen.

Es entspricht dem religiösen Instinkt mehr, wenn Gott unberechenbar bleibt und, wie im Alten Testament, bisweilen auf eine Weise handelt, die nach menschlichen Maßstäben unmoralisch ist. Dadurch wird deutlich, daß es dem Menschen nicht zusteht, über Gottes Handeln zu richten. Es wird aber auch deutlich, daß Gott kein Wesen hat, das ihn bindet. Er kann tun, was er will; und weil er es will, ist es gut.

Auch der Mensch hat kein Wesen – er ist frei. Das ist nicht ein Merkmal seiner Unvollkommenheit, sondern seiner Teilhabe am Göttlichen, seiner Gottesebenbildlichkeit. Aber zwischen der Freiheit Gottes und der des Menschen steht die Moral. Nichts ist bloß deshalb gut, weil es der Mensch tut.

303. – Bei Leibniz hat Gott gar keine Freiheit. Er muß das Beste tun, denn das ist sein Wesen, und nur *ein* Zustand der Welt, nämlich der tatsächlich existierende, ist der beste. Dennoch behauptet Leibniz, daß Gott frei sei: »obwohl Gott gewiß immer das Beste wählt, hindert das doch nicht, daß das minder Vollkommene, wenn es auch nicht eintreten wird, in sich selbst möglich ist und bleibt...« Aber Gott steht dieser rein logischen Möglichkeit hilflos gegenüber. Die Kette seines guten Wesens bindet ihn gleich dem härtesten Naturgesetz.

Leibnizens Gott ist eine Gottmaschine. Das Maschinenhafte an ihm deutet darauf hin, daß es sich hier um eine Metamorphose des Teufels handelt, einen verkappten Demiurgen.

304. – Eine der neueren christlichen Unsitten ist es, auf die Frage, wer Gott sei, zu antworten: »Die Liebe.« So aber sollten nur die großen Frauen und Männer der Mystik reden. Ihre Ekstasen sind über alle Maßen sinnlich, die Liebe, in der sie brennen, ist *da*, unabweisbar, zwingend. Für die göttliche Liebe verzehren sie sich, unter ihrem Ansturm jubeln sie, für jedes Quentchen mehr von ihr, ihrer Süße und ihrem Rausch, würden sie gerne sterben. Was indessen hilft es dem Bedrückten, der Gott nirgendwo fühlen kann, zu sagen, Gott sei die Liebe? Was hilft es einem Menschen, dem die Dinge gleichgültig geworden sind, zu sagen, daß es nichts Angenehmeres gibt, als Gott zu lieben?

»Denn es gibt nichts Angenehmeres«, sagt Leibniz, »als das zu lieben, was der Liebe wert ist.« Das mag schon sein, doch die Liebe muß man erfahren, sie muß das Leben ergreifen und verwandeln, sonst ist sie nichts. Der Gott der Liebe ist nicht der Gott der Philosophen und ihrer Theodizee. Wer tatsächlich die Liebe Gottes erfährt (oder erfahren hat), der würde sich schämen, Gott verstandesmäßig *rechtfertigen* zu wollen. Die Liebenden sind einander gut, einander verfallen. Weder bedürfen sie eines Beweises ihrer Existenz, noch stellen sie sich gegenseitig in Frage. Die Theodizee muß ihnen vorkommen wie ein tiefer Verrat an der Sache, und es geht bei der Theodizee ja auch nicht um die Liebe, sondern um die Söhne, die den Vater loswerden wollen, indem sie ihm vor aller Welt schmeicheln. »Um ihn zu lieben, genügt es, seine Vollkommenheiten zu betrachten, was sehr leicht ist, weil wir die Ideen seiner Vollkommenheiten in uns tragen.«

Die Söhne, die erst einmal soweit sind, wird nichts mehr daran hindern, ihre eigenen Ideen an die Stelle des Vaters zu setzen. Das ist die Geburtsstunde der Moderne. Je mehr ihre Priester die Liebe Gottes zitieren, um so weniger sind sie fähig, damit Ernst zu machen. Denn dieser Liebe sich entwunden zu haben ist der innerste Stolz, das Existenzrückgrat des modernen Menschen.

305. – Die ganze Theodizee ist verfehlt. Sie macht Gott zu einem Objekt der theoretischen Spekulation. Gott aber ist kein Objekt, daher auch kein Objekt der theoretischen Spekulation. Wäre er es, so wäre er den Limitierungen des menschlichen Verstandes unterworfen.

Der Hochmut der Theodizee besteht darin, die menschliche Vernunft für geeignet zu halten, über die Limitierungen Gottes wahre Aussagen zu machen. Die Ergebnisse sind beschämend, so etwa, wenn Gott gar nicht anders kann, als die beste aller möglichen Welten zu erzeugen: »das angebliche *fatum*, das selbst die Gottheit bindet, ist nichts anderes als Gottes eigene Natur, sein eigener Verstand, der seiner Weisheit und Güte die Regeln liefert; es ist eine glückliche Notwendigkeit, ohne die er weder gut noch weise sein würde.« Gott wird hier offensichtlich in eine lächerliche Position gedrängt. Nicht nur ist er vollkommen unfrei, weil ihn seine Weisheit und Güte vollständig determinieren; darüber hinaus werden die Attribute seiner Vollkommenheit zu naturwüchsigen Ursachen, tatsächlich ununterscheidbar von Naturgesetzen.

Nichtsdestotrotz muß der einmal herabgewürdigte Gott in Schutz genommen werden vor dem Einwand, eine Welt mit weniger Not und Verbrechen sei nicht nur zu wünschen, sondern auch leicht zu bewerkstelligen. Leibniz kommt seiner Aufgabe mit einem Argument nach, das, gezwungenermaßen, ans Absurde grenzt. Das Weltall, sagt er, ist groß, und vielleicht beginnt hinter der Region der Sterne ein unermeßlicher Raum voller Glück und Herrlichkeit.

Da sich also die Größe des uns bekannten Teiles des Universums fast im Nichts verliert, gemessen an dem, was uns unbekannt ist und was wir doch mit Recht annehmen, und da sich alle Übel, aus denen man uns einen Einwand machen kann, in diesem Beinahe-Nichts befinden, so kann es sein, daß auch alle Übel nur ein Beinahe-Nichts sind im Vergleich mit den Gütern, die das Universum enthält.

Daß wir im irdischen Jammertal schmachten – was ficht es uns an, fragt Leibniz, Advokat Gottes, angesichts der Seligkeit, die in den unermeßlichen Weiten jenseits der Sterne möglicherweise herrscht? Möglicherweise! Es macht beinahe nichts aus. Dieses Beinahe-Nichts aber mußte Gott in Kauf nehmen, um die Welt so einzurichten, daß alles bestens gefügt war.

Hier wird der Eindruck unabweislich, die Theodizee sei insgeheim dazu da, Gott zu desavouieren. Was der direkte Angriff auf den Vater, dessen Tyrannei man haßt, nicht zuwege bringt, erreicht man über den mehr oder minder scheinheiligen Versuch, unser Elend als Glücksfall zu präsentieren. Der Vater ist dann plötzlich der arme Narr, dessen Taten sich einzig mit Argumenten rechtfertigen lassen, die lachhaft oder schlicht unsinnig sind.

Die einzig zulässige »Rechtfertigung« Gottes lautet, daß nichts, was von Gott abhängt, einer Rechtfertigung bedarf. Wenn etwas zum Begriff Gottes selbst gehört, dann ist es *diese* Bedingung. Sie limitiert nicht Gott, sondern den Anwendungsbereich der endlichen Vernunft. Wir *erkennen* die Existenz Gottes, und wir *wissen*, daß Gott vollkommen ist. Doch daß er vollkommen ist, bedeutet: Er bedarf keiner Rechtfertigung, und jeder Versuch des Menschen, ihn dennoch zu rechtfertigen, ist eitel und nichtig.

Alle Theodizee ist eitel und nichtig. Das gläubige Reden gründet in einem bedingungslosen Einverständnis: »Es ist, wie es ist, und es ist gut.« Es gibt eine Erkenntnis von Gott; sie schließt ein, daß die moralische Ansicht den wahren Wert der Dinge nicht berührt. Der wahre Wert der Dinge gründet darin, daß sie sind. Deshalb sind sie gut in einem Sinne, der ebenso absolut wie theoretisch unausdrückbar ist.

306. – Was man aus der Geschichte der spekulativen Ideen nicht zuletzt lernen kann, ist das rasche Altern der Vernunft. Es sind nicht nur die Ideen selbst, die altern, sondern auch die Denkstrukturen, aus denen sie hervorwachsen. Der Cartesische Deduktionismus ist nicht mehr zu beleben. Niemand würde heute mehr versuchen, aus der Gewißheit des »Ich denke, also bin ich« die Existenz Gottes herzuleiten. Oder man denke an Leibniz' Idee, daß real nur die unausgedehnten, unteilbaren Seelen existieren, die er »Monaden« nennt: dahinter steckt das Problemfeld der Theodizee, das uns heute ganz fremd geworden ist. Uns käme es obskurantistisch vor, wollte jemand die Fortschritte der Naturtheorie und ihrer Erfahrungsbasis davon abhängig machen, ob sie Gott belasten oder begrenzen.

Es ist nun aber gerade das Altern der Vernunft, das diejenigen, die es registrieren, zu einer metaphysischen Verjüngung führt. In der Ödnis der Scholastik und Theodizee treibt der religiöse Kern wieder und wieder aus. In den Trockengebieten der Sprachanalyse und des Naturalismus, die zur Zeit das Terrain der Vernunft okkupieren, bricht sich schließlich der Realismus des Sehnsüchtigen Bahn. Wir können ja *immerzu* bemerken, daß die Objektivität der Dinge in ihrer Transzendenz gründet. Alles ist *da*, und nichts ist zu fassen! Deshalb stirbt eine Vernunft, die sich der Immanenz unterordnet, rasch ab.

Der Mittler

307. – Jesus ist der Sohn. Das rückt ihn uns so nahe, wie noch kein Gott dem Menschen nahe war. An dem Jesus, der sich freut oder leidet, können wir teilhaben. Auch wenn der Menschensohn keiner psychologischen Analyse zugänglich ist – die Psychologie Jesu wäre im Gegenteil ein Sakrileg –, so hat er doch Gefühle. Wenn wir versuchen, an den Gefühlen Jesu teilzuhaben, dann ist das Ergebnis nicht ein besseres Verständnis der göttlichen Person, sondern eine Läuterung unseres Wesens. Die Läuterung ist nicht die Folge eines Gehorsamsaktes, einer Demutsgeste oder Unterwerfung, wie sie die Beziehung zum Vater charakterisiert. Um Jesus zu begegnen, brauchen wir den Blick nicht zu senken. Wir sind statt dessen aufgefordert, uns einer Haltung ehrfürchtigen Mitempfindens zu befleißigen.

So gesehen war es von enormer religionsgeschichtlicher Bedeutung, sich darauf festzulegen, daß Gott Vater und Gott Sohn in ihrer Substanz eins sind. Dadurch erst wurde es möglich, im Vater den zu erkennen, der am Drama des Menschen teilnimmt, *weil* er einer von uns ist. Aus dem herrischen Gott, der die äußerste Ursache des Weltgeschehens und dann der zürnende Bündnispartner seines Volkes ist, wird im Christentum der leidende Gott am Kreuz. Indem wir seine Schwäche empfinden und seiner Hingabe nacheifern, werden wir seiner Größe *in uns* gewahr. Jetzt erst wird das Mysterium Gottes tief, denn jetzt erst wird es menschlich. Es wird zum Mysterium des Sohnes. Hierin ist die Gewalt des Vaters aufgehoben, ohne in den Aufstand gegen ihn zu münden.

308. – Wir brauchen den Mittler, um die Erniedrigung, die uns die Allmacht kraft ihrer puren Existenz zufügt, ertragen zu können. Mit dem Mittler können wir reden, er ist ein Bubersches Du. Die Allmacht zwingt uns schweigend, und dafür hassen wir sie auch.

Der Mittler wiederum läßt den Hochmut des Menschen nicht ruhen. Ist man, wenn Gott ein Du ist, nicht selbst ein Gott? Der Gott, wie er aus dem Alten Testament auf das Abendland zukommt, ist Allmacht und Mittler in einem. Man erträgt es nicht, ihm ins Angesicht zu schauen, aber er spricht zu den Seinen, hört ihre Klagen, Bitten, Huldigungen; und er antwortet. Jahwe wird deshalb zum Angriffspunkt sowohl des Hasses gegen den Vater als auch der Gier des Menschen nach Selbstvergottung.

Im Sohn können wir den Vater ehren, ohne ihn beseitigen zu wollen. Freilich läßt der Sohn in uns die Frage aufkeimen, ob wir nicht allesamt Söhne sind? Ob Jesus nicht vor allem unseresgleichen ist, eine göttliche, *weil* moralische Autorität? Das ist der alte Hochmut, nun als das Streben nach ethischer Makellosigkeit.

Selbstvergottung

309. – Schopenhauers Weltwille will nur eines: immer mehr Leben, immer mehr von sich selbst. Die Anstachelung zum Leben jedoch setzt eine Dynamik voraus. Mehr Leben heißt auch mehr Gegensätzlichkeit, mehr Kampf und Schmerz, mehr Übel und Leid. Doch wenn der Wille sich schließlich seiner selbst bewußt wird, wenn er den inneren Zusammenhang zwischen der Potenzierung des Lebens und des Leidens erkennt, dann beginnt er, sich selbst zu verneinen. Er will nun, daß alles wieder zu einem Ende kommt.

Schopenhauers Weltwille ist ein Platzhalter des Gottes, der in intellektuelle Ungnade fiel. Er hat die Kennzeichen des Platzhalters, ist eine Gegebenheit ohne Sinn und in seinem Funktionieren dämonisch; er vollendet sich im Menschen, der sich dadurch seiner Göttlichkeit bewußt wird. Aber die Gottwerdung des Menschen führt zu einem paradoxen Ergebnis: In dem Augenblick, da der Mensch weiß, daß er – und sonst nichts auf der Welt – Gott ist, weiß er auch, daß nichts auf der Welt wert ist, noch länger zu existieren, ja, jemals existiert zu haben.

310. – Wenn der Mensch Gott wäre, dann wäre es besser, nichts hätte jemals angefangen. Mit den Mitteln der menschlichen Vernunft läßt sich die Welt nicht rechtfertigen.

Was die Gottesbeweise von vornherein als ungültig erscheinen läßt, ist der Umstand, daß sie vom Menschen erdacht wurden. Der Gott der Gottesbeweise trägt stets und notwendig Züge einer *anthropozentrischen* Vollkommenheit. Er ist weise, gütig, gerecht, liebevoll – das alles immer nur »unendlich«. Wer in einer solchen Weise vollkommen ist, der kann nicht fähig sein, die Welt zu erschaffen. Auf jeden Fall würde er der Schöpfung des Menschen widerstehen. Gott jedoch widersteht nicht, und das bedeutet, daß seine Art von Vollkommenheit den möglichen Prämissen, die der Mensch zu ersinnen vermag, ganz und gar unfaßlich bleibt. In den Prämissen der Gottesbeweise steckt schon die menschliche Selbstvergottung.

Gott liegt nichts an einem Beweis seiner Existenz, durch den er ins Unrecht gesetzt wird.

311. – Selbst ein *böser* Gott, sagt Descartes, könnte ihn nicht darin täuschen, daß er denke, wenn er denke. Damit will Descartes sagen: Selbst *Gott* könnte ihn hier nicht täuschen. Von da aus nehmen die philosophischen Figuren der Selbstvergottung ihren Ausgang. In seinen Gewißheiten entdeckt das Subjekt, daß es unbedingt und daher göttlich ist. Es entdeckt, daß alles Wahre in ihm selbst steckt und alles andere abgeleitet und bedingt ist: Entweder ist Gott im Subjekt und das Subjekt wird schließlich, im Zustande seiner Vollendung, der vollendete Gott, oder Gott ist ein Phantom der bedingten Welt, das fälschlich mit Zügen der Unbedingtheit ausgestattet wurde. Das Phantom existierte lange Zeit, wie fortan nur das seiner selbst bewußte Subjekt existieren wird: absolut.

312. – Nach landläufiger Vorstellung bewohnt die Seele den Körper, so wie Empfindungen einen bestimmten Ort am oder im Körper haben. Wie ist dann ein Weiterleben nach dem Tode möglich? Der Mythos sagt, daß sich die Seele vom Körper ablöst. Das bedeutet nicht, daß sie nach dem Absterben des Körpers begänne, raumlos zu werden, um schließlich in einem unräumlichen Nirgendwo zu existieren. Der Himmel ist oben, die Hölle unten.

Dagegen mutet die Cartesische Lehre von der Seele als einer Substanz, die gar nicht im Raum existiert, vollkommen mysteriös an. Die Seele hört dadurch auf, irgendeinen erkennbaren Bezug zu dem Körper zu haben, den sie nichtsdestotrotz mit Bewußtsein begaben und mit Empfindungen ausstatten soll.

Die Vorstellung von der ortlosen Seele lebt noch in Schopenhauers Konzept des Weltwillens fort. Raum und Zeit sind »Objektivationen« des Willens, er selbst aber ist ebenso unräumlich wie zeitlos. Es fällt nicht schwer zu sehen, daß es genau diese Eigenschaften sind, die aus der Seele des Menschen Gott werden lassen. Alles im Raum ist der Zeit unterworfen und damit auch der Vergänglichkeit, dem unaufhörlichen Wandel. Nur Gott ist ewig und unwandelbar.

Es entspricht der religiösen Demut, die Seele im Körper wohnen zu lassen. Sie beseelt den Leib, macht ihn transparent. In seiner Schönheit mag ein Abglanz des Ewigen aufleuchten. Im »Nunc stans« des Albertus Magnus steht die Zeit an der Oberfläche der Dinge buchstäblich still, so wie in den großen Werken der Kunst und den Versunkenheits-Augenblicken des Lebens. Dennoch – oder gerade deshalb – bleibt die Seele dem Körper verschwistert. Mit seinem Tod geht auch sie dahin: als Schatten, Hauch oder Licht. Ihr ewiges Fortleben hängt im Christentum an der Auferstehung der Körper. Das ist tröstlicher als das Rad der Wiedergeburten oder die selige Bewußtlosigkeit des Buddhismus, und gewiß ist es wahrer als der Cartesische Dualismus.

313. – Der Weg von Schopenhauer zu Nietzsche ist von einer geradezu vulgären Direktheit. Wer das Leben lieben möchte, der darf die Übel des Lebens nicht meiden wollen. Er muß den Schmerz und das Böse, soweit sie unabdingbar sind, bejahen, um die Kräfte des Lebens zu intensivieren. Wer aber wäre dazu imstande außer der Lebensstarke?

Wie stark dieser Typus bei Nietzsche sein muß, zeigt schon das Wort »Übermensch«. In dem Menschen, der das Leben bejaht, ist der jüdisch-christliche überwunden. Der Übermensch ist ein Gottmensch. Wie Gott kann er bejahen, was vom Standpunkt der menschlichen Moral aus verneint werden muß: das Übel. Die Bejahung ist freilich keine intellektuelle, der Übermensch verachtet die Theodizee. Er *will* das Leben!

Nietzsches Umwertung aller Werte ist ein Anschlag auf die Geistigkeit unserer Kultur. Was Nietzsche bekämpft, ist nichts weniger als unsere Idee von praktischer Vernunft. Weil ihr Grundpostulat auf die Minimierung des vermeidbaren Übels dringt, wird sie bei Nietzsche zu einem Verbrechen am Leben hochstilisiert. Warum fasziniert uns Nietzsche dennoch? Weil wir *wissen*, daß Schopenhauer in der Diagnose recht hat, und dennoch leben *wollen*.

Wir wollen welteinverständig leben, aber uns fehlt, sobald wir uns erst auf uns selbst gestellt haben, der Rechtsgrund. Wir entdecken rasch, daß alle Selbstvergottungen das Problem des Übels nicht lösen können. Wir werden zu traurigen Göttern, die, wie bei Schopenhauer, ihrer eigenen Abschaffung das Wort reden. Dagegen setzt Nietzsche seinen Zarathustra – den Gottmenschen, der uns, die Menschheit, überwunden hat. Darin liegt freilich die Ironie seiner Stärke: Er ist vor lauter Einsamkeit wahnsinnig geworden.

314. – Nicht derjenige, der Gott leugnet, ist unter allen Umständen blasphemisch, sondern der, der sagt, er selbst sei einer. Nietzsches Blasphemien sind Ausdruck eines tiefen religiösen Leidens, einer ständig drohenden Verzweiflung am Leben. Man soll Nietzsche deswegen nicht heroisieren, aber doch den Unterschied sehen, der ihn vom ganzen idealistischen Selbstvergottungstum trennt.

Der Hegelianer etwa bekämpft Gott *nicht*, er transformiert ihn, er hebt ihn auf eine höhere Stufe. Erst im menschlichen Geist und durch ihn hindurch kann Gott zu sich selbst kommen. Hegels letzte Stufe der Phänomenologie des Geistes, das »absolute Wissen«, ist das vollendet Göttliche. Gleichzeitig ist es, von einem menschlichen Standpunkt aus gesehen, der Gipfelpunkt an Blasphemie.

315. – Hegel ist der erste Kontextualist. Das Wesen eines Dinges besteht in den Beziehungen, die es zu anderen Dingen unterhält. Nichts kann für sich bestehen. Es gibt keine Substanzen, nur ontologische Kreuzungspunkte in einem unendlichen Gewebe aus Relationen von Relationen usw. Das absolute Wissen darf man sich vorstellen als das vollständig in sich geschlossene und dabei vollständig durchlässige Welt- und Bewußtseinsgewebe. Außerhalb des Gewebes existiert nichts mehr, das Gewebe hat alles in sich aufgenommen.

Hier, bei Hegel, erkennt man deutlich ein Grundstreben des Kontextualisten. Er will das jeweils der eigenen endlichen Position Äußerliche assimilieren, sich das Draußen, das Fremde, das Andere so lange einverleiben, bis es ein Teil der eigenen Machtsphäre geworden ist. »Kontext« ist ein Codewort für das, was man »reflektieren«, das heißt verschlingen muß, um göttlich werden zu können.

Das Neue gegenüber den alten Okkupationsmethoden besteht hier darin, daß nicht eine Substanz eine andere unter ihre Herrschaft zwingt, sondern das Subjekt der Kontextualisierung erkennt, daß alles andere es selbst und es selbst unendlich ist. Die Einverleibung erscheint so nicht als ein Akt der Gewalt, womöglich der Paranoia und des Größenwahns, sondern stellt sich dar als die erlösende Rücknahme der Entfremdung überhaupt.

316. – Hinter der zeitgenössischen Kontextkunst verbirgt sich ein banalisierter Hegelianismus. Sie ist eigentlich keine Kunst, weil sie, als »Reflexionsinstrument«, deren Wesen mißversteht und bekämpft. Alle Kunst bedient sich des Kontextes nur, um nach Kontextlosigkeit zu streben. Ihr Ziel ist Zeitlosigkeit, und alles Kontextuelle ist ihr nur Mittel zur Darstellung eines »Textes«, der *absolut* ist. Sie neigt sich zum Vorbegrifflichen hin, nicht zu dem universalen und deshalb nichtssagenden Geschwätz, das der absolute Geist repräsentiert.

317. – Nietzsches Ziel ist die Vergötterung des Menschen, der das Leben bejaht, das heißt, ausdrücklich gesagt, »die Vergöttlichung des Teufels«. In dieser Gestalt triumphiert nicht bloß *ein* Wille, sondern eine Vielheit von Willen:

> a) der Wille zur Unwahrheit
> b) der Wille zur Grausamkeit
> c) der Wille zur Wollust
> d) der Wille zur Macht

Nietzsche arbeitet an der Theodizee des Menschen, der sich vergottet hat. Dabei stellt sich heraus, daß der Mensch nun nichts weiter ist als der Handlanger einer Rotte von Dämonen, nämlich all der bösen Willen, zu deren Gunsten einzig spricht, daß sie *sind*.

Bei Nietzsche ist es der Teufel (der sich vergottende Mensch), der das Leben bejaht. Er will mehr und immer mehr Leben. Aber die Bejahung ist jetzt durch nichts gerechtfertigt als durch ihre bloße Existenz, also durch tatsächlich nichts.

Es ist ein eigenartiges Leiden, das so entsteht. Nietzsches Übermensch weiß, daß sein Wollen in nichts weiter gründet als in ebendiesem Wollen. Daher ist seine Bejahung des Lebens durch und durch zwanghaft. Wie sollte er eine solche *blinde* Bejahung *bejahen* können? Wie kann er als geistiges Wesen hier mitspielen? Die Wahrheit ist, daß er es nicht kann, solange noch ein Funken Geist in ihm haust.

Schopenhauers Lösung ist eindeutig und deprimierend: Abschwächung des Lebens bis hin zum Selbstmord. Nietzsches Lösung ist noch deprimierender: Lebend die Stimme des Geistes zum Schweigen bringen ... Als höchstes Ideal gilt Nietzsche jener Philosoph, der in die schreckliche Tiefe des Lebens geblickt hat und dennoch nicht verzweifelt, sondern fortan die Listen und Masken sucht, die das Leben bereitstellt, um sich wollen zu können. Doch wer vermöchte Nietzsches Ideal schon zu genügen? Es erzeugt eine unerträgliche Spannung. Aus der Erkenntnis der Tiefe folgt die Pflicht zur fortwährenden Selbstillusionierung. Damit das Manöver gelingt, muß der denkende Mensch verblöden oder wahnsinnig werden, und zwar im Bewußtsein dessen, was ihm geschieht und wie ihm wird. Er soll dadurch, daß er sich abschafft, erst wahrhaft ins Leben treten.

318. – Der aufgeklärte Mensch ist heute wahnhaft mächtiger denn je. Denn er ist nun von Kräften beherrscht, die er so wenig versteht, daß er sie allen Ernstes als die seinen betrachten möchte. Und es sind ja die seinen. Es ist *sein* Wesen, das er in der Wissenschaft, der Technik und der »Vernetzung« bis hin zur Weltgesellschaft vor sich hat. Doch er hat diese Kräfte von ihrem Ursprung abgetrennt. Jetzt treten sie ihm als entfesselte gegenüber, während er denkt, er könnte sie beherrschen.

Die Selbstvergottung des Menschen kennzeichnet den Höhepunkt seiner Selbstentfremdung. Aber auch die äußerste Entfremdung des Menschen von sich selbst ist eine Offenlegung seines Wesens. Auch in der äußersten Entfremdung *erkennt* sich der Mensch. Ja, man könnte sagen, da die

Selbstvergottung eine der Möglichkeiten des Menschen ist, gehört sie zu ihm, zu seinem Wesen.

319. – Das menschliche Subjekt, das sich absolut setzt, muß zum Teufel werden, um das Leben bejahen zu können. Idiotie und Wahnsinn als Folgen der Selbstvergottung sind dämonische Zustände. Sie liegen auf dem Weg zur Barbarei, zum politischen Satanismus.

320. – Wenn wir unseren Blick auf Gott richten – wie das die Theodizee, wie das der moderne Mensch tun –, dann ist er verschwunden. So wie man manche Sterne nur sehen kann, wenn man an ihnen vorbeischaut, so kann man auch Gott nur mit abgewandtem Blick erkennen. Es ist die Umgebung Gottes, die ihn offenbart.

Und so ist es vielleicht auch falsch zu sagen, der Teufel existiere überhaupt nicht. In der Umgebung Gottes scheint er sich bereits zu einer Wesenheit geformt zu haben. Blicken wir aber ins Zentrum, dorthin, wo Gott sein sollte, erfassen wir nur eine gestaltlose Leere.

321. – Zur Not des Teufels gehört, daß er sich selbst ganz fremd ist. Betrachtet er sich von innen, dann ist er reines Subjekt – blanke Autonomie –, betrachtet er sich aber von außen, »wissenschaftlich«, dann ist da nichts als ein Mechanismus unter anderen.

Der Teufel ist kein eigenständiges Wesen, keine Substanz, sondern das Ergebnis einer fehlgeleiteten Art, sich zu sich selbst zu verhalten. Der Teufel ist, so könnte man vielleicht sagen, das Göttliche, das sich vor sich selbst zum reinen Subjekt einerseits und, gegenstrebig, zum Mechanismus andererseits entfremdet hat. In gewissen wesentlichen Zügen ist der Mensch der Moderne ein Repräsentant dieses Prozesses. Er mobilisiert das Göttliche in sich so, daß es in ein Inneres und ein Äußeres zerfällt. Dabei wird es in der einen wie in der anderen Richtung dämonisch, das heißt: objektiv bedeutungslos.

322. – Man kann den Dämonismus der modernen Wissenschaft nicht dadurch überwinden, daß man eine Besinnung auf die Tatsachen des inneren Lebens fordert. Sie sind bloß die andere Seite der Medaille. Der Physikalismus bestärkt uns in dem Glauben, daß Bewußtsein, Bedeutung und Verstehen späte Produkte der kosmischen Evolution sind, die »physikalischen Tatsachen« hingegen primär. Der Physikalismus ist das Credo des Bewußtseins, das sich selbst vergöttlicht hat und nun in der Welt nicht mehr wiederfinden kann.

Mag sein, daß Gott im Innersten Schweigen ist und daher das Schweigen tiefer als die Rede. Doch hierorts ist die Rede das Erreichbare, und auch die Dinge sollten reden, bedeuten, sich uns zuneigen. Religiös ist der Wunsch, mit den Dingen Zwiesprache zu halten.

Hierorts schweigt nur der Teufel ganz. Die stummen Tatsachen sind eine dämonische Mimikry Gottes. Der Teufel steckt in der Physik, die sich fundamentalistisch gebärdet. Er lockt mit der Weltformel. Er versucht uns mit dem Traum der Allmacht. Seine Operationsbasis ist die gefügig schweigende Welt. Unsere tiefste Sehnsucht aber ist es, eingelassen zu werden in das gute Schweigen: *videmus nunc per speculum in enigmate / tunc autem facie ad faciem* (1 Kor 13,12), was Luther so wiedergab: »Wir sehen itzt durch einen Spiegel in einem dunkeln Wort, dann aber von Angesicht zu Angesicht.«

Anmerkungen

Die Zitate im Text werden nachfolgend durch die Angabe der Seitenzahl und der jeweiligen Abschnittsnummer ausgewiesen.

S. 19 f. [14] Elias Canetti, *Die Fliegenpein. Aufzeichnungen*, Zürich 1992, S. 114 u. 143.

S. 28 [31] »Hekhalot Rabbati«, zitiert nach Peter Schäfer: *Der verborgene und der offenbare Gott*, Tübingen 1991, S. 16.

S. 30 [35] »Hekhalot Rabbati«, zitiert nach Schäfer, a. a. O., S. 161.

S. 35 f. [48] Steven Weinberg: *Die ersten drei Minuten. Der Ursprung des Universums*, München 1980, S. 162.

S. 46 [70] Theodor W. Adorno: *Negative Dialektik*, Frankfurt a. M. 1966, S. 224 ff.

S. 48 [75] Peter Douglas Ward: *Der lange Atem des Nautilus oder Warum lebende Fossilien noch leben*, Heidelberg, Berlin u. Oxford 1993, S. 150.

S. 54 [87] *venari lavari . . .*, mitgeteilt von Adolf Holl.

S. 69 [116] Jacques Soustelle: *Das Leben der Azteken. Mexiko am Vorabend der spanischen Eroberung*, Zürich 1987 (2. Aufl.), S. 100.

S. 75 [127] Blaise Pascal: *Über die Religion und über einige andere Gegenstände (Pensées)*, übertragen und hrsg. v. E. Wasmuth, Heidelberg 1978 (8. Aufl.; 1. Aufl. 1954), S. 93 (Fragment 171).

S. 79 [133] Paul Valéry: *Herr Teste*, Frankfurt a. M. 1988, S. 84.

S. 83 [137] Thomas Mann: *Doktor Faustus. Das Leben des deutschen Tonsetzers Adrian Leverkühn erzählt von einem Freunde*, Frankfurt a. M. 1992 (Erstausgabe 1947), S. 204.

S. 86 [138] Ernst Jünger: *Werke. Essays I. Betrachtungen zur Zeit*, Stuttgart o. J. [1963], S. 45.

S. 86 [138] Michel Foucault: *Die Ordnung der Dinge. Eine Archäologie der Humanwissenschaften*, Frankfurt a. M. 1974, S. 462.

S. 102 [153] Johann Peter Eckermann: *Gespräche mit Goethe in den letzten Jahren seines Lebens*, hrsg. v. F. Bergemann, Frankfurt a. M. u. Leipzig 1992, S. 137.

S. 102 [153] Eckermann, a. a. O., S. 221.

S. 119 [176] Pascal: *Über die Religion . . .*, a. a. O., S. 297 (Fragment 649).

S. 120 [176] Hans Blumenberg: *Matthäuspassion*, Frankfurt a. M. 1988, S. 220.

S. 121 [177] Botho Strauß: *Diese Erinnerung an einen, der nur einen Tag zu Gast war. Gedicht*, München u. Wien 1985, S. 50f.

S. 123 [178] Ludwig Wittgenstein: *Schriften 3 (Wittgenstein und der Wiener Kreis)*, Frankfurt a. M. 1967, S. 115.

S. 128 [185] Pascal: *Über die Religion...*, a. a. O., S. 206 (Fragment 435).

S. 129 [185] Das Gedicht von Fujiwara wird zitiert nach Toshihiko u. Toyo Izutsu: *Die Theorie des Schönen in Japan. Beiträge zur klassischen japanischen Ästhetik*, Köln 1988, S. 74.

S. 130 [185] Sokei Nambô: *Aufzeichnungen des Mönchs Nambô*, zitiert nach Izutsu, a. a. O., S. 198f.

S. 137 [197] Franz Kafka: *Hochzeitsvorbereitungen auf dem Lande und andere Prosa aus dem Nachlaß*, hrsg. v. Max Brod, Frankfurt a. M. 1991 (1983), S. 35.

S. 138 [202] F. M. Dostojewskij: *Die Brüder Karamasow*, aus dem Russischen von R. v. Walter, Zürich 1994 (3. Aufl.), S. 379.

S. 146 [212] Pascal: *Über die Religion...*, a. a. O., S. 248 (Mémorial).

S. 148 [213] Elias Canetti: *Die Fliegenpein*, a. a. O., S. 122.

S. 150 f. [214] Pascal: *Über die Religion...*, a. a. O., S. 125f. (Fragment 233).

S. 152 [216] Douglas Coupland: *Generation X. Tales For an Accelerated Culture*, London 1992, S. 144.

S. 155 [216] Canetti: *Die Fliegenpein*, a. a. O., S. 142.

S. 157 [220] John Irving: *A Prayer for Owen Meany*, New York 1989, S. 278.

S. 157 [220] Ludwig Wittgenstein: »Vermischte Bemerkungen« (1937), in ders.: *Werkausgabe*, Bd. 8, Frankfurt a. M. 1984, S. 495f.

S. 166 [224] Thomas Nagel: *The View From Nowhere*, New York u. Oxford 1986, S. 60ff.

S. 168 [225] Johann Gottfried Herder: *Ideen zur Philosophie der Geschichte der Menschheit*, mit einem Vorwort von Gerhart Schmidt, Textausgabe, Darmstadt 1966, S. 128f. (Zu Herders Geschichtsphilosophie als ästhetischer Anthropologie vgl. die Studie von Roman Gleissner: *Die Entstehung der ästhetischen Humanitätsidee in Deutschland*, Stuttgart 1988, S. 142-185.)

S. 170f. [226] Hans Peter Duerr: *Sedna oder Die Liebe zum Leben*, Frankfurt a. M. 1984, S. 9.

S. 171 [226] Walter Benjamin: *Das Kunstwerk im Zeitalter seiner technischen Reproduzierbarkeit [1936]. Drei Studien zur Kunstsoziologie*, Frankfurt a. M. 1963, S. 18 u. 53 (Anm. 7).

S. 172 [226] George Steiner: *Von realer Gegenwart. Hat unser Sprechen Inhalt? Mit einem Nachwort von Botho Strauß*, München u. Wien 1990, S. 127ff.

S. 172 [226] Stéphane Mallarmé: *Sämtliche Gedichte. Französisch und Deutsch*, hrsg. u. übertr. v. Carl Fischer, Heidelberg 1984 (4. Aufl.), S. 66.

S. 173f. [227] Paul Celan: *Gesammelte Werke in fünf Bänden. Zweiter Band. Gedichte II*, Frankfurt a. M. 1986, S. 26.

S. 174 [227] Zweite und dritte Strophe des Gedichtes von Erich Fried mit dem Titel »Beim Wiederlesen eines Gedichtes von Paul Celan«, enthalten in dem Band *Die Freiheit, den Mund aufzumachen* (1972). Eine verständige Auseinandersetzung mit Frieds Celan-Schelte findet sich bei Otto Pöggeler: *Spur des Worts. Zur Lyrik Paul Celans*, Freiburg u. München 1986, S. 166ff.

S. 176 [228] Steiner: *Von realer Gegenwart*, a. a. O., S. 299.

S. 177 [228] Botho Strauß: »Der Aufstand gegen die sekundäre Welt. Bemerkungen zu einer Ästhetik der Abwesenheit«, in Steiner: *Von realer Gegenwart*, a. a. O., S. 319.

S. 178 [229] Vgl. Hugo Ball: *Die Flucht aus der Zeit*, Luzern 1946, S. 141, u. ders.: *Der Künstler und die Zeitkrankheit. Ausgewählte Schriften*, hrsg. v. Hans Burkhard Schlichting, Frankfurt a. M. 1984, S. 294 u. 335.

S. 180 [229] Robert Musil: *Der Mann ohne Eigenschaften*, hrsg. v. Adolf Frisé, Reinbek bei Hamburg 1978, Bd. 1, S. 826; Bd. 2, S. 1090.

S. 182 [230] Stefan Matuschek: *Über das Staunen. Eine ideengeschichtliche Analyse*, Tübingen 1991, S. 199.

S. 182 [230] Die Seitenangaben im Text in Abschnitt 230 und 231 beziehen sich auf: Jean-Paul Sartre: *Der Ekel. Roman*, dt. v. Uli Aumüller, »Gesammelte Werke in Einzelausgaben, Romane und Erzählungen«, Bd. 1, Reinbek bei Hamburg 1982.

S. 186 [231] Rudolf Otto: *Das Heilige. Über das Irrationale in der Idee des Göttlichen und sein Verhältnis zum Rationalen*, München 1979, S. 14ff. u. 42ff.

S. 187 [232] Peter Handke: *Phantasien der Wiederholung*, Frankfurt a. M. 1983, S. 89.

S. 195 [237] Martin Heidegger, *Denkerfahrungen. 1910-1976*, Frankfurt a. M. 1983, S. 33.

S. 197 [237] Heidegger, a. a. O., S. 25.

S. 200 [238] Plotin: »Vom Schauen«, in ders.: *Enneaden*, in Auswahl übers. und eingeleitet v. Otto Kiefer, Bd. 1, Jena u. Leipzig 1905, S. 3f.

S. 205 [242] Pascal: *Über die Religion...*, a. a. O., S. 253f. (Fragm. 556).

S. 225 [259] Tom Regan: *The Case for Animal Rights*, London u. New York 1984, S. 239.

S. 230 [261] Max Horkheimer: *Gesammelte Schriften*, Bd. 14 (Nachgelassene Schriften 1949-1972), hrsg. v. G. Schmid Noerr, Frankfurt a. M. 1988, S. 356.

S. 232 [264] George Edward Moore: »Beweis einer Außenwelt«, in ders.: *Eine Verteidigung des Common Sense. Fünf Aufsätze aus den Jahren 1903-1941*, Frankfurt a. M. 1969, S. 178.

S. 233f. [266] Julius Guttmann: *Die Philosophie des Judentums*, Wiesbaden 1985, S. 13.

S. 236 [269] Bert Hölldobler u. Edward O. Wilson: *Ameisen. Die Entdeckung einer faszinierenden Welt*, Basel, Boston u. Berlin 1995, S. 239.

S. 240 [271] Ernst Jünger: *Siebzig verweht IV*, Stuttgart 1995, S. 244.

S. 246 [273] Martin Heidegger: »Der Feldweg«, in ders.: *Denkerfahrungen*, a. a. O., S. 39f.

S. 252 [275] T. S. Eliot: *Collected Poems. 1909-1962*, London 1963, S. 212f.

S. 255 [277] Georg Trakl: *Dichtungen und Briefe*, hrsg. v. W. Killy u. H. Szklenar, Salzburg 1987, S. 266.

S. 261f. [282] Heimo Schwilk: »Schmerz und Moral. Über das Ethos des Widerstehens«, in: *Die selbstbewußte Nation*, hrsg. v. H. Schwilk u. U. Schacht, Frankfurt a. M. u. Berlin 1994 (2. Aufl.), S. 396.

S. 268 [287] Martin Buber: *Moses*, Gerlingen 1994 (4. Aufl.), S. 104.

S. 269 [287] Buber, a. a. O., S. 54.

S. 274 [294] Martin Buber: *Zwei Glaubensweisen*, Göttingen 1994 (2. Aufl., Neuausg.), S. 177.

S. 281 [302] Gottfried Wilhelm Leibniz: »Metaphysische Abhandlung«, in ders.: *Die Hauptwerke*, zusammengefaßt und übertragen v. G. Kröger, Stuttgart 1967, S. 27.

S. 282 [303] Leibniz, a. a. O., S. 41.

S. 283 [304] Leibniz, a. a. O., S. 158.

S. 284 [305] Leibniz, a. a. O., S. 254 u. S. 193.

S. 293 [317] Friedrich Nietzsche: »Nachgelassene Fragmente. Herbst 1885 bis Herbst 1887«, in: *Werke. Kritische Gesamtausgabe*, hrsg. v. G. Colli u. M. Montinari, 8. Abt., Bd. 1, Berlin u. New York 1974, S. 7 u. S. 28.

Bibliographische Notiz

Erstpublikation des Abschnittes *Die Kunst als Religion*, Nr. 223-229, in der Zeitschrift *Interventionen*, Band 4, »Instanzen/Perspektiven/Imaginationen«, herausgegeben von Jörg Huber und Alois Martin Müller, Basel 1995, S. 111-126.

Erstpublikation des Abschnittes *Der Augenblick der Philosophie*, Nr. 230-237, in der *Wiener Reihe. Themen der Philosophie*, Band 7, »Textualität der Philosophie. Philosophie und Literatur«, herausgegeben von Ludwig Nagl und Hugh J. Silverman, Wien / München 1994, S. 53-66.

Kulturgeschichte
in der edition suhrkamp